FiNALE Prüfungstraining

Nordrhein-Westfalen 2015

Mittlerer Schulabschluss
Realschule,
Hauptschule Typ B und
Gesamtschule Erweiterungskurs

Arbeitsheft

Mathematik

Bernhard Humpert
Prof. Dr. Dominik Leiss
Dr. Martina Lenze
Dr. Bernd Liebau
Ursula Schmidt
Peter Welzel
Prof. Bernd Wurl
Prof. Dr. Alexander Wynands

westermann

Liebe Schülerin, lieber Schüler,

unter **www.finaleonline.de** findest du interaktive Testaufgaben, mit denen du vorab deinen Leistungsstand ermitteln kannst. Das Testergebnis verweist dann auf Seiten in diesem Arbeitsheft, mit denen du zu deinem Fehlerschwerpunkt üben kannst.
Außerdem findest du hier die Original-Prüfungsaufgaben 2014 mit ausführlichen Lösungen. Sobald die Prüfungsaufgaben zur Veröffentlichung freigegeben sind, kannst du die Materialien mit folgendem Codewort kostenlos herunterladen:

MA4aYZS

Bildquellenverzeichnis:
41.1: Expert Gear UG, Mönchengladbach; 46.1, 63.1: wvgw Wirtschafts- und Verlagsgesellschaft Gas und Wasser mbH, Bonn; 47.1 (dpa), 47.2, 51.1 (dpa): Picture-Alliance GmbH, Frankfurt/M.; 65.1: wikimedia.commons; 65.2: Dr. Martina Lenze, Berlin; 77.1: Dr. Max Schröder, Koblenz; 77.2: Mareike Witt, Berlin; 77.3: Dr. Bernd Liebau, Leipzig; 83.1: Dr. Martina Lenze, Berlin; 86.1 u. 2: Prof. Dr. Alexander Wynands, Königswinter; 87.1: ddp images GmbH, Hamburg (AP/Seth Wenig).

Trotz entsprechender Bemühungen ist es nicht in allen Fällen gelungen, den Rechtsinhaber ausfindig zu machen. Gegen Nachweis der Rechte zahlt der Verlag für die Abdruckerlaubnis die gesetzlich geschuldete Vergütung.

Druck A[1] / Jahr 2014
Alle Drucke der Serie A sind im Unterricht parallel verwendbar.

Redaktion: Dr. Heike Bütow
Kontakt: finale@westermann.de
Layout: Sandra Grünberg
Umschlaggestaltung: Sandra Grünberg
Zeichnungen: Peter Langner; Illustrationen: Dietmar Griese
Satz: media service schmidt, Hildesheim
Druck und Bindung: westermann druck GmbH, Braunschweig

ISBN 978-3-14-**171508**-8

Inhaltsverzeichnis

Liebe Schülerin, lieber Schüler,

zum Abschluss des Schuljahres 2014/2015 wird für den Erwerb des mittleren Schulabschlusses wieder eine schriftliche Abschlussprüfung im Fach Mathematik durchgeführt. Dir und vielen anderen Schülerinnen und Schülern wird diese Arbeit wahrscheinlich nicht leicht fallen, da einiges anders und ungewöhnlich gegenüber den gewohnten Klassenarbeiten sein wird:

- Umfang und Bearbeitungsdauer sind größer.
- Es wird Wissen benötigt, dessen Behandlung im Unterricht teilweise weit zurückliegt.
- Komplexe Aufgaben verlangen Textverständnis und die Anwendung bzw. eigenständige Entwicklung besonderer Lösungsstrategien.

Natürlich wird deine Mathematiklehrerin oder dein Mathematiklehrer bemüht sein, dich auf diese Abschlussarbeit einzustellen. Aber es ist sicher hilfreich, wenn du dich darüber hinaus selbstständig vorbereitest. Für diesen Zweck ist das vorliegende **FiNALE-Arbeitsheft** erstellt worden. Es enthält drei Arbeitsteile.

Teil A:
In diesem Teil wird das Bearbeiten von **Basisaufgaben** trainiert. Am Anfang steht ein **Eingangstest** (S. 6 bis 11), den du in Etappen von höchstens 90 Minuten bearbeiten solltest, um Konzentrations- und Ermüdungsfehler so weit wie möglich zu vermeiden.
Der Platz für Rechnungen, Zeichnungen, Begründungen und Antwortsätze ist so angelegt, dass du mit ihm auskommen solltest.
Im anschließenden Abschnitt (S. 12 bis 35) findest du jeweils Doppelseiten. Auf der linken Doppelseite stehen in der linken Spalte **ausführliche Lösungen zu den Aufgaben des Eingangstests**. Hier kannst du überprüfen, welche Aufgaben des Eingangstests du richtig gelöst hast. Wir empfehlen dir dringend, auch bei richtiger Bearbeitung der jeweiligen Aufgabe des Eingangstests die ausführliche Lösung dazu durchzuarbeiten, da es dort bisweilen auch wichtige Informationen gibt, die über die Aufgabe selbst hinausgehen. Danach solltest du dich den **Übungsaufgaben** zuwenden, die auf der linken Doppelseite in der rechten Spalte stehen. Die Lösungen dazu kannst du jeweils auf dem Blatt daneben, also der rechten Doppelseite, erarbeiten. Diese rechten Seiten sind Musterbögen, die dir helfen, Lösungen übersichtlich darzustellen und Endergebnisse von Zwischenrechnungen deutlich sichtbar zu trennen. Zu deiner Arbeitserleichterung findest du dort bereits Platz für Rechnungen und Lösungen vor, aber auch Zahlengeraden, Koordinatensysteme, grafische Elemente usw. Die Übungsaufgaben ermöglichen ein intensives **Vorbereitungstraining** – bitte auch hier keine Übungssequenzen von mehr als 90 Minuten. Ob du die Übungsaufgaben richtig gelöst hast, kannst du im Lösungsheft (Einlage des Arbeitsheftes) nachschlagen. Dort findest du die richtigen Lösungen ausführlich dargestellt.
Ist das Vorbereitungstraining abgeschlossen, steht ab S. 36 ein **Abschlusstest** bereit. Auch hier ist der Platz für Rechnungen, Zeichnungen, Begründungen und Antwortsätze so umfangreich, dass du mit ihm auskommen solltest. Die ausführlichen Lösungen dazu findest du wieder im Lösungsheft. Der Abschlusstest ist aufgebaut wie der Eingangstest – natürlich mit anderen Aufgaben – und zeigt dir, wie viel dir das Vorbereitungstraining gebracht hat. ***Hast du ernsthaft und gründlich gearbeitet, wirst du mit dem Nachweis einer erheblichen Leistungssteigerung belohnt werden.***

Teil B:
In diesem Teil wird das Bearbeiten von **komplexen Aufgaben** trainiert. Der Aufbau ist genauso wie im Teil A. Zu Beginn findest du einen **Eingangstest** (S. 42 bis 51). Er ist umfangreicher als der Eingangstest im Teil A, und die Aufgaben sind aufwendiger und meist schwerer. Auch hier sollten die Aufgaben in Etappen von nicht mehr als 90 Minuten bearbeitet werden.
Im anschließenden Abschnitt (S. 52 bis 77) findest du **ausführliche Lösungen zu den Aufgaben des Eingangstests**, und zwar auf jeder Seite in der linken Spalte nur die Lösung zu einer Aufgabe. In der rechten Spalte findest du passende **Übungsaufgaben**, die dir ein intensives **Vorbereitungstraining** ermöglichen. Musterbögen, auf denen du die Rechenschritte und Lösungen darstellen kannst, gibt es im Teil B nicht

mehr. Hier wird erwartet, dass du die Erfahrungen mit den Musterbögen im Teil A umsetzen kannst und es dir gelingt, Zwischenrechnungen, Lösungen, Grafiken, Antwortsätze usw. selbst übersichtlich und nachvollziehbar darzustellen. Es wäre hilfreich, dir ein DIN-A4-Heft mit karierten Seiten anzulegen, auf denen du deine Lösungswege gut strukturiert notierst. Eine solche Strukturierung erleichtert dir den Vergleich mit den ausführlichen Lösungen im beiliegenden Lösungsheft. Und wenn du kurz vor dem entscheidenden Termin der Abschlussarbeit noch einmal deine Lösungen durchsehen und die Lösungsschritte nachvollziehen willst, findest du dich schneller zurecht.
Wegen der besonderen Bedeutung komplexer Aufgaben solltest du ein **Übungstagebuch** anlegen (Datum, Aufgabe, Anmerkung über Erfolg). Eine Vorlage dafür findest du unter www.finaleonline.de mit dem Codewort MA4aYZS. Wir empfehlen dringend, zu jeder Aufgabe des Eingangstests vom Teil B im Übungstagebuch zu vermerken, mit welchem Erfolg die Erstbearbeitung stattfand. Dann weißt du später, welchen Aufgabentyp du kurz vor der Abschlussarbeit noch einmal gründlich durcharbeiten solltest.
Am Ende des Teils B gibt es ebenfalls einen **Abschlusstest**, der dir eine Kontrolle darüber ermöglicht, welchen Leistungszuwachs das Vorbereitungstraining auch für komplexe Aufgaben gebracht hat. Alle Hinweise zum Abschlusstest im Teil A gelten auch für den Teil B.

Teil C:
Hier sind komplette Prüfungsarbeiten zum Mittleren Schulabschluss in Nordrhein-Westfalen aus früheren Jahren als weiteres Übungsmaterial zusammengestellt.
Mindestens eine dieser Arbeiten sollte zum Anlass genommen werden, den **„Ernstfall“** zu **proben**:
Die komplette Prüfungsarbeit sollte genau mit den vom Ministerium zugelassenen Hilfsmitteln in der vorgeschriebenen Zeit bearbeitet werden. Damit erhältst du eine Rückmeldung, wie weit du den Anforderungen an die schriftliche Abschlussprüfung im Fach Mathematik zum Erwerb des Mittleren Schulabschlusses gewachsen bist. Die richtigen und ausführlichen Lösungen findest du auch hier im Lösungsheft.
Zum Zeitpunkt der Drucklegung dieses Arbeitsheftes ist die zentrale Prüfungsarbeit im Fach Mathematik 2014 noch nicht geschrieben worden.
Sobald die Originalprüfungsaufgaben zur Veröffentlichung freigegeben sind, können sie zusammen mit ausführlichen Lösungen kostenlos im Internet unter www.finaleonline.de und dem Codewort MA4aYZS heruntergeladen werden.

Formelsammlung:
Bei der schriftlichen Abschlussprüfung im Fach Mathematik bekommen die Schülerinnen und Schüler in Nordrhein-Westfalen eine vier Seiten umfassende Formelsammlung – Formelsammlung (1), (2), (3) und (4).
Du findest sie auf den Seiten 108 bis 111 und solltest sie verwenden, wenn du **FiNALE** durcharbeitest. Dann bist du bei der schriftlichen Prüfung mit ihr vertraut und weißt, wo du das Benötigte findest.

Lösungen:
Am Ende des Arbeitsheftes findest du eine Einlage (Lösungsheft) mit ausführlichen Lösungen in detaillierten Schritten zu allen Übungsaufgaben in den Teilen A und B, allen Aufgaben der Abschlusstests in den Teilen A und B sowie allen Aufgaben in Teil C. Bewahre Arbeits- und Lösungsheft stets zusammen auf!

Basiskenntnisse:
„**FiNALE**“ setzt Basiskenntnisse in Mathematik aus den vorangegangenen Schuljahren weitgehend voraus. Wenn hier Defizite bestehen, kannst du sie in einem extra erstellten Begleitmaterial **FiNALE-Basiswissen** (Bestellnummer 978-3-14-170011-4) aufarbeiten.

Dieses **FiNALE**-Arbeitsheft und auch das Begleitmaterial „Basiswissen“ wurden unter Berücksichtigung der aktuellen Diskussion über Schülerleistungen am Ende der 10. Jahrgangsstufe sorgfältig zusammengestellt. Das **FiNALE**-Team wünscht dir damit eine erfolgreiche Vorbereitung auf die Abschlussprüfung 2015!

1 Rechnen und Ordnen

a) Rechne und überprüfe deine Ergebnisse mit den Kontrollzahlen.

(1) $(1 + 2 \cdot 3) : 14 =$ 0,5 (2) $2{,}5 - 3{,}2 =$ −0,7

(3) $0{,}1 \cdot 0{,}3 \cdot 20 =$ 0,6 (4) $\frac{1}{2} + 1\frac{1}{10} =$ $1\frac{6}{10}$

(5) $1 - \frac{1}{2} + \frac{1}{4} =$ $\frac{3}{4}$ (6) $(-2) \cdot (-2)^2 \cdot (2^{-4}) =$ ______

$\frac{3}{4}$ $1\frac{3}{5}$ 0,6 $-\frac{1}{2}$ $\frac{4}{3}$ 0,5 −0,7

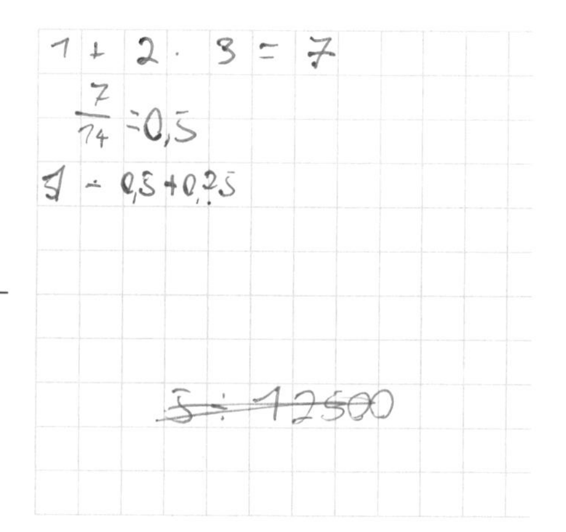

b) Ordne die Kontrollzahlen aus a).

−0,7 < $-\frac{1}{2}$ < 0,5 < 0,6 < $\frac{3}{4}$ < $\frac{4}{3}$ < $1\frac{3}{5}$

2 Rechteck

Ein Rechteck ist 8 cm lang und hat einen Umfang von 30 cm.
Wie groß ist sein Flächeninhalt?

Flächeninhalt: A = 56 cm²

3 Nutzflächen in Deutschland

In dem Diagramm rechts wird dargestellt, wie die Flächen in Deutschland genutzt werden.

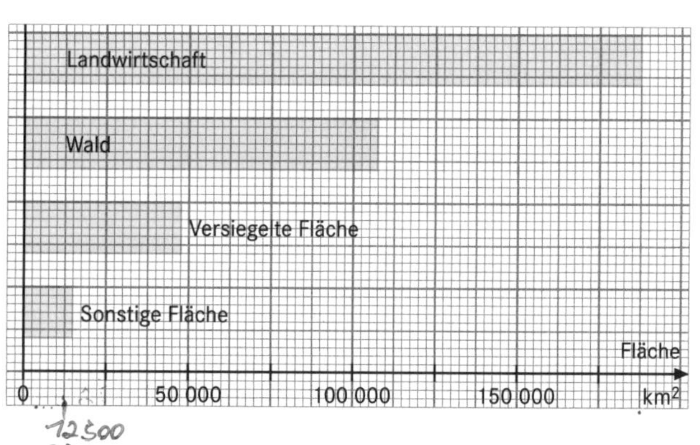

a) Wie viel km² entsprechen 1 mm auf der x-Achse?

1 mm ≙ 2500 km²

b) (1) Lies aus dem Diagramm ab und fülle die Tabelle aus.

(2) Bestimme die relativen Häufigkeiten und trage sie in die Tabelle ein. Runde auf volle Prozent.

	Fläche (in km²)	Relative Häufigkeit (in %)
Landwirtschaft	187500	
Wald		
Versiegelte Fläche		
Sonstige Fläche		
Gesamtfläche		

(3) Stelle die Anteile in einem Kreis- und einem Streifendiagramm dar.

Streifendiagramm:

4 Zuordnungen

In welchen Beispielen erkennst du proportionale (p) oder antiproportionale (a) Zuordnungen? Wo liegt keines von beiden (k) vor? Trage in die rechte Spalte jeweils p, a oder k ein.

1	Chris kauft auf dem Wochenmarkt Käse: *Menge (g) → Preis (€)*		4	Im August gab es in Rom insgesamt 300 Sonnenstunden: *Tage → Sonnenstunden*	
2	Jan läuft 75 m in 9,1 Sekunden: *Länge der Strecke → Zeit*		5	Familie Meier erwirbt ein Baugrundstück für 87 500 €: *Fläche (m^2) → Preis (€)*	
3	25 Liter Apfelsaft werden gleichmäßig verteilt: *Anzahl Gläser → Füllmenge*		6	Sechs Rechtecke haben denselben Flächeninhalt: *Rechtecklänge → Rechteckbreite*	

5 Gehaltskürzungen

Die Tageszeitung ***Frankfurter Rundschau*** schrieb am 18. Juli 2012 folgenden Artikel:

Spaniens König kürzt eigenes Gehalt

Unter dem Druck der Finanzkrise nimmt auch Spaniens König Juan Carlos Gehaltseinbußen in Kauf. Wie das Königshaus am Dienstag mitteilte, sollen die staatlichen Zuwendungen für den Monarchen um 7,1 Prozent gekürzt werden. Dies entspreche jährlichen Gehaltseinbußen von 20910 Euro. Das Jahresgehalt von Kronprinz Felipe wird um 10455 Euro gekürzt. Um die Wirtschaftskrise zu bekämpfen, will die spanische Regierung auch die Bezüge von Beamten reduzieren. (dpa)

Kreuze alle Fragen an, die man mithilfe dieses Artikels beantworten kann:

(1) ☐ Wie viel Euro jährliche Gehaltseinbußen haben beide zusammen?

(2) ☐ Wurden die Gehälter von König Juan Carlos und von Kronprinz Felipe um denselben Prozentsatz gekürzt?

(3) ☐ Wie hoch war das jährliche Gehalt von Kronprinz Felipe vor der Gehaltskürzung?

(4) ☐ Wie hoch war das jährliche Gehalt von König Juan Carlos vor der Gehaltskürzung?

(5) ☐ Wie hoch ist das jährliche Gehalt von König Juan Carlos nach der Kürzung?

6 Funktionsgleichung

Die Gleichung $y = 27 - 3 \cdot (x - 6)^2$ wird mithilfe einer Tabellenkalkulation untersucht.

a) In welcher Zelle findest du den y-Wert für $x = 5$? Zelle: ______

b) Für welche x-Werte wird $y = -21$? x-Werte: ____________________

c) Mit welcher Formel kann man den y-Wert in Zelle B2 berechnen?

Formel: ____________________

d) Berechne ohne Tabellenkalkulation. Für welche x-Werte wird $y = 0$?

B2

	A	B
1	x	y
2	0	-81
3	1	-48
4	2	-21
5	3	0
6	4	15
7	5	24
8	6	27
9	7	24
10	8	15
11	9	0
12	10	-21

Die gesuchten x-Werte lauten: ____________________

7 Gleichungen und Graphen

Ordne den Graphen (g_1, g_2, ...) die zugehörige Funktionsgleichung zu.

$y = -0{,}5x^2$	
$y = x - 2$	
$y = -x - 2$	
$y = x^2 + 2x + 2$	

$y = -2x^2$	
$y = 2x^2$	
$y = -x + 2$	
$y = 0{,}5x^2$	

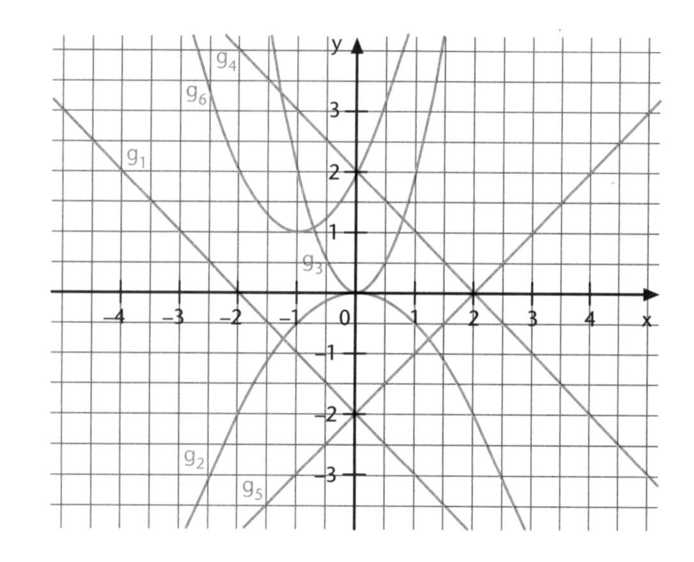

8 Smartphone

Die Redakteure einer Verbraucherzeitschrift haben den Preis für ein bestimmtes Smartphone in fünf verschiedenen Geschäften erfragt.
Unten siehst du das Ergebnis:

419 € 399 € 432 €
398 € 409 €

a) Gib Median *(Zentralwert)*, Spannweite und arithmetisches Mittel der Stichprobe an:

Median: ____________________

Spannweite: ____________________

Arithmetisches Mittel: ____________________

b) Wie hoch hätte der Preis des teuersten Smartphones nur sein dürfen, damit das arithmetische Mittel 409 € beträgt?

____

9 Gleichungssysteme

a) Löse das Gleichungssystem.

I. $x - 2y = 4$
II. $3x + y = 5$

x = __________ y = __________

b) Ein Rechteck hat den Umfang 30 cm, wobei die eine Seite 2 cm länger ist als die andere Seite. Wie lang sind die Seiten?

Länge: __________ Breite: __________

10 Dreieck im Koordinatensystem

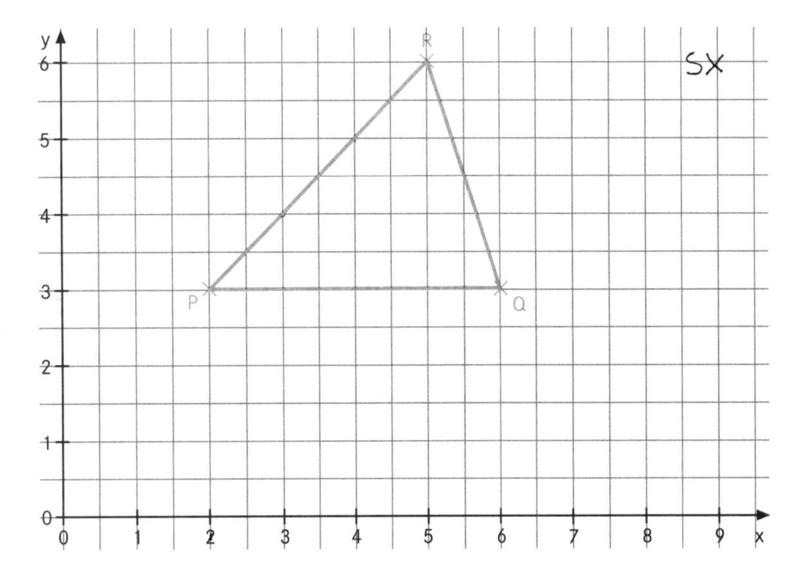

a) Gib die Koordinaten der Punkte P, Q und R an.
P(2 | 3), Q(6 | 3), R(5 | 6)

b) Welchen Flächeninhalt hat das Dreieck PQR?

A = ______

c) Trage den Punkt S(9|6) in das Koordinatensystem ein. Wie heißt die Figur PQSR?

Dreieck

d) Bestimme den Flächeninhalt der Figur PQSR.

A = 5 cm²

a · b ÷ 3 = F

5 · 3 = 15

$\frac{15}{3} = 5$

5 cm²

11 Schätzen

Kreuze an, welche Maßangabe stimmen könnte. **TIPP:** Schätze zuerst die Maße.

Oberfläche

- [ ] 200 dm²
- [ ] 0,2 m²
- [x] 20 cm²
- [ ] 20 000 mm²

Volumen des Badewassers

- [x] 550 l
- [ ] 5,5 m³
- [ ] 55 000 cm³
- [ ] 5 500 000 mm³

Höhe eines Kirchturms

- [ ] 850 mm
- [x] 85 000 cm
- [ ] 85 dm
- [ ] 0,085 km

85 000
100 cm = 1 m
85 m

12 Holztransport

Herr Franz möchte mit dem abgebildeten Pkw-Anhänger Bretter für die neue Terrasse transportieren. Er benötigt 110 quaderförmige Bretter mit diesen Abmessungen: Länge 3 m; Breite 12 cm; Dicke 2,2 cm. 1 m³ des Holzes ist 760 kg schwer. Überprüfe rechnerisch, ob Herr Franz mit seinem Hänger die Bretter transportieren darf.

Nein es sind 70 kg zu viel

13 Aussagen

Welche der folgenden Sachtexte passen zu der Gleichung $x + (x - 3) = 60$? Kreuze an.

1	Vera ist drei Jahre jünger als Max. Zusammen sind sie 60 Jahre alt.	☐ Ja	☐ Nein
2	Eine Lostrommel enthält dreimal so viel Nieten wie Gewinnlose. Insgesamt sind 60 Lose in der Trommel.	☐ Ja	☐ Nein
3	Familie Maier legt auf ihrer zweitägigen Radtour insgesamt 60 km zurück. Am zweiten Tag fahren sie 3 km weniger als am ersten Tag.	☐ Ja	☐ Nein
4	Ein 60 m^2 großer Saal wird mit Parkett ausgelegt. Länge und Breite des Raumes unterscheiden sich um 3 Meter.	☐ Ja	☐ Nein

14 Parabeln in verschiedenen Darstellungen

Eine Parabel hat den Scheitelpunkt $S(3|-15)$ und ist gegenüber der Normalparabel um den Faktor $a = 2$ gestreckt.
Gib die Scheitelpunktform der Parabel an und wandle diese in die Normalform um.

15 Farbige Kugeln

In einem Behälter sind 3 rote, 5 grüne und 2 blaue Kugeln. Eine Kugel wird verdeckt gezogen. Wie groß ist die Wahrscheinlichkeit, eine Kugel zu ziehen,

a) die blau ist,

b) die nicht rot ist?

Ergebnisse: a) P(blau) = ______

b) P(nicht rot) = ______

16 Zylinder

Ein Zylinder hat eine Grundfläche mit dem Radius 14 cm und ist 8 cm hoch. Bestimme die Oberfläche des Zylinders gerundet auf ganze cm^2.

Oberfläche: ______________________

17 Prozente

a) Wie viel sind 30 % von 250 €?

____

b) Wie viel Prozent sind 25 cm von 5 m?

____

c) Von wie viel Kilogramm sind 5 % genau 10 kg?

____

d) Ein Kapital von 620 € wird ein Jahr lang mit 4 % verzinst.
Berechne die Jahreszinsen.

____

18 Sanduhr

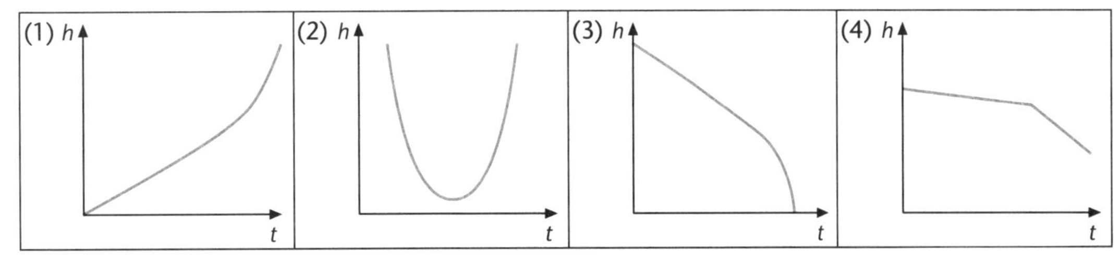

Mit zunehmender Zeit t ändert sich die Höhe h des Sandes in der Uhr. Welcher Graph beschreibt diese Änderung am besten? Begründe.

____

____

19 Würfel

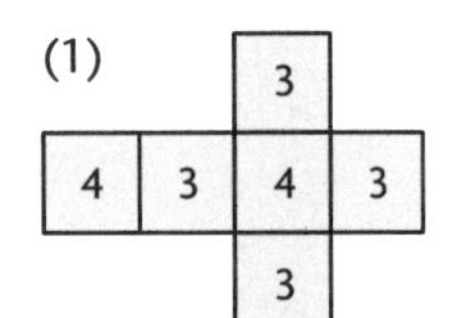

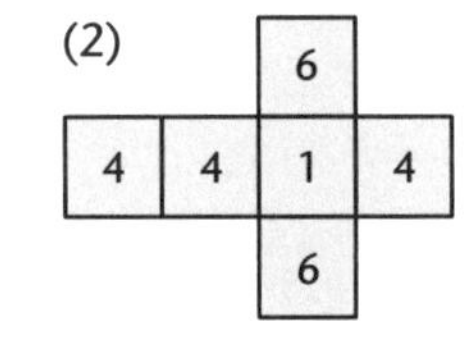

Rechts siehst du die Netze zweier Würfel.
Der Würfel (1) hat nur die Zahlen 3 und 4, der Würfel (2) die Zahlen 1, 4 und 6.

a) Wie groß ist die Wahrscheinlichkeit, mit Würfel (1) eine Vier zu würfeln? ______

b) Wie groß ist die Wahrscheinlichkeit, mit Würfel (2) eine Augenzahl größer als 3 zu würfeln? ______

c) Mit einem der beiden Würfel wurde 500-mal gewürfelt und dabei 162-mal die Vier erzielt.
Mit welchem der beiden Würfel wurde deiner Meinung nach gewürfelt? Begründe.

____

____

20 Kinderschaukel im Garten

Die schrägen Stützpfeiler der Schaukel werden durch eine 75 cm lange Querstange stabilisiert. 40 % der Stützpfeiler sind oberhalb der Querstange. In welchem Abstand voneinander sind die Füße der Stützpfeiler im Boden einbetoniert?

21 Lineare Funktion

Die Gleichung einer linearen Funktion ist gegeben durch $y = mx + n$. Durch welche Punkte ($m \neq 0$ und $n \neq 0$) verläuft der Graph? Kreuze an.

☐ $(m|0)$ ☐ $(0|n)$ ☐ $(1|m + n)$ ☐ $(-\frac{n}{m}|0)$ ☐ $(-\frac{m}{n}|0)$

1 Rechnen und Ordnen

a) Rechne und überprüfe deine Ergebnisse mit den Kontrollzahlen.

(1) $(1 + 2 \cdot 3) : 14 =$ (2) $2{,}5 - 3{,}2 =$

(3) $0{,}1 \cdot 0{,}3 \cdot 20 =$ (4) $\frac{1}{2} + 1\frac{1}{10} =$

(5) $1 - \frac{1}{2} + \frac{1}{4} =$ (6) $(-2) \cdot (-2)^2 \cdot (2^{-4}) =$

$\frac{3}{4}$ $1\frac{3}{5}$ $0{,}6$ $-\frac{1}{2}$ $\frac{4}{3}$ $0{,}5$ $-0{,}7$

b) Ordne die Kontrollzahlen aus a).

Zu a)

(1) $(1 + 2 \cdot 3) : 14 = 7 : 14 = \mathbf{0{,}5}$

(2) $2{,}5 - 3{,}2 = \mathbf{-0{,}7}$

(3) $0{,}1 \cdot 0{,}3 \cdot 20 = 0{,}03 \cdot 20 = \mathbf{0{,}6}$

(4) $\frac{1}{2} + 1\frac{1}{10} = \frac{5}{10} + \frac{11}{10} = \frac{16}{10} = 1\frac{6}{10} = \mathbf{1\frac{3}{5}}$

(5) $1 - \frac{1}{2} + \frac{1}{4} = \frac{1}{2} + \frac{1}{4} = \mathbf{\frac{3}{4}}$

(6) $(-2) \cdot (-2)^2 \cdot (2^{-4}) = -2 \cdot 4 \cdot \frac{1}{16} = -8 \cdot \frac{1}{16} = -\frac{8}{16} = \mathbf{-\frac{1}{2}}$

Zu b)

$-0{,}7 < -\frac{1}{2} < 0{,}5 < 0{,}6 < \frac{3}{4} < \frac{4}{3} < 1\frac{3}{5}$

2 Rechteck

Ein Rechteck ist 8 cm lang und hat einen Umfang von 30 cm.
Wie groß ist sein Flächeninhalt?

Skizze:

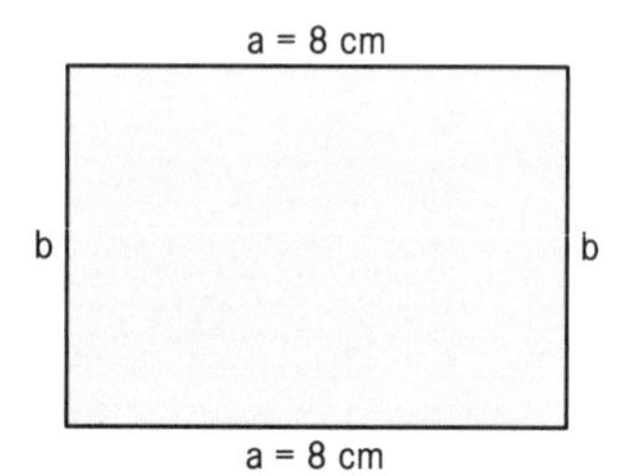

Gegeben:
Länge einer Rechteckseite: a = 8 cm
Umfang des Rechtecks: u = 30 cm
Gesucht: Flächeninhalt A des Rechtecks
Um $A = a \cdot b$ zu ermitteln, benötigen wir die Länge der zweiten Rechteckseite b.

$u = 2 \cdot a + 2 \cdot b$

$30 \text{ cm} = 2 \cdot 8 \text{ cm} + 2b$

$30 \text{ cm} = 16 \text{ cm} + 2b \quad | -16 \text{ cm}$

$14 \text{ cm} = 2b \quad | : 2$

$7 \text{ cm} = b$

$A = a \cdot b$

$A = 8 \text{ cm} \cdot 7 \text{ cm}$

$\mathbf{A = 56 \text{ cm}^2}$

1 Ordne der Größe nach, beginne mit der kleinsten Zahl.

a) $0{,}4$ $\frac{3}{6}$ $0{,}38$ $\frac{1}{4}$ $\frac{3}{8}$ $0{,}44$

b) $-1\frac{1}{2}$ $-\frac{7}{5}$ $-\frac{3}{4}$ $-0{,}8$ $-\frac{11}{8}$ $-1{,}3$

c) $0{,}7$ $-\frac{3}{4}$ $-1{,}34$ $\frac{4}{5}$ $-\frac{4}{3}$ $\frac{17}{20}$

2 Rechne aus und stelle die Ergebnisse an der Zahlengeraden dar.

(1) $(11 - 2 \cdot 4) : 5$ (2) $2{,}5 - 3 \cdot 1{,}5$

(3) $1\frac{1}{4} - \frac{1}{2} - \frac{7}{4}$ (4) $-\frac{1}{2} + \frac{9}{10}$

(5) $2^{-3} \cdot \frac{16}{5}$ (6) $(-2)^3 \cdot \frac{1}{5}$

(7) $2{,}7 - 5{,}3$ (8) $(3{,}2 - 7{,}8) \cdot \frac{1}{2}$

3 Ein Rechteck ist 7 cm breit und 3 cm länger als breit. Berechne Flächeninhalt und Umfang dieses Rechtecks.

4 Ein Baugrundstück ist rechteckig und hat die Maße 32 m x 24 m.

a) Wie viel Quadratmeter ist das Baugrundstück groß?

b) Wie teuer ist das Grundstück, wenn es pro Quadratmeter 75 € kostet?

5 Abgebildet ist ein Kinderspielplatz, der komplett bis zu einer Höhe von 2 m eingezäunt werden soll. An drei Stellen im Zaun sind ein Meter breite Türen eingelassen.

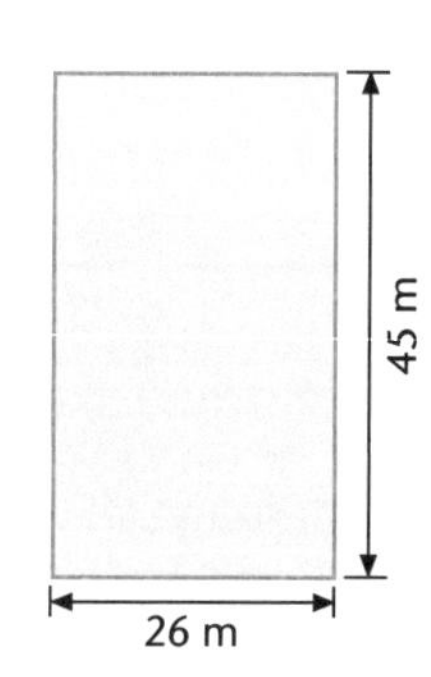

a) Wie viel Meter Zaun werden benötigt?

b) Wie viel Quadratmeter ist die Fläche des Zaunes groß?

6 Wie groß ist die abgebildete Fläche und welchen Umfang hat sie?

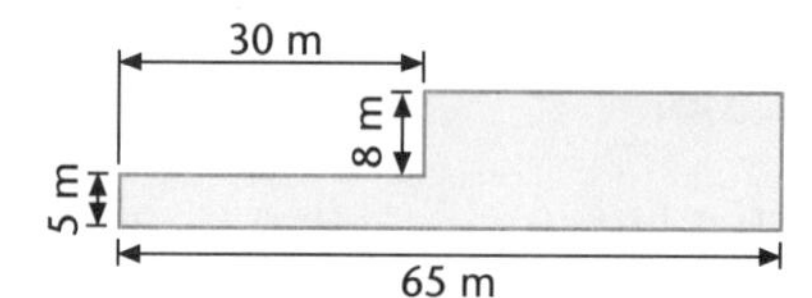

1 a) ☐ < ☐ < ☐ < ☐ < ☐ < ☐

b) ☐ < ☐ < ☐ < ☐ < ☐ < ☐

c) ☐ < ☐ < ☐ < ☐ < ☐ < ☐

Nebenrechnungen:

2 *Nebenrechnungen:*

0

3 a) Flächeninhalt A = ______

b) Umfang u = ______

Nebenrechnungen:

4 a) *Antwortsatz:* ______

b) *Antwortsatz:* ______

5 a) *Antwortsatz:* ______

b) *Antwortsatz:* ______

6 Größe der Fläche: ______

Umfang der Fläche: ______

3 Nutzflächen in Deutschland

In dem Diagramm rechts wird dargestellt, wie die Flächen in Deutschland genutzt werden.

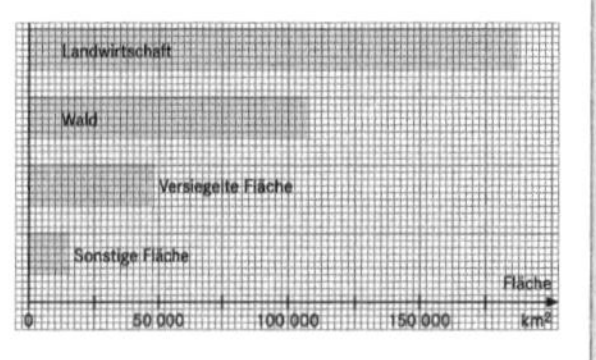

a) Wie viel km^2 entsprechen 1 mm auf der x-Achse?

b) (1) Lies aus dem Diagramm ab und fülle die Tabelle aus.
(2) Bestimme die relativen Häufigkeiten und trage sie in die Tabelle ein. Runde auf volle Prozent.
(3) Stelle die Anteile in einem Kreis- und einem Streifendiagramm dar.

Zu a) 20 mm ≙ 50 000 km^2
1 mm ≙ 2 500 km^2

Zu b)

	Fläche (in km^2)	Relative Häufigkeit (in %)
Landwirtschaft	187 500	52
Wald	107 500	30
Versiegelte Fläche	47 500	13
Sonstige Fläche	15 000	4
Gesamtfläche	357 500	100

Die relative Häufigkeit berechnet man, indem man die jeweilige Teilfläche durch die Gesamtfläche dividiert. 1 % fehlt, weil gerundet wurde.

(3) Kreisdiagramm

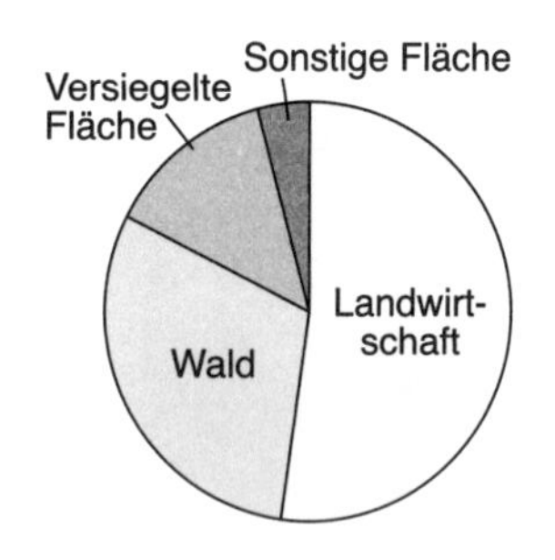

Streifendiagramm

(5 cm lang)

Beim Streifendiagramm von 10 cm Länge sind die einzelnen Abschnitte doppelt so lang.

1 In einer Berufsschule für Bank- und Versicherungskaufleute werden insgesamt 450 Auszubildende unterrichtet. Von ihnen hat ein Zehntel den Hauptschulabschluss und ein Drittel einen Realschulabschluss. Die restlichen Auszubildenden sind Abiturientinnen und Abiturenten.

a) Wie viele Azubis mit Hauptschulabschluss, Realschulabschluss bzw. Abitur gibt es?

b) Gib die Anteile in Prozent auf eine Stelle nach dem Komma gerundet an und stelle sie in einem Kreisdiagramm dar.

2 Die Leibniz-Schule hat eine Aufstellung über die Nationalitäten ihrer Schülerinnen und Schüler gemacht.

deutsche Nationalität:	261
türkische Nationalität:	108
andere Nationalität:	81

Berechne die Anteile in Prozent und stelle sie in einem Kreisdiagramm dar.

3 Die Parteien A, B, C und D haben sich an derselben Wahl beteiligt.
Dargestellt sind die Anteile in ganzzahligen Prozentangaben.

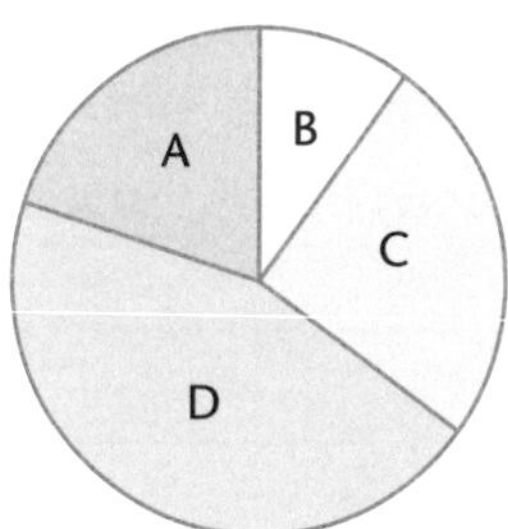

a) Wie viel Prozent der Stimmen haben die vier Parteien jeweils erhalten?

b) Es sind insgesamt 95 450 gültige Stimmen abgegeben worden. Wie viele Stimmen sind auf die einzelnen Parteien entfallen?

4

Personen unter 18 Jahren:	64
Personen 18 bis 60 Jahre:	248
Personen über 60 Jahre:	488

Abgebildet ist die Altersverteilung auf einem Kreuzfahrtschiff. Stelle sie in einem Kreisdiagramm dar.

1

	a) Anzahl	b) Prozent
Azubis mit HS-Abschluss		
Azubis mit RS-Abschluss		
Azubis mit Abitur		

Nebenrechnungen:

2 Anteil in Prozent:

deutsche Nationalität: ____________________

türkische Nationalität: ____________________

andere Nationalität: ____________________

Nebenrechnungen:

3

	a) Prozent	b) Stimmen
A-Partei		
B-Partei		
C-Partei		
D-Partei		

4

unter 18 Jahren	
18 bis 60 Jahre	
über 60 Jahre	

Nebenrechnungen:

4 Zuordnungen

In welchen Beispielen erkennst du proportionale (p) oder antiproportionale (a) Zuordnungen? Wo liegt keines von beiden (k) vor? Trage in die rechte Spalte der Tabelle (siehe S. 7) jeweils p, a oder k ein.

(1) Verdoppelt sich die Menge an Käse, verdoppelt sich dessen Preis; also **p**.
(2) Bei längeren Strecken ist die Geschwindigkeit kleiner; also **k**.
(3) Doppelt so viele Gläser könnten nur mit der Hälfte der Menge gefüllt werden; also **a**.
(4) Die Sonnenstunden haben keine Regelmäßigkeit; also **k**.
(5) Die Hälfte der Fläche kostet die Hälfte, das Dreifache kostet das Dreifache; also **p**.
(6) Zum Doppelten der Länge gehört die Hälfte der Breite, sodass der Flächeninhalt gleich bleibt; also **a**.

Gehaltskürzungen

Die Tageszeitung ***Frankfurter Rundschau*** schrieb am 18. Juli 2012 den Artikel: (siehe S. 5)
Kreuze alle Fragen an, die man mithilfe dieses Artikels beantworten kann:
(1) ☐ Gehaltseinbußen zusammen?
(2) ☐ Gleicher Prozentsatz bei den Gehältern?
(3) ☐ Früheres Gehalt von Kronprinz Felipe?
(4) ☐ Früheres Gehalt von König Juan Carlos?
(5) ☐ Jetziges Gehalt von König Juan Carlos?

Die **Fragen (1)**, **(4)** und **(5)** können beantwortet werden:
(1) 20 910 € + 10 455 € = 31 365 €
(4) 20 910 € entsprechen 7,1 %; also betrug das ursprüngliche Gehalt des Königs (Dreisatz):
20 910 € : 7,1 · 100 ≈ 294 507 €
(5) 20 910 € entsprechen 7,1 %; also beträgt das neue Gehalt des Königs 92,9 % des alten Gehalts (Dreisatz):
20 910 € : 7,1 · 92,9 ≈ 273 597 €

Frage (2) kann nicht beantwortet werden, da man nicht weiß, wie viel der Kronprinz vorher verdient hat und somit nicht bestimmen kann, wie viel Prozent die Kürzung 10 455 € beträgt. Frage (3) kann nicht beantwortet werden, da man nicht weiß, wie hoch das Gehalt nach der Kürzung um 10 455 € war.

1 Vervollständige die Wertetabellen zur proportionalen Zuordnung.

a)

x	1,5	3
y	4,5	

b)

x	1	
y	5	15

2 Vervollständige die Wertetabellen zur antiproportionalen Zuordnung.

a)

x	7	0,5
y	3,5	

b)

x	12	
y	5	6

3 Welche Zuordnung liegt vor?

1	*Tankfüllung in Liter → Preis in €*
2	*Masse eines Apfels → Anzahl von Äpfeln in einem 5-kg-Netz*
3	*Lebensalter eines Menschen → Schuhgröße des Menschen*
4	*Größe eines Feldes auf einem Schachbrett → Größe des Schachbrettes mit 64 Feldern*
5	*Anzahl von Staffelläufern im 10-km-Rennen → Länge der Teilstrecke, die ein Läufer laufen muss*

4 Umkreise alle Zahlangaben, die benötigt werden, um die Schulden mit Zinsen zu berechnen und berechne die Zinsen.

Prinz Charles zahlt 350 Jahre alte Schulden zurück
Prinz Charles hat im Jahr 2008 eine über 350 Jahre alte Familienschuld beglichen, die anzusetzenden 3 % Zinsen aber ignoriert. Sein Urahn Karl II hatte 1651 für umgerechnet 572,20 Euro Uniformen beim Verband der Tuchmacher in Auftrag gegeben, aber nie bezahlt. Laut BBC hätte Prinz Charles über 50 000 Euro zurückzahlen müssen.

5 Eine Fabrik steigert ihre Produktion um 6,25 %, sodass 1125 Einheiten mehr produziert werden. Berechne, wie viele Einheiten vor der Produktionssteigerung hergestellt wurden.

6 12,5 % von 4000 entspricht einer Multiplikation von 4000 mit:
☐ 12,5 ☐ einem Achtel ☐ $\frac{125}{100}$
☐ einem Zwölftel ☐ $\frac{125}{1000}$ ☐ 0,125

7 Schätze, wie viel 10,1938 % von 12 021 € ungefähr sind. Kreuze die richtige Größe an.
☐ ca. 12 € ☐ ca. 10 000 € ☐ ca. 120 €
☐ ca. 1938 € ☐ ca. 1200 € ☐ ca. 21 €

Nebenrechnungen:

1 a)

x	1,5	3
y	4,5	

b)

x	1	
y	5	15

2 a)

x	7	0,5
y	3,5	

b)

x	12	
y	5	6

3 Welche Zuordnung liegt vor?

Nummer	Art der Zuordnung
1	
2	
3	
4	
5	

4

Prinz Charles zahlt 350 Jahre alte Schulden zurück
Prinz Charles hat im Jahr 2008 eine über 350 Jahre alte Familienschuld beglichen, die anzusetzenden 3 % Zinsen aber ignoriert. Sein Urahn Karl II hatte 1651 für umgerechnet 572,20 Euro Uniformen beim Verband der Tuchmacher in Auftrag gegeben, aber nie bezahlt. Laut BBC hätte Prinz Charles über 50 000 Euro zurückzahlen müssen.

Zinssatz: ______________________

Zinsen: ______________________

5 Einheiten vor der Produktionssteigerung:

____

6 Ergebnis:

____

7 Schätzergebnis:

____

6 Funktionsgleichung

Die Gleichung $y = 27 - 3 \cdot (x - 6)^2$ wird mithilfe einer Tabellenkalkulation untersucht.

a) In welcher Zelle findest du den y-Wert für $x = 5$?

b) Für welche x-Werte wird $y = -21$?

c) Mit welcher Formel kann man den y-Wert in Zelle B2 berechnen?

d) Berechne ohne Tabellenkalkulation. Für welche x-Werte wird $y = 0$?

Zu a)
Der y-Wert zu $x = 5$ steht in Zelle **B7**.

Zu b)
A4 und A12 enthalten die **x-Werte 2 und 10**, für die $y = -21$ gilt.

Zu c)
Die Formel lautet **= 27 – 3 * (A2 – 6) ^2**

Zu d)
Hier setzt man für y den Wert 0 ein und bestimmt durch Umformen die x-Werte:

$27 - 3 \cdot (x - 6)^2 = 0 \quad | -27$

$-3 (x - 6)^2 = -27 \quad | : (-3)$

$(x - 6)^2 = 9$, also

$x - 6 = -3$ oder $x - 6 = 3$

$\mathbf{x = 3}$ oder $\mathbf{x = 9}$

Die gesuchten x-Werte lauten **3** und **9**.

7 Gleichungen und Graphen

Ordne den Graphen (g_1, g_2, ...) die zugehörige Funktionsgleichung zu.

$y = -0,5\,x^2$		$y = -2\,x^2$	
$y = x - 2$		$y = 2\,x^2$	
$y = -x - 2$		$y = -x + 2$	
$y = x^2 + 2x + 2$		$y = 0,5\,x^2$	

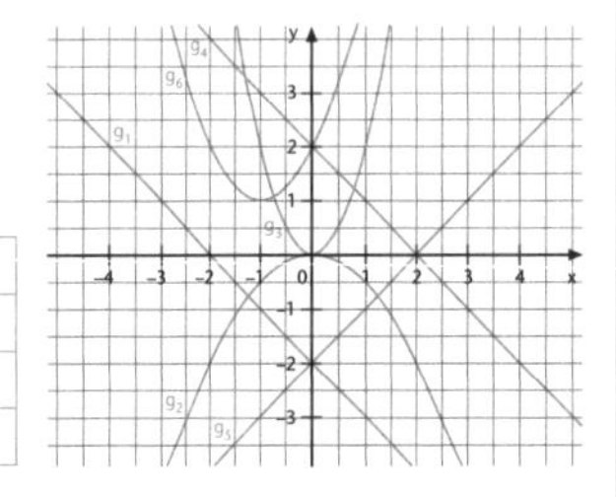

Die Geraden g_1, g_4 und g_5 haben Gleichungen der Form $y = mx + n$. Sie steigen bei $m > 0$ und fallen bei $m < 0$; die y-Achse schneiden sie an der Stelle n. Also gilt:

$\mathbf{g_1 \rightarrow y = -x - 2;\ g_4 \rightarrow -x + 2;\ g_5 \rightarrow x - 2}$

Die Parabeln g_2, g_3 und g_6 haben Gleichungen der Form $y = ax^2 + bx + c$. Sie schneiden die y-Achse an der Stelle c; bei $b = 0$ liegt der Scheitelpunkt auf der y-Achse. Bei $a > 0$ ($a < 0$) ist die Parabel nach oben (unten) geöffnet. Bei $|a| > 1$ ($|a| < 1$) ist sie steiler (flacher) als die Normalparabel. Also gilt:

$\mathbf{g_2 \rightarrow y = -0,5x^2;\ g_3 \rightarrow y = 2x^2;\ g_6 \rightarrow y = x^2 + 2x + 2}$

1 Für welche x-Werte wird $y = 0$?

a) $y = x\,(x - 1)$ b) $y = (x - 4)^2$

2 Löse die Gleichung.

a) $8 + (x - 3)^2 = 57$ b) $x^2 - 4x + 4 = 0$

3 Mithilfe einer Tabellenkalkulation wird die Gleichung $y = 8 - 2 \cdot (x - 2)^2$ untersucht.

	A	B	C	D	E	F	G	H	I	J
1	x	-2	-1	0	1	2	3	4	5	6
2	y	-24	-10	0	6	8	6	0	-10	-24

a) In welchen Zellen steht ein x-Wert für $y = 0$?

b) Mit welcher Formel berechnet das Programm den Wert in Zelle F2?

c) Für welche x-Werte wird $y = 6$?

d) Berechne ohne Tabellenkalkulation die x-Werte für $y = 0$.

4 Gegeben ist die Gleichung $y = -2 \cdot (x - 1)^2 + 8$.

a) Welchen Wert hat y für $x = -2$?

b) Für welchen x-Wert wird $y = 0$?

5 Die Punkte P(6|0), Q(0|–3) und R(–2|–4) gehören zum Graphen einer linearen Funktion.

a) Zeichne den Graphen der Funktion.

b) Gib die zugehörige Funktionsgleichung an.

6

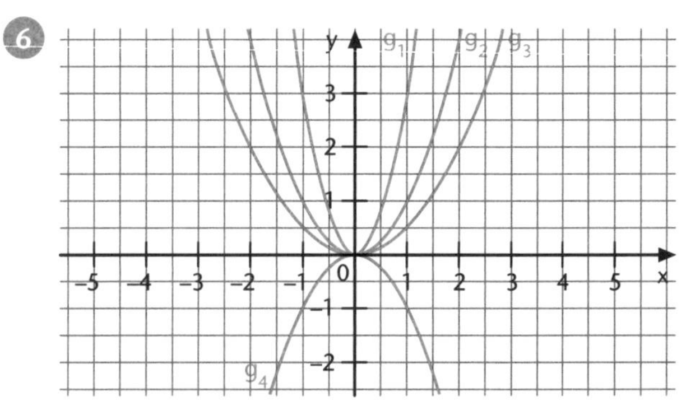

a) Ordne jedem Graphen die passende Funktionsgleichung zu.

$y = -x^2$		$y = 0,5x^2$		$y = x^2$		$y = 3x^2$	

b) Was kannst du über den Verlauf des Graphen einer quadratischen Funktion mit der Gleichung $y = a \cdot x^2$ aussagen, wenn du weißt, dass $a < 0$ ist?

1 a) x = ______ b) x = ______

Nebenrechnungen:

2 a) Lösung: ______

b) Lösung: ______

3 a) Zellen: ______ b) Formel: ______

TIPP: Jede Eingabe einer Formel im Tabellenkalkulationsprogramm beginnt mit einem Gleichheitszeichen!
Mit den folgenden Zeichen wird die Art der Berechnung (Operation) festgelegt:

Zeichen	Operation
+ (Pluszeichen)	addieren
– (Minuszeichen)	subtrahieren
* (Sternchen)	multiplizieren
/ (Schrägstrich)	dividieren
^ (Caretzeichen)	potenzieren

c) x-Wert für y = 6: ______

d) x-Wert für y = 0: ______

4 a) y = ______

b) x = ______ ______

b) Funktionsgleichung:

______

5 a)

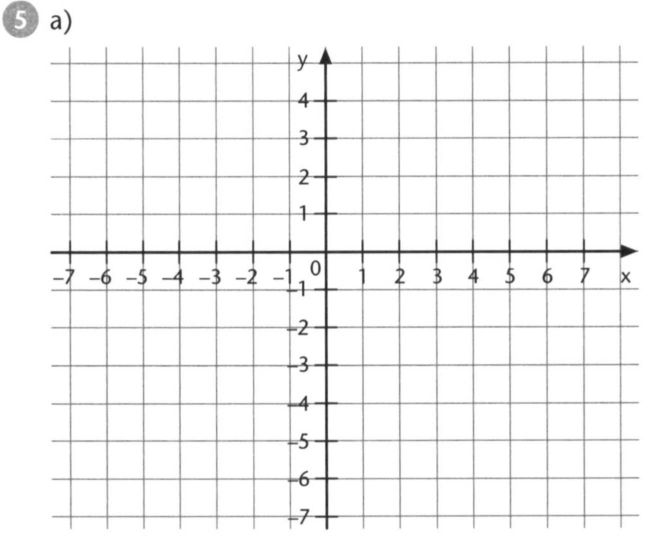

b) *Antwortsatz:* ______

______

______

______

______

______

______

6 a)

Funktionsgleichung	Graph
$y = -x^2$	
$y = 0,5x^2$	
$y = x^2$	
$y = 3x^2$	

8 Smartphone

Die Redakteure einer Verbraucherzeitschrift haben den Preis für ein bestimmtes Smartphone in fünf verschiedenen Geschäften erfragt. Unten siehst du das Ergebnis:

419 € 399 € 432 €
398 € 409 €

a) Gib Median *(Zentralwert)*, Spannweite und arithmetisches Mittel der Stichprobe an.
b) Wie hoch hätte der Preis des teuersten Smartphones nur sein dürfen, damit das arithmetische Mittel 409 € beträgt?

Zu a)
Um den Median zu ermitteln, müssen die Daten der Größe nach geordnet werden.

398 €; 399 €; 409 €; 419 €; 432 €

Bei einer ungeraden Anzahl von Daten ist der Median der Wert in der Mitte; sonst müssen die beiden Werte links und rechts der Mitte arithmetisch gemittelt werden.

Median: 409 €

Die Spannweite ist die Differenz zwischen dem größten und dem kleinsten Wert der Stichprobe.

Spannweite: 432 € – 398 € = 34 €

Beim arithmetischen Mittel addiert man die Werte der Stichprobe und teilt durch ihre Anzahl.

Arithmetisches Mittel:

$$\frac{(398\,€ + 399\,€ + 409\,€ + 419\,€ + 432\,€)}{5}$$

= **411,40 €**

Zu b)
Dann hätten alle Preise zusammen 5 · 409 €, also 2 045 € betragen müssen.

Die vier Smartphones ohne das teuerste kosten zusammen:
398 € + 399 € + 409 € + 419 € = 1 625 €

Das teuerste Smartphone hätte also 2 045 € – 1 625 € kosten dürfen, und das wäre ein Preis von **420 €** gewesen.

1 Gib jeweils den Median *(Zentralwert)*, das arithmetische Mittel und die Spannweite der Stichprobe an.

a) 84,30 €; 65,80 €; 111,40 €; 99,70 €; 107,20 €

b) 4,50 m; 4,20 m; 5,10 m; 4,80 m; 5,30 m; 4,60 m

2 In einem Fahrstuhl befinden sich 12 Personen mit den auf dem Zettel angegebenen Gewichten*.

78,5 kg	96 kg	81,4 kg	54,5 kg
67,5 kg	93,4 kg	72,2 kg	56,8 kg
98,6 kg	78,2 kg	73,8 kg	84,3 kg

a) Bei der Angabe „max. 12 Personen" wurde davon ausgegangen, dass eine Person durchschnittlich 80 kg wiegt.
Liegt das vor?

b) Wie groß ist die Spannweite der Gewichte* in der Tabelle?

c) Bestimme den Median der Werte in der Tabelle und bestimme den Unterschied zum arithmetischen Mittel.

3 Sabine hat mit 7 Sprüngen für den Weitsprung-Wettbewerb trainiert. Hier sind die Weiten der ersten 5 Sprünge:

4,20 m 4,65 m 3,95 m 4,10 m 4,45 m

Der 6. Sprung war zugleich Sabines schlechteste Weite. Nach dem 7. Sprung stellt Sabine fest:
(1) Die Weitsprungdaten haben eine Spannweite von 90 cm.
(2) Das arithmetische Mittel der Sprungweiten ist 4,20 m.

a) Wie weit ist Sabine im 6. Versuch gesprungen?

b) Wie weit ist Sabine im 7. Versuch gesprungen?

c) Gib den Median der Weitsprungdaten an.

*„Gewicht" ist der umgangssprachliche Begriff. Korrekt müsste es „Masse" heißen.

1 a) Median (Zentralwert): ______________

arithmetisches Mittel: ______________

Spannweite: ______________

b) Median (Zentralwert): ______________

arithmetisches Mittel: ______________

Spannweite: ______________

Nebenrechnungen:

2 a) *Antwortsatz:* ______________

____

____

____

____

____

b) Spannweite: ______________

____

____

c) Median: ______________

Unterschied zum arithmetischen Mittel:

____

3 a) *Antwortsatz:* ______________

____

____

b) *Antwortsatz:* ______________

____

____

c) Median aller sieben Weitsprungdaten:

____

9 Gleichungssysteme

a) Löse das Gleichungssystem. I. $x - 2y = 4$
II. $3x + y = 5$

b) Ein Rechteck hat den Umfang 30 cm, wobei die eine Seite 2 cm länger ist als die andere Seite.
Wie lang sind die Seiten?

Zu a)

I. $x - 2y = 4$
II. $3x + y = 5 \quad |\cdot 2$

I. $x - 2y = 4$
II. $6x + 2y = 10$
I. + II. $7x = 14 \quad |:7$
$\mathbf{x = 2}$

$x = 2$ z. B. in Gleichung I. einsetzen:

$2 - 2y = 4 \quad |-2$
$-2y = 2 \quad |:(-2)$
$\mathbf{y = -1}$

Zu b)

x: Breite; y: Länge

I. $2x + 2y = 30$
II. $y = x + 2$
II. $y = 6{,}5 + 2$
$\mathbf{y = 8{,}5}$

II. in I. einsetzen:
$2x + 2(x + 2) = 30$
$2x + 2x + 4 = 30 \quad |-4$
$4x = 26 \quad |:4$
$\mathbf{x = 6{,}5}$

Die Rechteckseiten sind **6,5 cm** und **8,5 cm** lang.

10 Dreieck im Koordinatensystem

a) Gib die Koordinaten der Punkte P, Q und R an.

b) Welchen Flächeninhalt hat das Dreieck PQR?

c) Trage den Punkt S (9|6) in das Koordinatensystem ein. Wie heißt die Figur PQSR?

d) Bestimme den Flächeninhalt der Figur PQSR.

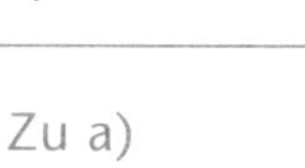

Zu a)

P (2|3); Q (6|3); R (5|6)

Zu b)

$g = 4\text{ cm};\ h = 3\text{ cm} \rightarrow A = \frac{4\text{ cm} \cdot 3\text{ cm}}{2} = \mathbf{6\text{ cm}^2}$

Zu c)

Die Figur PQSR ist eine **Parallelogramm**.

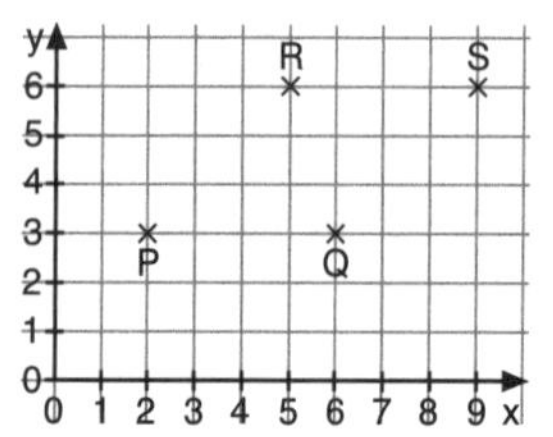

Zu d)

$A = g \cdot h$
$A = 4\text{ cm} \cdot 3\text{ cm}$
$\mathbf{A = 12\text{ cm}^2}$

1 Welche Lösungen hat das Gleichungssystem?

a) I. $20x + 5y = 1$
II. $13x - 10y = 3{,}3$

b) I. $3x + 2y = 16$
II. $2x + 3y = 19$

c) I. $3x + 4y = 1$
II. $6x + 8y = 0$

d) I. $3x + 2y = 8$
II. $9x + 6y = 24$

2 Ein 50-Euro-Schein wird so in 10-Euro-Scheine und 5-Euro-Scheine gewechselt, dass die Anzahl der kleineren Scheine x dreimal so groß ist wie die Anzahl der größeren Scheine y.
Wie viele Scheine sind es?

3 Ein Korken und eine Flasche kosten zusammen 1,10 €.
Die Flasche ist 1 € teurer als der Korken.
Was kostet der Korken, was die Flasche?

4 Übertrage das Dreieck ABC mit A(1|6), B(1|1) und C(7|3) in ein Koordinatensystem in deinem Heft mit der Einheit 1 cm.

a) Welchen Flächeninhalt hat das Dreieck?

b) Finde einen vierten Punkt D so, dass das Viereck ABDC ein Parallelogramm ist.
Welche Koordinaten hat der Punkt D?

c) Welchen Flächeninhalt $A_{\square}$ hat das Viereck ABDC?

5 Trage die Punkte A(–5|1), B(7|1) und C(7|7) in ein Koordinatensystem (Einheit 1 cm) ein und verbinde sie zu einem Dreieck.

a) Welchen Umfang hat das Dreieck?

b) Markiere den Mittelpunkt M der Seite $\overline{BC}$.
Welche Koordinaten hat der Punkt M?

c) Zeichne durch den Punkt M die Parallele zu $\overline{AB}$. Sie trifft $\overline{AC}$ im Punkt D.
Wie heißt das Viereck ABMD und welchen Flächeninhalt hat es?

6 Das Dreieck ABC hat einen Flächeninhalt von 14 cm^2 und ist in ein Koordinatensystem mit der Einheit 1 cm eingezeichnet.
Die Punkte A (3|3) und B (3|–4) sind bekannt; von C weiß man, dass dieser Punkt 2 cm von der x-Achse entfernt ist.
Welche vier Punkte des Koordinatensystems kommen für C in Frage?

1 a) x = ______ y = ______

b) x = ______ y = ______

c) x = ______ y = ______

d) x = ______ y = ______

Nebenrechnungen:

2 *Antwortsatz:* ______

______

3 *Antwortsatz:* ______

______

4 *Skizze:*

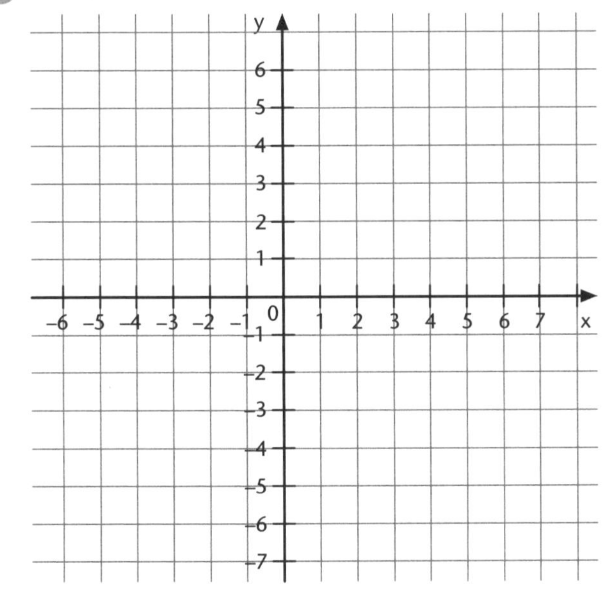

a) Flächeninhalt $A_{\triangle}$ = ______
(Achtung: 1 Karolänge ≙ 1 cm)

b) D (|)

c) Flächeninhalt $A_{\square}$ = ______

Nebenrechnungen:

5 *Skizze:*

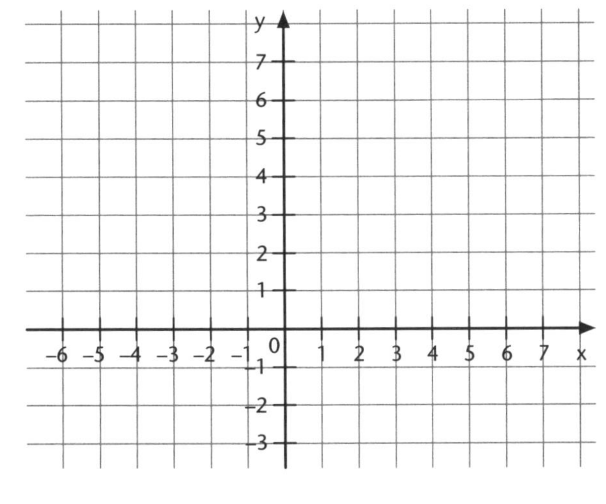

a) Umfang $u_{\triangle}$ = ______

b) M (|)

c) Figur: ______ ; A = ______

Skizze zu Aufgabe ⑥:

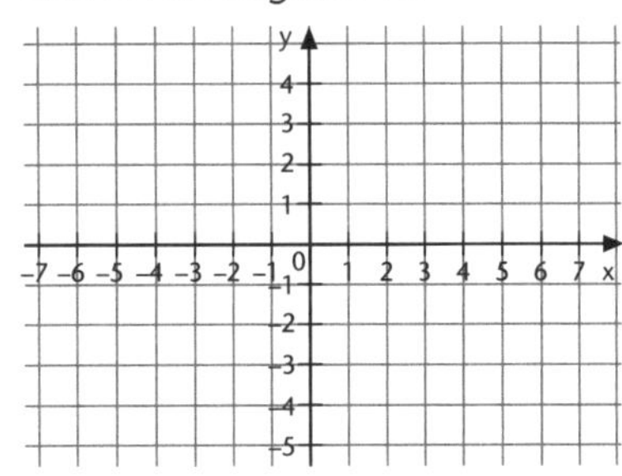

6 ① C (|) ② C (|) ③ C (|) ④ C (|)

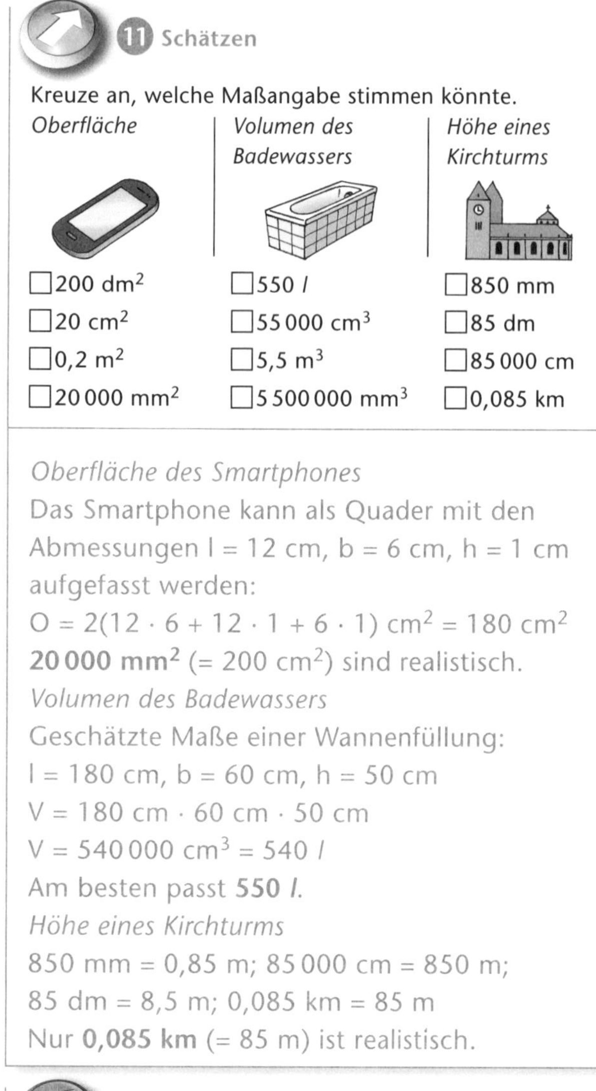

11 Schätzen

Kreuze an, welche Maßangabe stimmen könnte.

Oberfläche	*Volumen des Badewassers*	*Höhe eines Kirchturms*
☐ 200 dm^2	☐ 550 *l*	☐ 850 mm
☐ 20 cm^2	☐ 55 000 cm^3	☐ 85 dm
☐ 0,2 m^2	☐ 5,5 m^3	☐ 85 000 cm
☐ 20 000 mm^2	☐ 5 500 000 mm^3	☐ 0,085 km

Oberfläche des Smartphones

Das Smartphone kann als Quader mit den Abmessungen l = 12 cm, b = 6 cm, h = 1 cm aufgefasst werden:

$O = 2(12 \cdot 6 + 12 \cdot 1 + 6 \cdot 1)\ cm^2 = 180\ cm^2$

20 000 mm^2 (= 200 cm^2) sind realistisch.

Volumen des Badewassers

Geschätzte Maße einer Wannenfüllung:

l = 180 cm, b = 60 cm, h = 50 cm

$V = 180\ cm \cdot 60\ cm \cdot 50\ cm$

$V = 540\,000\ cm^3 = 540\ l$

Am besten passt **550 *l*.**

Höhe eines Kirchturms

850 mm = 0,85 m; 85 000 cm = 850 m;

85 dm = 8,5 m; 0,085 km = 85 m

Nur **0,085 km** (= 85 m) ist realistisch.

12 Holztransport

Herr Franz möchte mit den abgebildeten Pkw-Anhänger (Traglast 750 kg) Bretter für die neue Terrasse transportieren. Er benötigt 110 quaderförmige Bretter mit diesen Abmessungen: Länge 3 m; Breite 12 cm; Dicke 2,2 cm. 1 m^3 des Holzes ist 760 kg schwer. Überprüfe rechnerisch, ob Herr Franz mit seinem Hänger die Bretter transportieren darf?

Zunächst muss das Volumen eines quaderförmigen Brettes berechnet werden.

Für Quader gilt die Volumenformel:

V = Länge · Breite · Höhe

$V = 3\ m \cdot 0{,}12\ m \cdot 0{,}022\ m = 0{,}00792\ m^3$

110 Bretter haben das Volumen:

$110 \cdot 0{,}00792\ m^3 \approx 0{,}87\ m^3$

Masse aller Bretter: $0{,}87\ m^3 \cdot 760\ \frac{kg}{m^3} = 661{,}2\ kg$

Hinweis: Vor der Volumenberechnung wandelt man alle Maße in dieselbe Einheit um.

Die Bretter **können** mit dem Hänger **transportiert werden,** weil **661,2 kg < 750 kg.**

1 Wie groß ist die Fläche eines 20-€-Scheines?

☐ 957 cm^2 ☐ 957 mm^2

☐ 95,7 dm^2 ☐ 9 570 mm^2

2 Wie groß ist etwa das Fell eines ausgewachsenen Eisbären?

☐ 48 000 cm^2 ☐ 0,48 m^2

☐ 480 000 mm^2 ☐ 4 800 dm^2

3 Wie viele Sekunden hat eine Schülerin vom ersten Schultag bis zum Ende der 10. Klasse etwa in der Schule verbracht?

☐ 3 600 000 s ☐ 360 000 000 s

☐ 36 000 000 s ☐ 3 600 000 000 s

4 Wie viel Flüssigkeit passt etwa in den Innenraum eines mittelgroßen Pkw?

☐ 30 hl ☐ 300 000 ml

☐ 0,3 m^3 ☐ 30 000 *l*

5 Ein quaderförmiges Aquarium hat die Bodenmaße 8 dm x 4,5 dm und ist 60 cm hoch. Es ist bis 5 cm unter dem Rand gefüllt.

a) Wie viel Liter Wasser befinden sich in diesem Aquarium?

b) Ein Liter Wasser wiegt 1 kg. Berechne die Masse der Wasserfüllung.

6 Ein Schwimmbecken ist 25 m lang und verfügt über acht Bahnen von je 1,50 m Breite. Es ist an allen Stellen gleich tief und fasst 750 m^3 Wasser.
Wie tief ist es?

7 Ein Quader ist doppelt so lang wie breit und dreimal so hoch wie breit. Sein Volumen beträgt 48 cm^3. Wie breit ist er?

8 Eine Baugrube ist 4 m lang, 2,50 m breit und 1,80 m tief.

a) Wie viel Kubikmeter Erde mussten ausgehoben werden?

b) Ein Kubikmeter Erde wiegt 1700 kg. Berechne die Masse des Erdaushubs in Tonnen.

1 Fläche 20-€-Schein: ____________

2 Fläche Eisbärenfell: ____________

3 Zeit in der Schule: ____________

4 Innenraum Pkw: ____________

5 *a) Antwortsatz:* ____________

b) Antwortsatz: ____________

6 *Antwortsatz:* ____________

7 *Antwortsatz:* ____________

8 *a) Antwortsatz:* ____________

b) Antwortsatz: ____________

Nebenrechnungen:

13 Aussagen

Welche der folgenden Sachtexte passen zu der Gleichung $x + (x - 3) = 60$? Kreuze jeweils an.

1	Vera ist drei Jahre jünger als Max. Zusammen sind sie 60 Jahre alt.	☐ Ja	☐ Nein
2	Eine Lostrommel enthält dreimal so viel Nieten wie Gewinnlose. Insgesamt sind 60 Lose in der Trommel.	☐ Ja	☐ Nein
3	Familie Maier legt auf ihrer zweitägigen Radtour insgesamt 60 km zurück. Am zweiten Tag fahren sie 3 km weniger als am ersten Tag.	☐ Ja	☐ Nein
4	Ein 60 m^2 großer Saal wird mit Parkett ausgelegt. Länge und Breite des Raumes unterscheiden sich um 3 Meter.	☐ Ja	☐ Nein

(1): Max: x; Vera: $x - 3$
Gleichung $x + (x - 3) = 60$ **Ja**

(2): Gewinne: x; Nieten: 3x
Gleichung $x + 3x = 60$ **Nein**

(3): 1. Tag: x; 2. Tag : $x - 3$
Gleichung $x + (x - 3) = 60$ **Ja**

(4): Breite: x, Länge: 3x
Gleichung $x \cdot (x - 3) = 60$ **Nein**

14 Parabeln in verschiedenen Darstellungen

Eine Parabel hat den Scheitelpunkt $S(3|-15)$ und ist gegenüber der Normalparabel um den Faktor $a = 2$ gestreckt. Gib die Scheitelpunktform der Parabel an und wandle diese in die Normalform um.

$f(x) = 2(x - 3)^2 - 15$
$f(x) = 2(x^2 - 6x + 9) - 15$
$f(x) = 2x^2 - 12x + 18 - 15$
$f(x) = 2x^2 - 12x + 3$

15 Farbige Kugeln

In einem Behälter sind 3 rote, 5 grüne und 2 blaue Kugeln. Eine Kugel wird verdeckt gezogen. Wie groß ist die Wahrscheinlichkeit, eine Kugel zu ziehen,
a) die blau ist, b) die nicht rot ist?

$P(E) = \frac{\text{Anzahl der günstigen Ergebnisse}}{\text{Anzahl der möglichen Ergebnisse}}$

Zu a)
Möglich sind 10 Ergebnisse; günstig sind 2 Ergebnisse, da 2 der 10 Kugeln blau sind.
Also: P (blau) = **0,2 = 20 %**

Zu b)
Möglich sind 10 Ergebnisse; günstig sind 7 Ergebnisse, da 7 der Kugeln nicht rot sind.
Also: P (nicht rot) = $\frac{7}{10}$ = **0,7 = 70 %**

1 Welche Aussagen passen zu der Gleichung $5x + 17 = 57$? Was gibt in diesen Fällen x an?

(1) Fünf Freunde gehen ins Kino. Sie kaufen Karten und anschließend Popcorn für 17 €. Insgesamt bezahlen sie 57 €.
(2) Frau May kauft 5 Flaschen Wein und 17 Flaschen Sekt. Sie bezahlt insgesamt 57 €.
(3) Ein 5 km langer Rundkurs für Crossräder wird x-mal durchfahren. Der Kurs liegt 17 km von Tannendorf entfernt. Es sind 57 Teilnehmer am Start.
(4) Ein Unternehmen soll 57 m^3 Muttererde transportieren. Der große Lkw bringt pro Fahrt 17 m^3, der kleine Lkw den Rest mit fünf Fahrten, jeweils voll beladen.
(5) Ein Rechteck ist 5 cm breit, seine Länge unbekannt. Wäre es 17 cm^2 größer, hätte es einen Flächeninhalt von 57 cm^2.
α ist doppelt so groß wie β.

2 Eine Parabel wird durch die Gleichung $f(x) = -1{,}5\,(x + 4)^2 + 8$ beschrieben.
a) Gib den Scheitelpunkt an und beschreibe, wie man die Parabel aus der Normalparabel gewinnen kann.
b) Wandle die Scheitelpunktform in die Normalform um.

3 Lukas behauptet, dass diese drei Gleichungen dieselbe Funktion beschreiben:
(1) $f(x) = (x - 1{,}5)^2 - 20{,}25$
(2) $g(x) = x^2 - 3x - 18$
(3) $h(x) = (x + 3) \cdot (x - 6)$
Überprüfe rechnerisch, ob Lukas Recht hat.

4 Färbe die Kugeln im Behälter so, dass beim verdeckten Ziehen die angegebenen Wahrscheinlichkeiten bestehen.

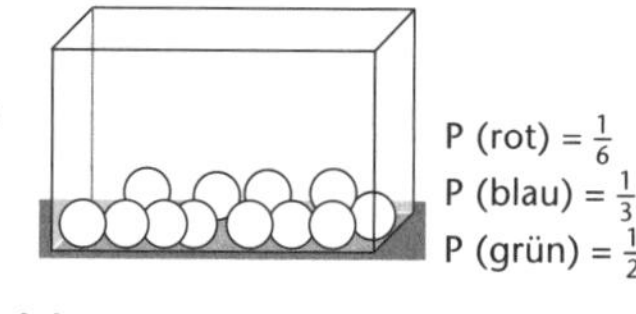

5 Aus dem abgebildeten Behälter wird Uwe mit verbundenen Augen eine Kugel ziehen.

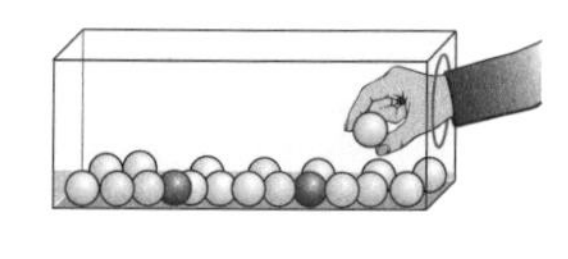

a) Mit welcher Wahrscheinlichkeit zieht er eine weiße Kugel?

b) Mit welcher Wahrscheinlichkeit zieht er keine schwarze Kugel?

1

Aussage	passt/passt nicht	Bedeutung von x bei den passenden Aussagen
(1)		
(2)		
(3)		
(4)		
(5)		

2 *Tipp:* Eine Parabel mit dem Scheitelpunkt S(u | v) wird durch die Scheitelpunktform $f(x) = a\,(x - u)^2 + v$ beschrieben. Am Faktor a kannst du erkennen, ob die Parabel gestreckt oder gestaucht und nach oben oder unten geöffnet ist.

a) S(_____ | _____)

____

____

____

b) Normalform: f(x) = ________________

3 (1) f(x) = ________________

(2) $g(x) = x^2 - 3x - 18$

(3) h(x) = ________________

Hat Lukas Recht?

☐ ja ☐ nein

4 Anzahl roter Kugeln: __________

Anzahl blauer Kugeln: __________

Anzahl grüner Kugeln: __________

5 a) Anzahl der möglichen Ergebnisse: _____

Anzahl der günstigen Ergebnisse: _____

P (weiß) = _____

b) Anzahl der möglichen Ergebnisse: _____

Anzahl der günstigen Ergebnisse: _____

P (nicht schwarz) = _____

16 Zylinder

Ein Zylinder hat eine Grundfläche mit dem Radius 14 cm und ist 8 cm hoch. Bestimme die Oberfläche des Zylinders gerundet auf ganze cm^2.

Zylinder Oberfläche des Zylinders

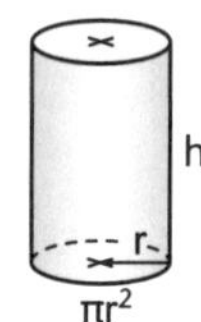

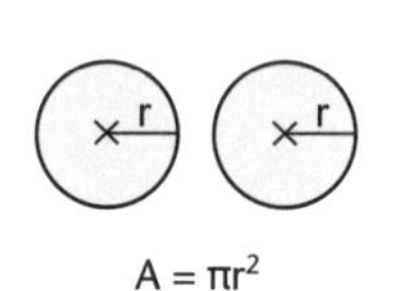

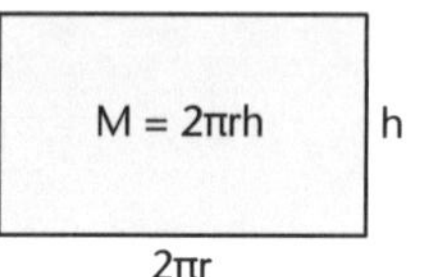

$V = \pi r^2 h$ $\quad O = 2\pi r^2 + 2\pi rh$

$O = 2\pi \cdot (14\ cm)^2 + 2\pi \cdot 14\ cm \cdot 8\ cm$

$O = 2\pi \cdot 196\ cm^2 + 2\pi \cdot 112\ cm^2$

$\mathbf{O \approx 1935\ cm^2}$

17 Prozente

a) Wie viel sind 30 % von 250 €?

b) Wie viel Prozent sind 25 cm von 5 m?

c) Von wie viel Kilogramm sind 5 % genau 10 kg?

d) Ein Kapital von 620 € wird ein Jahr lang mit 4 % verzinst. Berechne die Jahreszinsen.

In der Prozentrechnung treten folgende Größen auf:

- Grundwert G
- Prozentwert W
- Prozentsatz p %

3 % von 800 € sind 24 €
(3 % = p %, 800 € = G, 24 € = W)

Die Formel mit allen Umstellungen ist:

$W = G \cdot p\%$ $\quad p\% = \frac{W}{G}$ $\quad G = \frac{W}{p\%}$

Die Zinsrechnung ist eine Anwendung der Prozentrechnung:

Kapital K ↔ Grundwert G
Zinsen Z ↔ Prozentwert W
Zinssatz p % ↔ Prozentsatz p %

$Z = K \cdot p\%$ $\quad p\% = \frac{Z}{K}$ $\quad K = \frac{Z}{p\%}$

Zu a)
W ist gesucht.
$W = 250\ € \cdot 0{,}3$
$= \mathbf{75\ €}$

Zu b)
p % ist gesucht.
$p\% = \frac{0{,}25}{5} = 0{,}05$
$= \mathbf{5\ \%}$

Zu c)
G ist gesucht.
$G = \frac{10\ kg}{0{,}05} = \mathbf{200\ kg}$

Zu d)
Z ist gesucht.
$Z = 620\ € \cdot 0{,}04$
$= \mathbf{24{,}80\ €}$

1 Berechne vom abgebildeten Zylinder

a) den Flächeninhalt des Mantels,

b) die Oberfläche,

c) das Volumen in Litern.

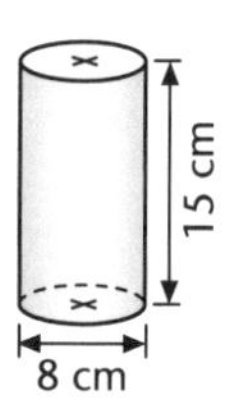

2 Eine Dose mit Erbsensuppe hat einen Durchmesser von 10,3 cm und eine Höhe von 12 cm. Auf der Banderole (dem Etikett auf dem Mantel der Dose) ist ein Inhalt von 998 ml angegeben.

a) Trifft diese Angabe zu?

b) Wie viel Quadratmeter Papier werden zur Herstellung von 50 000 Banderolen benötigt?

3 Abgebildet ist der Mantel eines Zylinders.

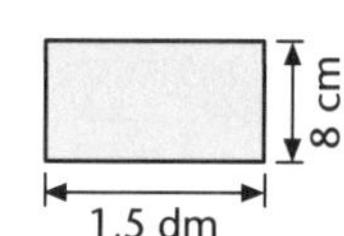

a) Welchen Durchmesser hat die Grundfläche des Zylinders?

b) Wie groß ist das Volumen des Zylinders?

4 Berechne.
a) 40 % von 650 € b) 23 % von 40 m

5 a) Wie viel Prozent sind 374 Personen von 800 Personen?

b) Wie viel Prozent sind 35 € von 1400 €?

6 Von welcher Länge sind 45 % 288 m?

7 Berechne die Jahreszinsen.

a) Ein Kapital von 3200 € wird ein Jahr lang mit 3 % verzinst.

b) Ein Jahr lang werden 560 € bei einem Zinssatz von 2,5 % verzinst.

8 Auf einem freien Gelände am Stadtrand, das 16 ha groß ist, wird ein neues Fußballstadion gebaut. Es nimmt 13 % der Gesamtfläche ein. Wie viel Quadratmeter wird es groß?

9 Von 827 kontrollierten Fahrzeugen waren 43 mit Mängeln versehen.
Wie viel Prozent sind das?

1 a) M = ____________

b) O = ____________

c) V = ____________

2 a) *Antwortsatz:* ____________

____

____

b) *Antwortsatz:* ____________

____

____

3 a) d = ____________ b) V = ____________

4 a) ____________ b) ____________

5 a) *Antwortsatz:* ____________

____

____

b) *Antwortsatz:* ____________

____

____

6 *Antwortsatz:* ____________

____

____

7 a) *Antwortsatz:* ____________

____

____

b) *Antwortsatz:* ____________

____

____

8 *Antwortsatz:* ____________

____

____

9 *Antwortsatz:* ____________

____

Nebenrechnungen:

18 Sanduhr

Mit zunehmender Zeit t ändert sich die Höhe h des Sandes in der Uhr. Welcher Graph beschreibt diese Änderung am besten? Begründe.

Je höher ein Punkt des Graphen liegt, desto höher steht der Sand in der Uhr.
Und das bedeuten die Graphen:

(1) Die meiste Zeit steigt die Höhe h des Sandes gleichmäßig in der Uhr an. Am Ende nimmt dieser Anstieg noch schneller zu.
(2) Anfangs nimmt die Höhe h des Sandes ab, wobei sich die Abnahme verlangsamt. Danach zeigt der Graph den umgekehrten Verlauf. Die Höhe h des Sandes nimmt nach und nach immer schneller zu.
(3) Die meiste Zeit nimmt die Höhe h des Sandes in der Sanduhr gleichmäßig ab. Kurz bevor die Sanduhr ganz leergelaufen ist, beschleunigt sich diese Abnahme.
(4) Die Höhe h des Sandes nimmt die meiste Zeit nur in sehr geringem Maße ab. Dann beschleunigt sich die Abnahme abrupt.

Der obere Teil der Sanduhr hat die Form eines Zylinders, der untere Teil die Form eines Kegels. Da in gleicher Zeit stets die gleiche Sandmenge durch die Öffnung rieselt, nimmt die Höhe des Sandes h in der Uhr anfangs gleichmäßig ab. Ist nur noch der kegelförmige Teil der Uhr mit Sand gefüllt, verringert sich dessen Höhe h schneller.
Deshalb: **Richtig ist (3).**

1 Ein Stein fällt in einen 40 m tiefen Brunnen. Welcher Graph stellt die Zuordnung *Zeit (t) → zurückgelegter Weg (s)* richtig dar?

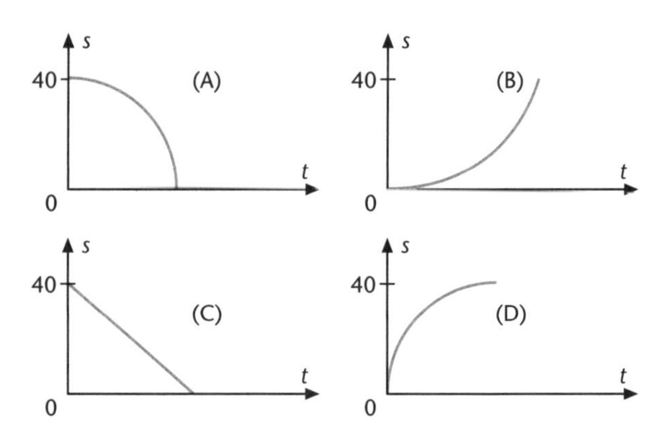

2 Abgebildet ist eine Murmelbahn. Lässt man die Murmel in A los, durchläuft sie die Bahn bis zur Absturzstelle B.

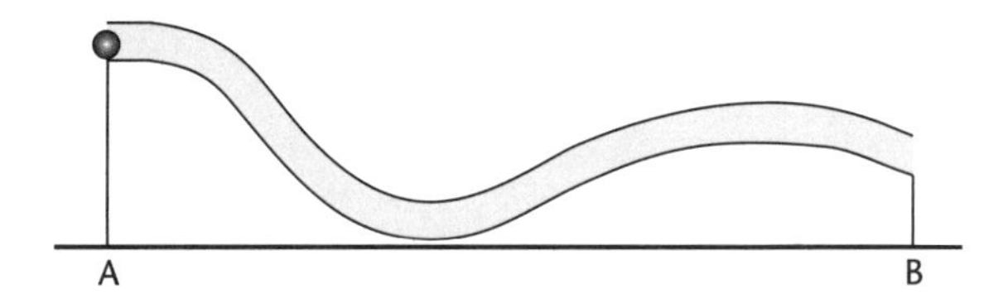

Welcher Graph stellt die Zuordnung *Weg (s) → Geschwindigkeit (v)* am ehesten dar?

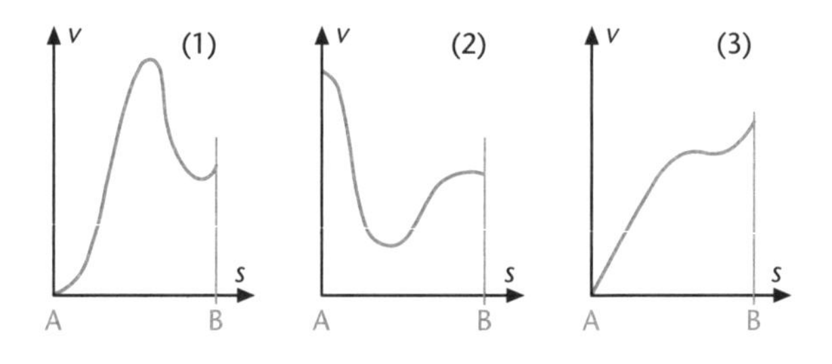

3 Bei der Segelscheinprüfung muss ein Dreieckskurs zurückgelegt werden. Die Segelstrecke ist mit Bojen markiert.

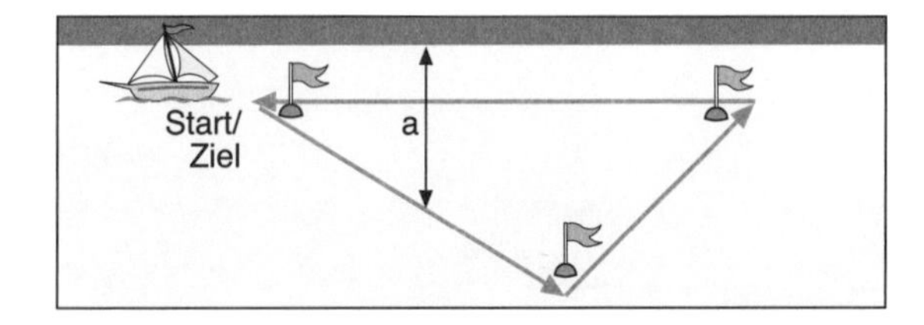

Ein Graph gibt für jeden Zeitpunkt den Abstand a des Segelboots von der Küste an. Welcher ist es?

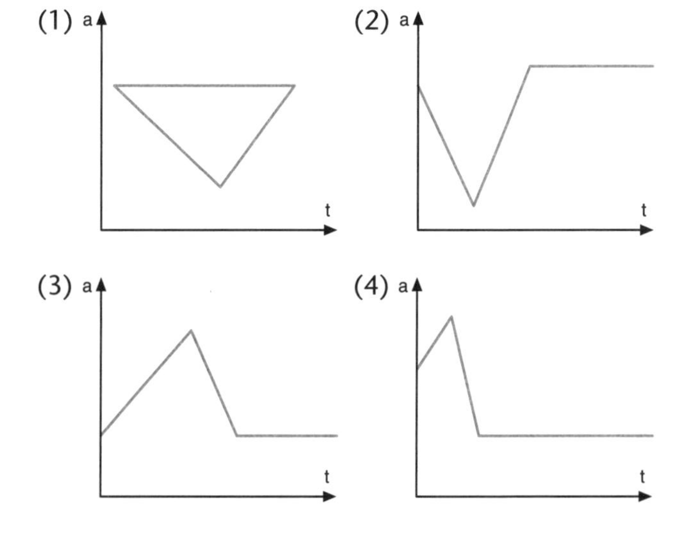

1 Graph ________ stellt die Zuordnung richtig dar.

Begründung: ____

____

____

____

____

2 Graph ________ stellt die Zuordnung am ehesten dar.

Begründung: ____

____

____

____

____

3 Graph ________ stellt die Zuordnung am ehesten dar.

Begründung: ____

____

____

____

____

Skizzen:

19 Würfel

(1)

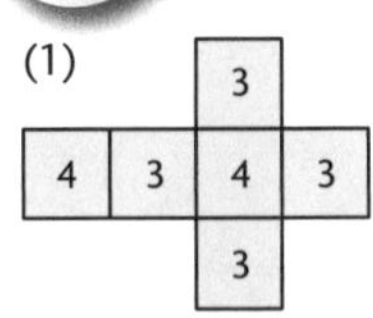

(2)

		6	
4	4	1	4
		6	

Oben siehst du die Netze zweier Würfel. Der Würfel (1) hat nur die Zahlen 3 und 4, der Würfel (2) die Zahlen 1, 4 und 6.

a) Wie groß ist die Wahrscheinlichkeit, mit Würfel (1) eine Vier zu würfeln?

b) Wie groß ist die Wahrscheinlichkeit, mit Würfel (2) eine Augenzahl größer als 3 zu würfeln?

c) Mit einem der beiden Würfel wurde 500-mal gewürfelt und dabei 162-mal die Vier erzielt. Mit welchem der beiden Würfel wurde deiner Meinung nach gewürfelt? Begründe.

Zu a)
Von den sechs Feldern der Würfeloberfläche (1) sind zwei mit der Zahl 4 beschriftet, also gilt

$P(4) = \frac{2}{6} = \frac{1}{3}$

Zu b)
Von den sechs Feldern der Würfeloberfläche (2) sind fünf mit einer Zahl beschriftet, die größer als 3 ist, also gilt

P(größer als 3) $= \frac{5}{6}$

Zu c)
Bei 500 Würfeln kommt die relative Häufigkeit (rH) für ein bestimmtes Ereignis der Wahrscheinlichkeit schon sehr nah.

$rH(4) = \frac{162}{500} = 0{,}324$

Es gilt für Würfel (1) $P(4) = \frac{1}{3}$.

Es gilt für Würfel (2) $P(4) = \frac{1}{2}$.

Da die relative Häufigkeit knapp unter $\frac{1}{3}$ liegt ($0{,}324 < 0{,}333\ldots$), ist sicherlich mit dem **Würfel (1)** gewürfelt worden.

Hinweis: In Zufallversuchen werden oft auch „Würfel" verwendet, die quaderförmig sind. Dann sind die einzelnen Ergebnisse (z. B. 1, 2 oder 3) nicht gleichwahrscheinlich. Gleichwahrscheinlich sind dagegen die Zahlen auf gegenüberliegenden Flächen, wenn der Quader fair ist.

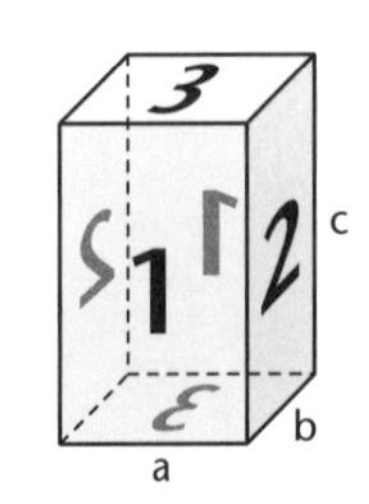

1 Wie groß ist die Wahrscheinlichkeit, mit Würfel (1) eine Vier zu würfeln?

(1)

	3		
2	4	2	4
	3		

2 Wie groß ist die Wahrscheinlichkeit, mit Würfel (2) eine gerade Zahl zu würfeln?

(2)

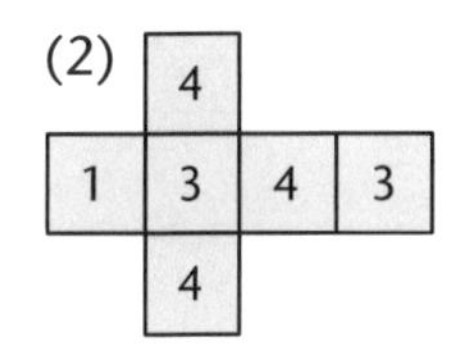

3 Wie groß ist die Wahrscheinlichkeit, mit Würfel (3) keine Sechs zu würfeln?

(3)

	4		
1	5	6	4
	5		

4 Mit einem der abgebildeten Würfel wurde 800-mal gewürfelt. Dabei lag 548-mal eine Primzahl oben.
Welcher Würfel war das deiner Meinung nach?

5 Mit einem der abgebildeten Würfel wurde 1500-mal gewürfelt. 252-mal war das Ergebnis eine Zahl unter 3.
Welcher Würfel wird das gewesen sein?

6 Mit Würfel (3) wurde 600-mal gewürfelt und dabei 197-mal ein bestimmtes Ergebnis erreicht.
Welche Ergebnisse können es gewesen sein?

☐ 6	☐ 1	☐ größer als 3
☐ 2	☐ 5	☐ weder 4 noch 5
☐ 4	☐ größer als 2	☐ Primzahl

7 Mit diesem „Würfel" wurden mehrfach relative Häufigkeiten ermittelt.

Gruppe 1: $rH(2) = \frac{198}{800}$

Gruppe 2: $rH(1) = \frac{339}{900}$

Gruppe 3: $rH(3) = \frac{346}{700}$

Gruppe 4: $rH(1) = \frac{188}{500}$

Gruppe 5: $rH(2) = \frac{253}{1000}$

Gruppe 6: $rH(3) = \frac{453}{1200}$

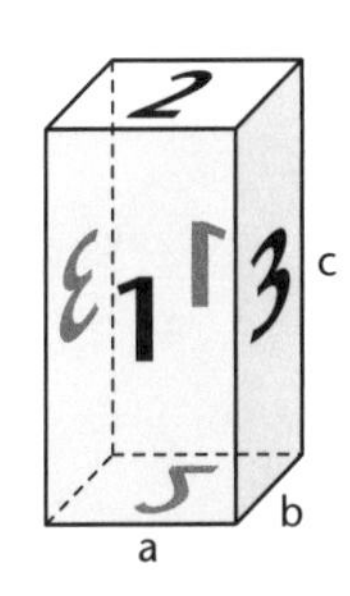

a) Eine Gruppe hat falsch gezählt. Welche?

b) Ist a oder b länger?
Begründe deine Antwort.

1 *Antwortsatz:* ____________________

2 *Antwortsatz:* ____________________

3 *Antwortsatz:* ____________________

4 *Antwortsatz:* ____________________

Begründung: ____________________

Nebenrechnungen:

5 *Antwortsatz:* ____________________

Begründung: ____________________

6 *Antwortsatz:* ____________________

Begründung: ____________________

7 a) *Antwortsatz:* ____________________

b) *Antwort und Begründung:* ____________________

20 Kinderschaukel im Garten

Die schrägen Stützpfeiler der Schaukel werden durch eine 75 cm lange Querstange stabilisiert. 40 % der Stützpfeiler sind oberhalb der Querstange. In welchem Abstand voneinander sind die Füße der Stützpfeiler im Boden einbetoniert?

$\overline{SA}$ = 40 % von 240 cm
= 96 cm
$\overline{AB}$ = 75 cm
$\overline{SC}$ = 240 cm
Mit Strahlensatz:
$x : 75 = 240 : 96$
$x = \frac{75 \cdot 240}{96}$
$x = 187{,}5$
Mit Prozentrechnung: $75 = 40\,\% \cdot x$
$x = 75 : 0{,}4 = 187{,}5$
Die Füße sind **187,5 cm (= 1,875 m)** voneinander entfernt.

21 Lineare Funktion

Die Gleichung einer linearen Funktion ist gegeben durch $y = mx + n$. Durch welche Punkte ($m \neq 0$ und $n \neq 0$) verläuft der Graph. Kreuze an.
☐ $(m|0)$ ☐ $(0|n)$ ☐ $(1|m + n)$ ☐ $(-\frac{n}{m}|0)$ ☐ $(-\frac{m}{n}|0)$

Ein Punkt $P(x|y)$ gehört zum Graphen einer Funktion, wenn beim Einsetzen seiner Koordinaten in die Funktionsgleichung eine wahre Aussage entsteht.
(1) $(m|0)$ in $y = mx + n$:
$0 = m \cdot m + n$ Das gilt in der Regel **nicht**.
(2) $(0|n)$ in $y = mx + n$:
$n = m \cdot 0 + n$ Das ist **wahr**.
(3) $(1|m + n)$ in $y = mx + n$:
$m + n = m \cdot 1 + n$ Das ist **wahr**.
(4) $\left(-\frac{n}{m}|0\right)$ in $y = mx + n$:
$0 = m \cdot \left(-\frac{n}{m}\right) + n$
$0 = -\frac{mn}{m} + n$
$0 = -n + n$ Das ist **wahr**.
(5) $\left(-\frac{m}{n}|0\right)$ in $y = mx + n$:
$0 = m \cdot \left(-\frac{m}{n}\right) + n$
$0 = -\frac{m^2}{n} + n$ Das gilt in der Regel **nicht**.

Anzukreuzen sind **$(0|n)$, $(1|m + n)$** und **$(-\frac{n}{m}|0)$**.

1 Mit einer Säge wird parallel zur Seite $\overline{AB}$ im Abstand von 40 cm ein Stück vom dreieckigen Brett abgeschnitten.

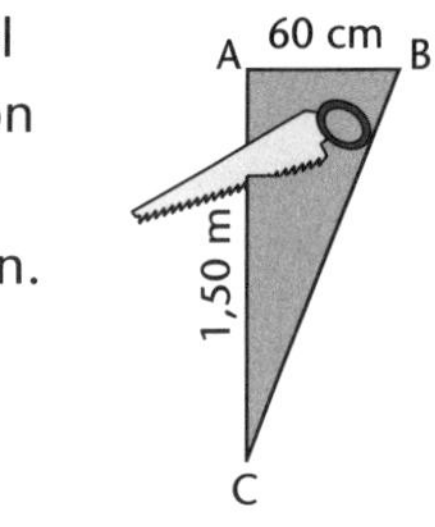

a) Wie lang ist die Schnittkante?

b) Welchen Flächeninhalt hat das verbleibende Dreieck, welchen das abgeschnittene Stück?

2 Abgebildet ist ein Schornstein und der Schatten, den dieser Schornstein wirft.
Wie hoch ist der Schornstein insgesamt?

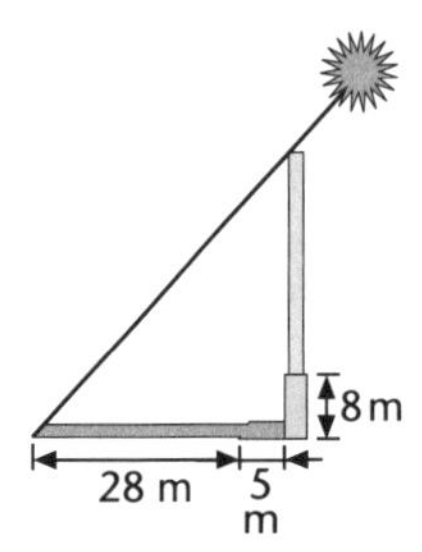

3 Sabine ist 1,50 m groß und wirft einen 1,20 m langen Schatten. Der neben ihr laufende Sebastian hat zum gleichen Zeitpunkt einen Schatten von 1,45 m.
Wie groß ist Sebastian?

4 Ordne Funktionsgleichungen und Graphen einander zu.

(1) $y = 2x - 5$ (3) $y = \frac{3x + 5}{2}$

(2) $y = 3 - x$ (4) $y = -\frac{1}{5}x$

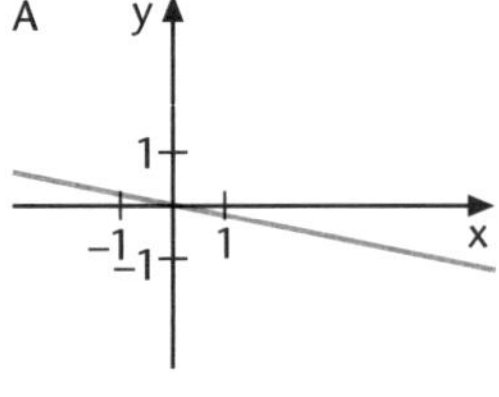

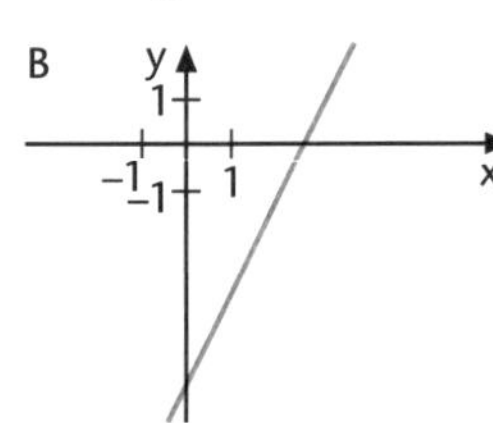

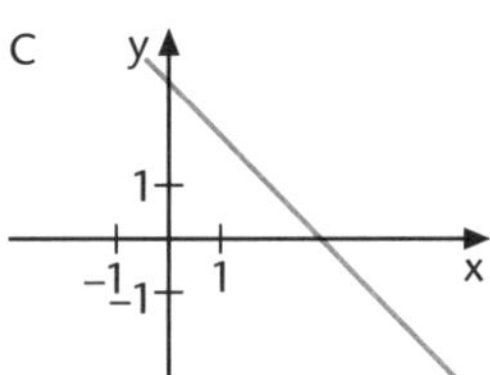

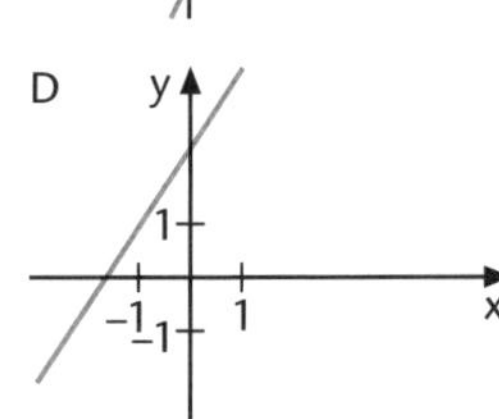

5 Beschreibe den Verlauf des Graphen zu der Gleichung.

a) $y = 0x - 2$ b) $y = -2x$

6 Welche Steigung hat eine Gerade, die durch den Nullpunkt und den Punkt $A(5|4)$ geht?

1 a) *Antwortsatz:* ______________________

____

____

____

b) *Antwortsatz:* ______________________

____

____

____

Skizze und Nebenrechnungen:

2 *Antwortsatz:* ______________________

____

____

____

3 *Antwortsatz:* ______________________

____

____

____

4

Funktionsgleichung	(1) $y = 2x - 5$	(2) $y = 3 - x$	(3) $y = \frac{3x + 5}{2}$	(4) $y = -\frac{1}{5}x$
Graph				

5 a) *Verlaufsbeschreibung:* ______________________

____

____

b) *Verlaufsbeschreibung:* ______________________

____

____

6 *Antwortsatz:* ______________________

____

Skizze und Nebenrechnung:

1 Rechnen und Ordnen

a) Rechne und kontrolliere deine Ergebnisse mit den Kontrollzahlen.

(1) $(2 + 3 \cdot 4) : 28 =$ ________ (2) $2{,}4 - 3{,}2 =$ ________ (3) $5^2 : 100 =$ ________

(4) $-\frac{1}{8} + \frac{1}{4} - \frac{1}{2} =$ ________ (5) $1{,}5 - \frac{3}{4} =$ ________ (6) $150 : 5^3 =$ ________

$0{,}25 \quad 0{,}75 \quad 0{,}5 \quad 1\frac{1}{5} \quad -0{,}8 \quad -\frac{1}{2} \quad 1\frac{3}{5} \quad -\frac{3}{8}$

b) Ordne die Kontrollzahlen von a) auf der Zahlengeraden an. Schreibe sie in die Kästchen.

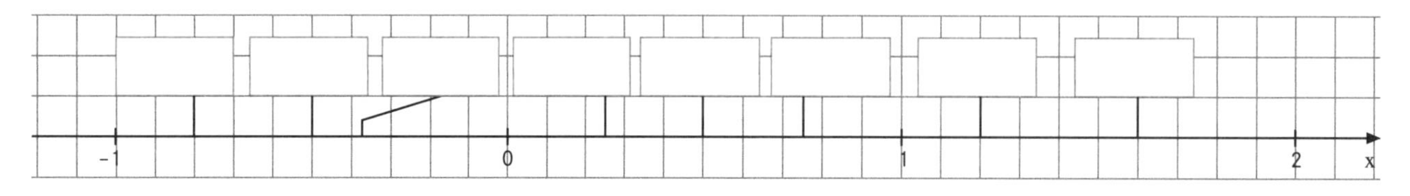

2 Quadrat und Rechteck

Der Flächeninhalt eines Quadrats beträgt 36 cm^2.

a) Bestimme den Umfang: u = ________

b) Gib die Seitenlängen von zwei Rechtecken an, die auch einen Flächeninhalt von 36 cm^2 haben.

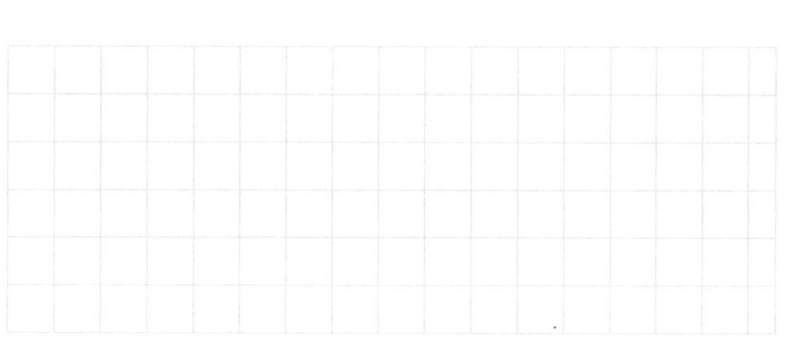

(1) a = ________ b = ________ (2) a = ________ b = ________

3 Abschlussfahrt

Für die Abschlussfahrt einer Jahrgangsstufe 10 stehen Venedig, Paris, Prag oder London als Ziele zur Auswahl. Eine Abstimmung unter den 80 Schülerinnen und Schülern der Jahrgangsstufe ergab: Jeder Vierte ist für Venedig, 20 % sind für Paris. Nach London wollen dreimal so viele wie nach Prag.

a) Wie viele Schülerinnen und Schüler sind für die einzelnen Ziele?

Venedig: ________ Paris: ________ London: ________ Prag: ________

b) Gib die relativen Häufigkeiten für die einzelnen Ziele in Prozent an. Runde auf volle Prozent.

Venedig: ________ % Paris: ________ %

London: ________ % Prag: ________ %

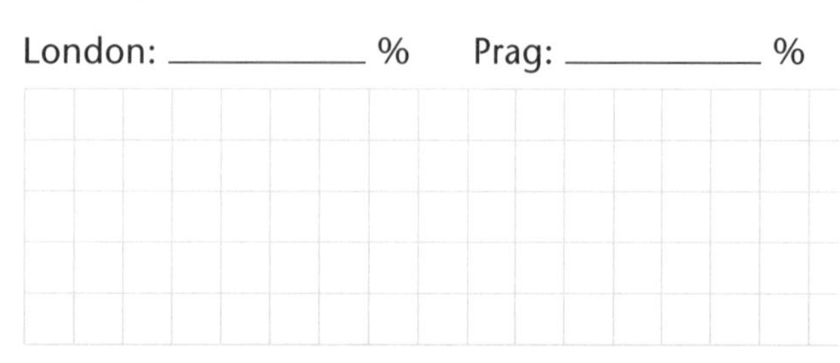

Kreisdiagramm:

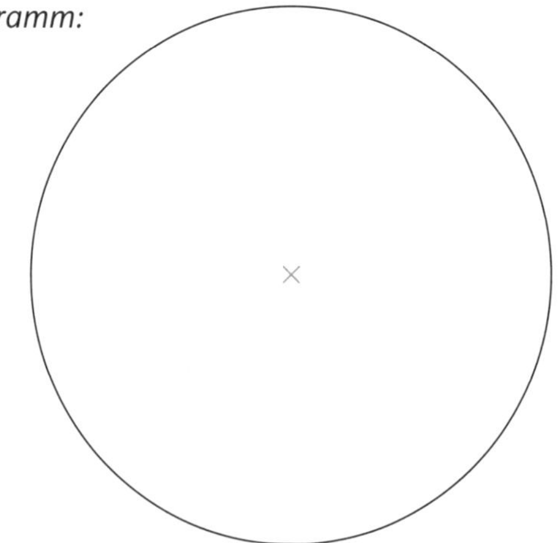

c) Stelle die relativen Häufigkeiten in einem Kreis- und einem Streifendiagramm dar.

Streifendiagramm:

4 Im Koordinatensystem

In einem Koordinatensystem sind die Graphen der Funktion f mit der Gleichung $y = -0{,}2x - 3$ und der Funktion g mit der Gleichung $y = -0{,}2x + 3$ dargestellt.
Beschreibe Verlauf und Lage beider Graphen.

____

____

5 Gleichungssysteme

a) Löse das Gleichungssystem.

I: $5x - 3y = 53$
II: $4x + 3y = 37$

x = __________ y = __________

b) Das Dreifache einer Zahl ist um 1 kleiner als eine zweite Zahl. Das Doppelte der einen Zahl plus der zweiten Zahl ergibt 36.
Berechne die beiden Zahlen mit einem Gleichungssystem.

1. Zahl: __________ 2. Zahl: __________

6 Zuordnungen

In welchen Beispielen erkennst du proportionale (p) oder antiproportionale (a) Zuordnungen? Wo liegt keines von beiden (k) vor? Trage in die rechte Spalte jeweils p, a oder k ein.

1	*Anzahl der Brötchen → Kosten der Brötchen*	
2	*Anzahl gleicher Teilstücke → Länge der Teilstücke bei einer Gesamtlänge von 100 m*	
3	*Seitenlänge eines Quadrats → Umfang des Quadrats*	
4	*Größe eines Schwimmbads → Zahl der Frühschwimmer im Schwimmbad*	
5	*Durchschnittsgeschwindigkeit des Rennwagens → Zeit für eine Runde*	

7 Dreieck im Koordinatensystem

a) Zeichne das Dreieck A(1|1), B(10|1) und C(10|5) in das gegebene Koordinatensystem.

b) Berechne den Umfang des Dreiecks.

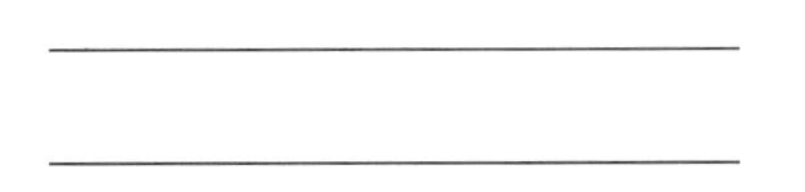

u = __________

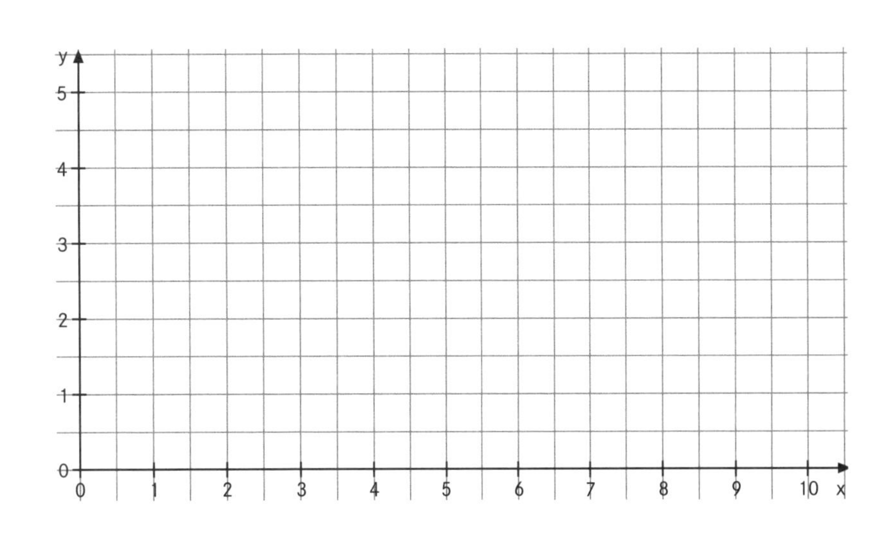

8 Lohnerhöhungen

Sattes Lohnplus

Müde kamen die 8 Verhandlungsführer, bestehend aus Arbeitgebern und Arbeitnehmern, nach über 13 Stunden Diskussion aus dem Hotel „Gloria" und stellten sich den Fragen der Presse. In langen Gesprächen haben sie vereinbart, die Einkommen der Facharbeiter auf 2712 € und die der Arbeiter ohne Ausbildung auf 2007 € zu erhöhen. In beiden Fällen wird damit das Gehalt um 112 € angehoben. Bei Akademikern mit Berufserfahrung wird das Gehalt sogar um 200 € angehoben. Die vereinbarte Laufzeit des Vertrages beträgt 13 Monate.

(Lüneburger Bote; 10.10.2013)

Kreuze alle Fragen an, die man mithilfe dieses Artikels beantworten kann:

(1) ☐ Wurde das Gehalt von Facharbeitern und ungelernten Arbeitern um denselben Prozentsatz erhöht?

(2) ☐ Wurde das Gehalt von Facharbeitern und Akademikern mit Berufserfahrung um denselben Prozentsatz erhöht?

(3) ☐ Um wie viel Prozent wurde das monatliche Gehalt von Facharbeitern angehoben?

(4) ☐ Um wie viel Prozent wurde das monatliche Gehalt von ungelernten Arbeitern angehoben?

(5) ☐ Um wie viel Prozent wurde das monatliche Gehalt aller drei Gruppen (Facharbeiter, Ungelernte, Akademiker) durchschnittlich erhöht?

9 Sportfest

Auf dem Sportfest erzielte Luisa folgende Sprungweiten: 3,75 m 4,10 m 4,25 m 3,70 m 3,15 m

a) Wie weit ist Luisa durchschnittlich gesprungen?

___

b) Wie weit hätte Luisa im fünften Sprung springen müssen, um eine durchschnittliche Sprungweite von 4,00 m zu erzielen?

___

10 Lostrommel

In einer Lostrommel sind 300 Lose, davon 20 Hauptgewinne.

a) Wie groß ist die Wahrscheinlichkeit, dass das erste gezogene Los ein Hauptgewinn ist?

___

b) Unter den ersten 30 gezogenen Losen waren zwei Hauptgewinne. Lukas zieht das 31. Los. Vergleiche die Wahrscheinlichkeit für einen Hauptgewinn mit der 1. Ziehung. Ist sie jetzt:

☐ kleiner, ☐ größer, ☐ genauso groß?

11 Gleichungen und Graphen

Ordne den Funktionsgleichungen die zugehörigen Graphen (g_1, g_2, ...) zu.

$y = x + 1$	
$y = -x^2$	
$y = x^2 + 2x + 1$	
$y = x^2 + 2$	

$y = x^2 - 2$	
$y = 0,5x + 1$	
$y = -2x + 1$	
$y = -2x^2$	

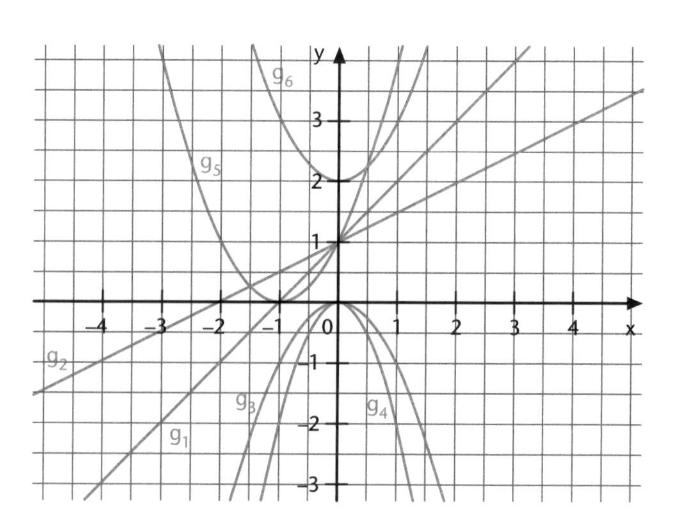

12 Netz eines Körpers

Abgebildet ist das Netz eines Körpers.

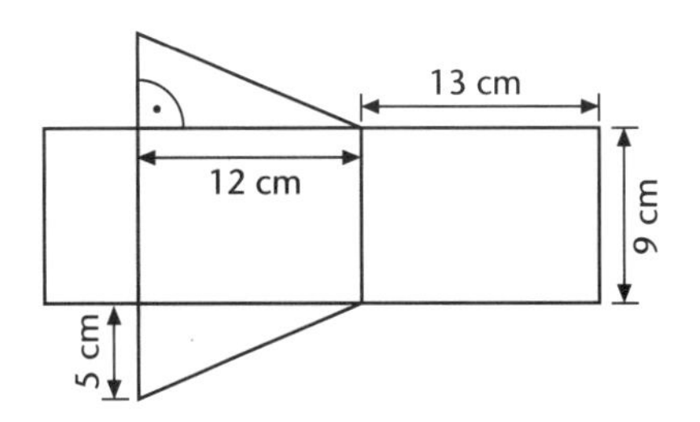

a) Zeichne das Schrägbild des Körpers (Grundfläche nach vorn) auf einem Extrablatt.

b) Wie heißt der Körper?

c) Berechne Volumen und Oberfläche des Körpers.

d) Ein solcher Körper wird ohne Hohlraum aus Aluminium hergestellt. Ein Kubikzentimeter wiegt 2,7 g. Wie schwer ist der Körper?

13 Parabeln in verschiedenen Darstellungen

Eine Parabel hat den Scheitelpunkt $S(-1{,}5\,|\,3{,}5)$. Sie ist nach unten geöffnet und gegenüber der Normalparabel um 0,5 gestaucht.
Gib die Scheitelpunktform der Parabel an und wandle diese in die Normalform um.

f(x) = ______________________

14 Wasserfass

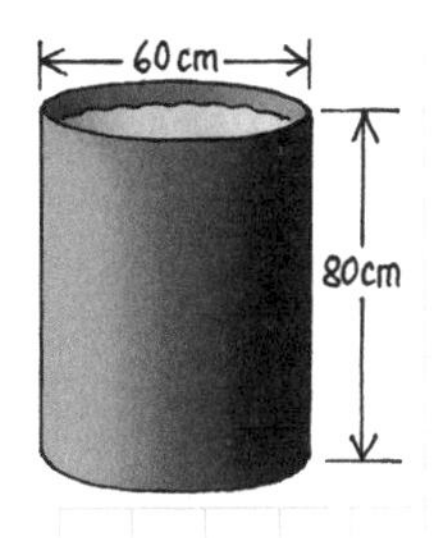

a) Berechne das Volumen des Wasserfasses. Runde auf Liter.

V = __________________

b) Berechne die Oberfläche ohne Deckel. Runde auf Zehntel m^2.

O = __________________

15 50 % einer Zahl

Welche Terme (Rechenausdrücke) geben genau 50 % einer beliebigen Zahl a an? Kreuze **alle** richtigen Terme an.

(1) $\frac{a}{50}$ ☐ (3) 0,5a ☐ (5) $\frac{1}{2}a$ ☐

(2) $\frac{50}{100}a$ ☐ (4) a : 2 ☐ (6) $\frac{5a}{10}$ ☐

TIPP: Setze für a verschiedene Zahlen ein.

16 Funktionsgleichung

Die Gleichung $y = 20 - 5 \cdot (x - 6)^2$ wird mithilfe einer Tabellenkalkulation untersucht.

B2		
	A	B
1	x	y
2	0	-160
3	1	-105
4	2	-60
5	3	-25
6	4	0
7	5	15
8	6	20
9	7	15
10	8	0
11	9	-25

a) In welcher Zelle findest du den y-Wert für $x = 5$? Zelle: ________

b) Für welche x-Werte wird $y = 0$? $x =$ ______ ______

c) Mit welcher Formel kann man den y-Wert in Zelle B2 berechnen? Formel: ________

d) Berechne ohne Tabellenkalkulation den Wert von y für $x = 10$. $y =$ ________

17 Prozente

a) Wie viel sind 40 % von 130 €?

____

b) Von wie viel Kilogramm sind 4 % genau 12 kg?

____

c) Wie viel Prozent sind 24 cm von 6 m?

____

d) Berechne 3 % Zinsen von 760 € Spareinlage.

____

18 Welcher Funktionsgraph passt?

Welcher der abgebildeten Graphen (1), (2) oder (3) passt am ehesten zu der beschriebenen Situation? Ordne zu und begründe deine Antwort.

(A) Eine kugelförmige Vase wird gleichmäßig bis zum Rand mit Wasser gefüllt. Der Funktionswert f(x) gibt die Füllhöhe zum Zeitpunkt x an.

(B) Ein Skifahrer fährt den Hang im Schuss hinunter. Der Funktionswert f(x) gibt die Geschwindigkeit zum Zeitpunkt x an.

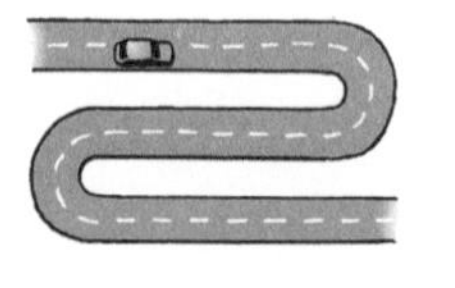

(C) Ein Pkw bewegt sich mit gleichbleibender Geschwindigkeit auf der abgebildeten Strecke. Der Funktionswert f(x) gibt den zurückgelegten Weg zum Zeitpunkt x an.

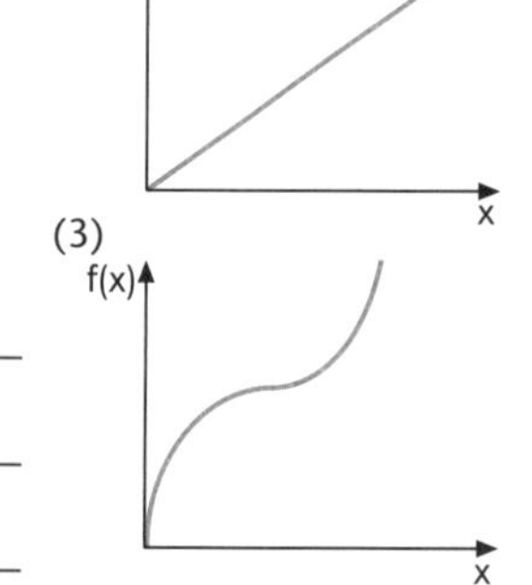

____

____

____

19 Würfeln mit einem Quader

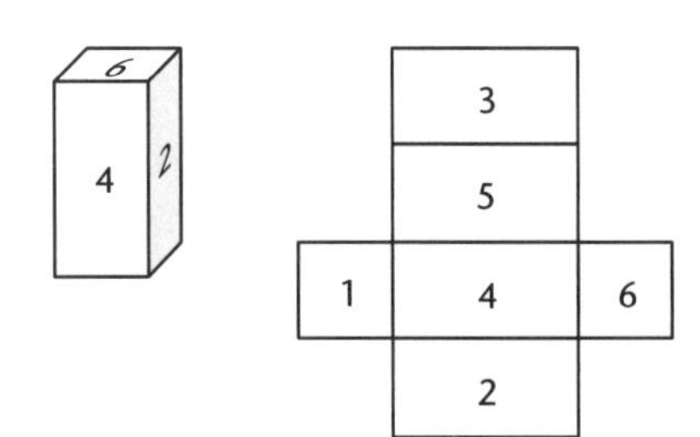

Die Grundflächen des abgebildeten Holzquaders sind Quadrate. Auf den Seitenflächen des Quaders stehen wie bei einem normalen Würfel die Zahlen 1 bis 6.
Mit dem Quader wurde 500-mal gewürfelt und davon 49-mal die Sechs erzielt.

a) Gib einen Näherungswert für die Wahrscheinlichkeit an, die Augenzahl 6 zu würfeln.

____

b) Schau dir das Netz des Quaders genau an und bestimme auch für die übrigen Augenzahlen 1 bis 5 Näherungswerte für die Wahrscheinlichkeiten.

Augenzahl	1	2	3	4	5	6
Wahrscheinlichkeit						

20 Messkeil

Messkeile werden zur Überprüfung von Unebenheiten und Zwischenräumen verwendet.
Bestimme die Höhe des Zwischenraums.

Höhe: ______________________________

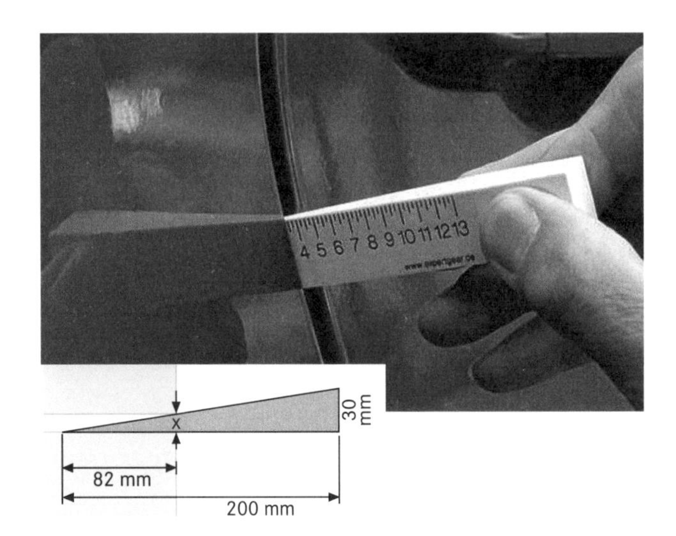

21 Rechengeschichten

Welche der folgenden Sachtexte passen zu der Gleichung $x + 0,5x = 30$? Kreuze jeweils an!

1	Eine Lostrommel enthält 30 Lose. Es gibt doppelt so viele Gewinne wie Nieten.	☐ Ja	☐ Nein
2	Robert nimmt sich vor, 30 Tage lang täglich 1 Euro zu sparen. Die Hälfte der Zeit schafft er leider nur 50 Cent zu sparen.	☐ Ja	☐ Nein
3	Für die Gala werden 30 Liter Fruchtbowle bestellt. Zu einer 1-Liter-Flasche Mineralwasser wird jeweils 0,5 Liter frischer Fruchtsaft hinzugefügt.	☐ Ja	☐ Nein
4	Max ist nur halb so alt wie sein Bruder. Zusammen sind sie 30 Jahre alt.	☐ Ja	☐ Nein

1 Preisänderungen

a) Eine Bluse kostet 74,90 €. Der Preis wird um 35 % gesenkt. Berechne den neuen Preis.

____

b) Der Preis für einen Anzug wurde um 40 % auf 179,94 € reduziert. Wie teuer war er vorher?

____

c) Der Preis für ein Rennrad wird um 50 € erhöht und beträgt jetzt 499 €. Um wie viel Prozent wurde der Preis erhöht?

____

2 Werkstück

Das abgebildete Werkstück ist ein Quader, aus dem oben eine Halbkugel mit dem Radius 5 cm gefräst wurde (Maße in cm).
Das Werkstück besteht aus Stahl mit der Dichte 7,9 $\frac{g}{cm^3}$.

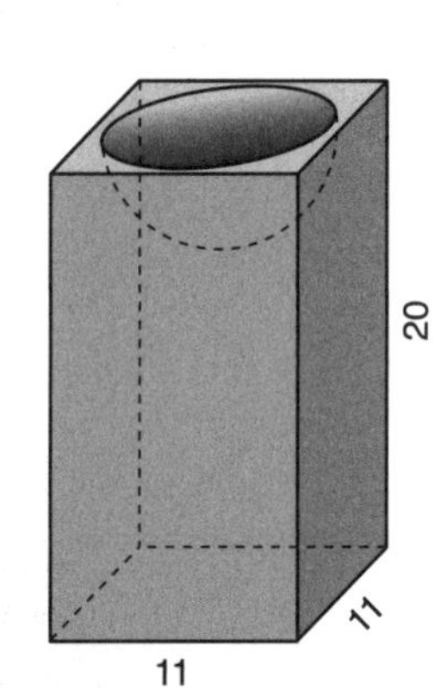

a) Berechne die Masse.

m = ______________

b) Berechne die Oberfläche.

O = ______________________________

3 Wanderung

Vom Hotel aus brachen das Ehepaar Schmidt und Herr Wolf zeitgleich zu einer 14 km langen Bergwanderung auf. Wanderzeit und zurückgelegte Strecke sind im Diagramm festgehalten.

a) Welche Strecke hat Herr Wolf nach zweieinhalb Stunden zurückgelegt?

____

b) Das Ehepaar Schmidt legte eine Pause ein. Wie lange dauerte die Pause?

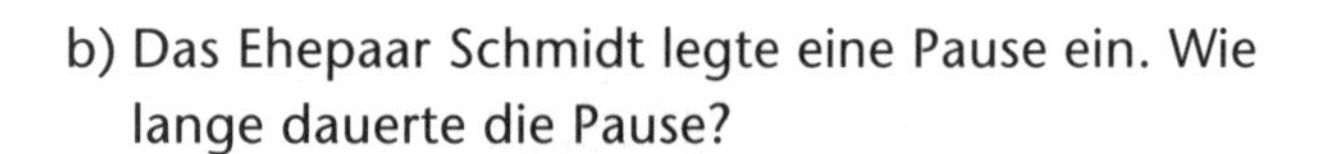

c) Bestimme die höchste Durchschnittsgeschwindigkeit, mit der Ehepaar Schmidt gewandert ist.

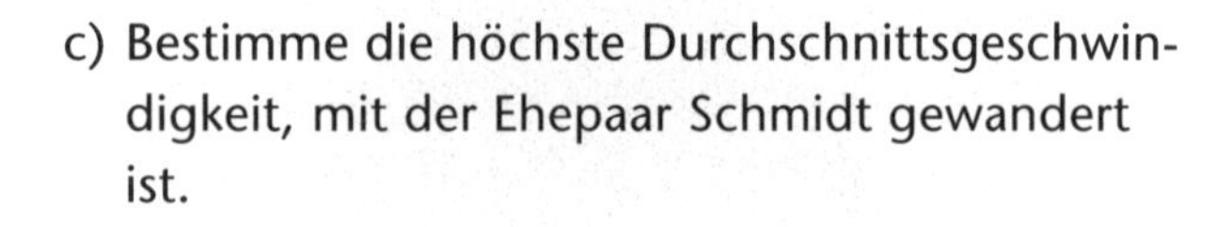

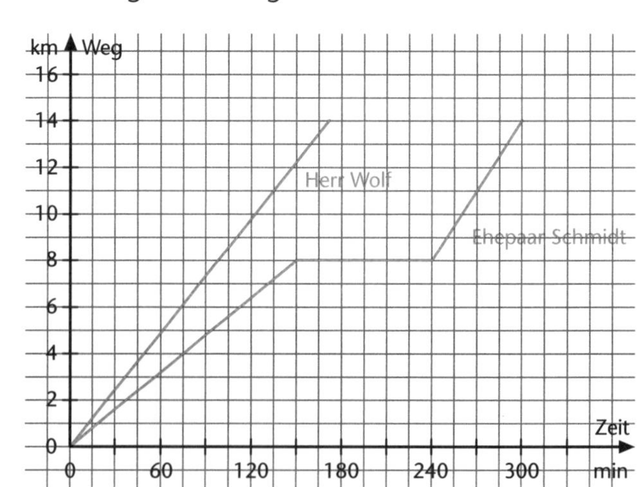

d) Bestimme für Herrn Wolf die Gleichung der Funktion *Zeit x (in Minuten) → Weg y (in km).*

y = ______________________________

4 Fahrradurlaub

Die nebenstehende Grafik zeigt, wie sich der Verbrauch eines Autos ändert, wenn man einen Dach- bzw. Heckträger (mit Fahrrädern) montiert.

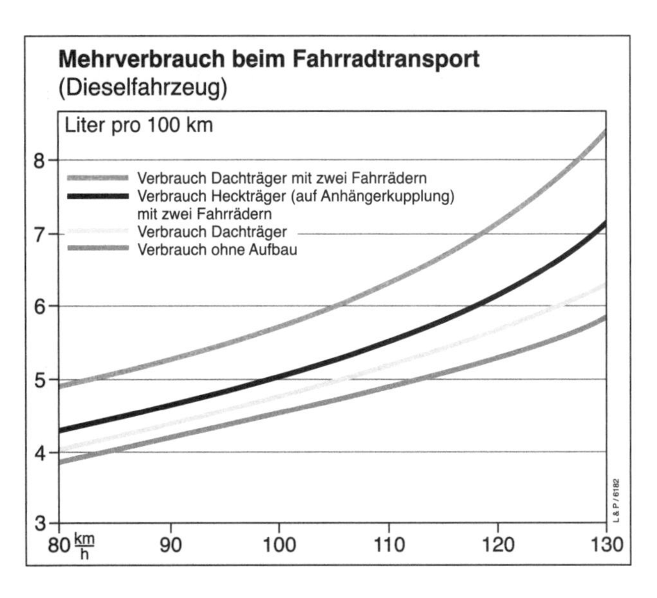

a) Lennard behauptet, dass bei 80 $\frac{km}{h}$ der Verbrauch eines Autos mit zwei Fahrrädern auf dem Dachträger ungefähr doppelt so hoch ist wie bei einem Auto ohne Anbau. Nimm Stellung zu dieser Aussage.

____

____

b) Um wie viel Prozent steigt bei 120 $\frac{km}{h}$ der Verbrauch, wenn man nicht mit einem leeren Dachträger, sondern mit einem Dachträger mit zwei Fahrrädern fährt?

____

____

c) Herr und Frau Tropper überlegen, ob sie ihre beiden Fahrräder zu ihrem Ferienhaus nach Schweden mitnehmen sollen. Herr Tropper fährt im Schnitt 100 $\frac{km}{h}$. Erstelle einen Graphen, der den Gesamtverbrauch für beide Varianten (mit und ohne Fahrräder) in Abhängigkeit von der zurückgelegten Strecke beschreibt.
Benutze dafür das rechts abgebildete Diagramm.

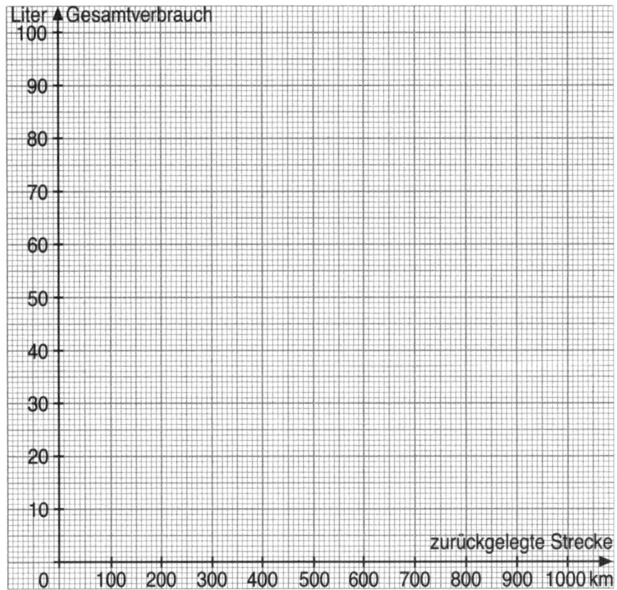

5 Herzogstandbahn

Der Kartenausschnitt zeigt ein Wandergebiet in der Nähe von München. Anhand der Höhenlinien kann man erkennen, wie steil das Gelände ist. Eine Höhenlinie verbindet jeweils Punkte der Erdoberfläche, die auf gleicher Höhe über dem Meeresspiegel (ü. NN) liegen.
Wer sich den anstrengenden Aufstieg auf den Fahrenberg sparen will, benutzt den Sessellift. Die Herzogstandbahn bringt in nur 4 Minuten ihre Gäste von der Talstation am Walchensee auf den Fahrenberg.
Wie lang ist die Strecke, die eine Kabine bei ihrer Fahrt auf den Berg zurücklegt?

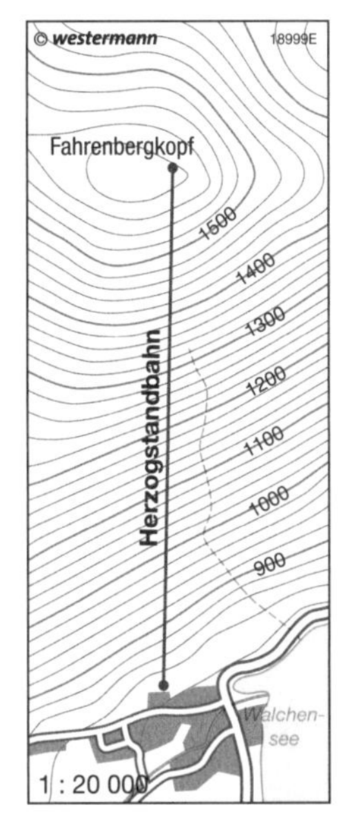

6 Konservendosen

Sechs Konservendosen werden von einem Plastikband umfasst. Jede Dose hat einen Radius von 4 cm.

a) Berechne die Länge des Plastikbandes.

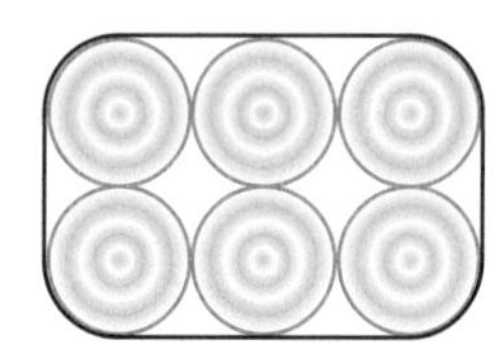

Länge: ______________________

b) Reicht für Dosen mit doppeltem Radius ein doppelt so langes Plastikband? Begründe deine Antwort.

____

____

7 Gläser

Ein Likörglas und ein Rotweinglas werden mit Wasser gefüllt.

a) Wie viele vollständig gefüllte Likörgläser werden benötigt, um das Rotweinglas bis zum Rand zu füllen?

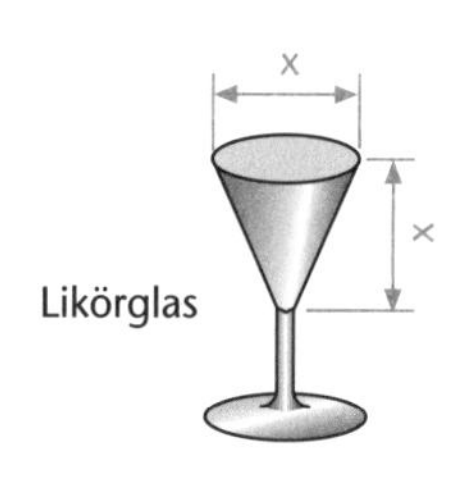

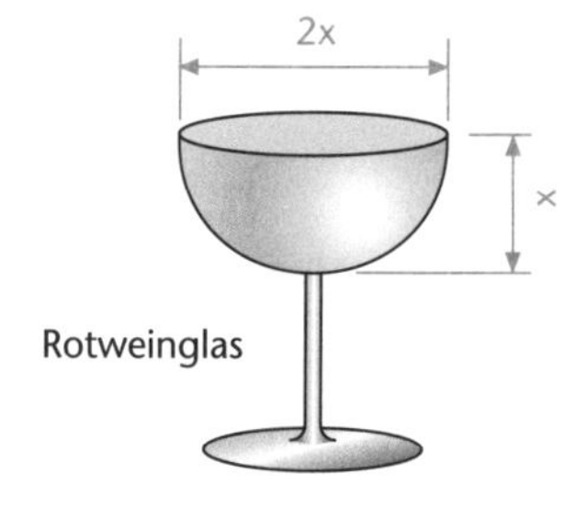

b) Welcher der abgebildeten Graphen zeigt am besten, wie sich die *Höhe h* des Flüssigkeitsspiegels beim gleichmäßigen Befüllen des **Rotweinglases** in Abhängigkeit von der *Zeit t* ändert? Kreuze an.

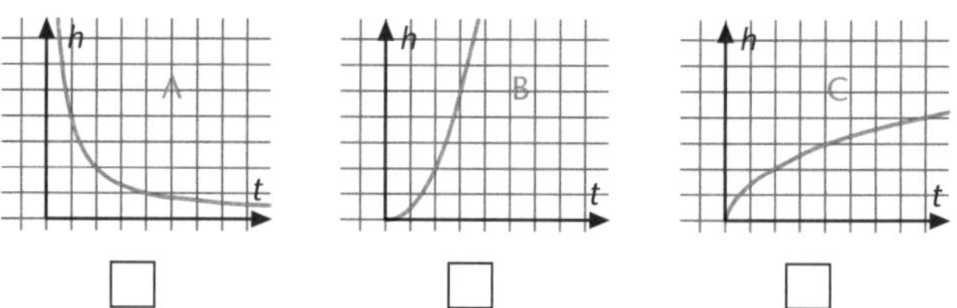

☐ ☐ ☐

8 Agenturmeldung

„Vor allem in Thüringen und Sachsen hängt oder liegt die weiße Bluse bei fast jeder neunten Frau (87,4 Prozent) im Schrank, ergab jetzt eine Umfrage."

(http://www.spiegel.de)

Die nebenstehende Meldung ist fehlerhaft. Begründe.

____

____

____

____

9 Kugelstoßen

Hier siehst du den ersten Teil der Flugbahn einer gestoßenen Kugel (Maße in m).

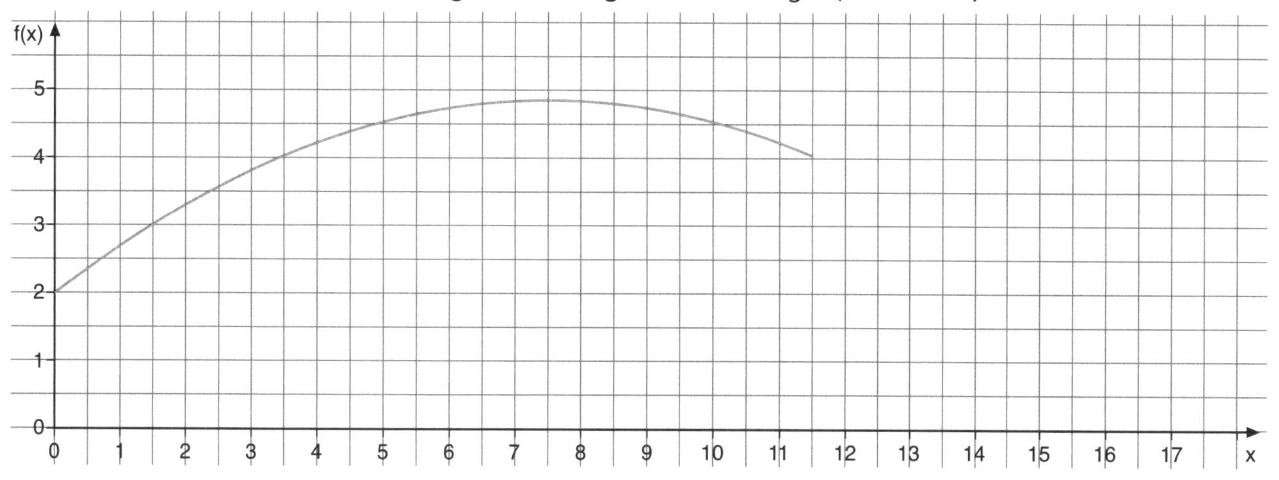

a) Lies am Graphen ab:

(1) Welche maximale Höhe erreichte die Kugel?

___

(2) In welcher Höhe wurde die Kugel abgestoßen?

___

b) Die Flugbahn kann näherungsweise mit der Funktionsgleichung $f(x) = -0{,}05\,x^2 + 0{,}75\,x + 2$ beschrieben werden. Berechne die Kugelstoßweite und vervollständige die Flugbahn.

___

10 Haus mit Satteldach

Der Zeichnung kannst du die Außenmaße eines Einfamilienhauses entnehmen.

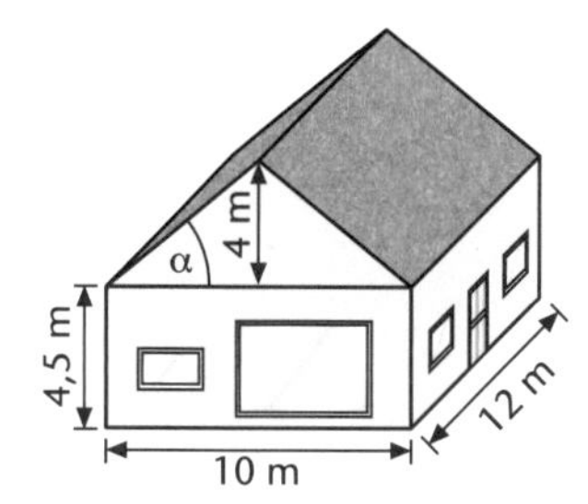

a) Berechne das Volumen des Hauses (umbauter Raum).

___

b) Wie groß ist die gesamte Dachfläche?

___

c) Berechne den Neigungswinkel α des Dachs.

___

11 Mit dem Fahrrad zur Schule

An einer Schule sind 55 % der Schülerinnen und Schüler Mädchen. 35 % der Mädchen kommen mit dem Fahrrad zur Schule. Insgesamt fahren 40 % mit dem Fahrrad zur Schule.

a) Vervollständige das Baumdiagramm.

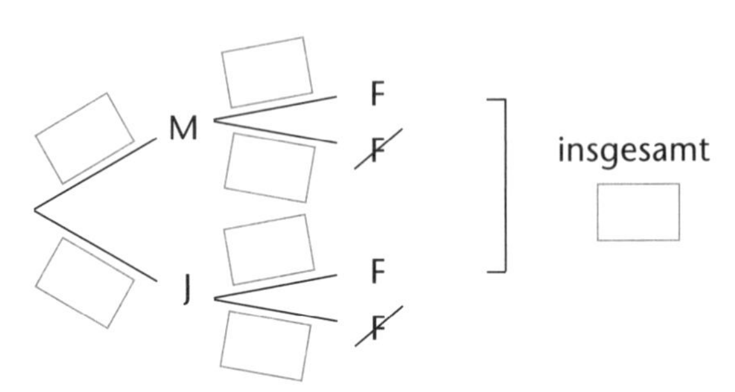

b) Berechne, wie viel Prozent der Jungen mit dem Fahrrad zur Schule kommen.

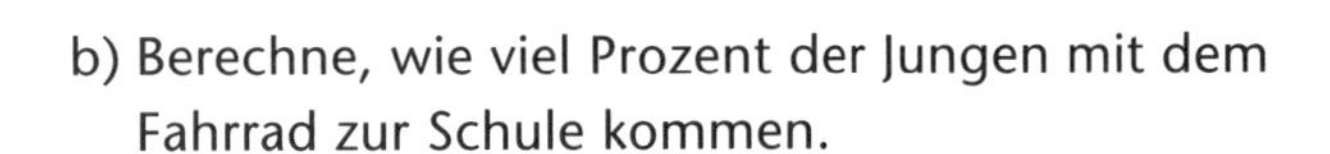

12 Kraftstoffkosten im Vergleich

a) Berechne die unterschiedlichen Kraftstoffkosten für eine Fahrleistung von 10 000 km/Jahr. Veranschauliche die Kosten in einem Diagramm.

b) Für einen Liter Super (1,50 €) muss der Verbraucher eine Mineralölsteuer von 65,96 ct zahlen. Wie hoch ist der prozentuale Anteil dieser Steuer am Preis von Super?

c) Im Preis von einem Liter Diesel (1,40 €) sind 47,39 ct Mineralölsteuer enthalten. Frau Schmidt (Benzinfahrzeug) und Herr Groß (Dieselfahrzeug) fahren beide pro Jahr 15 000 km. Wie viel Euro zahlt Frau Schmidt jährlich mehr Mineralölsteuer?

(Quelle: www.erdgas.info)

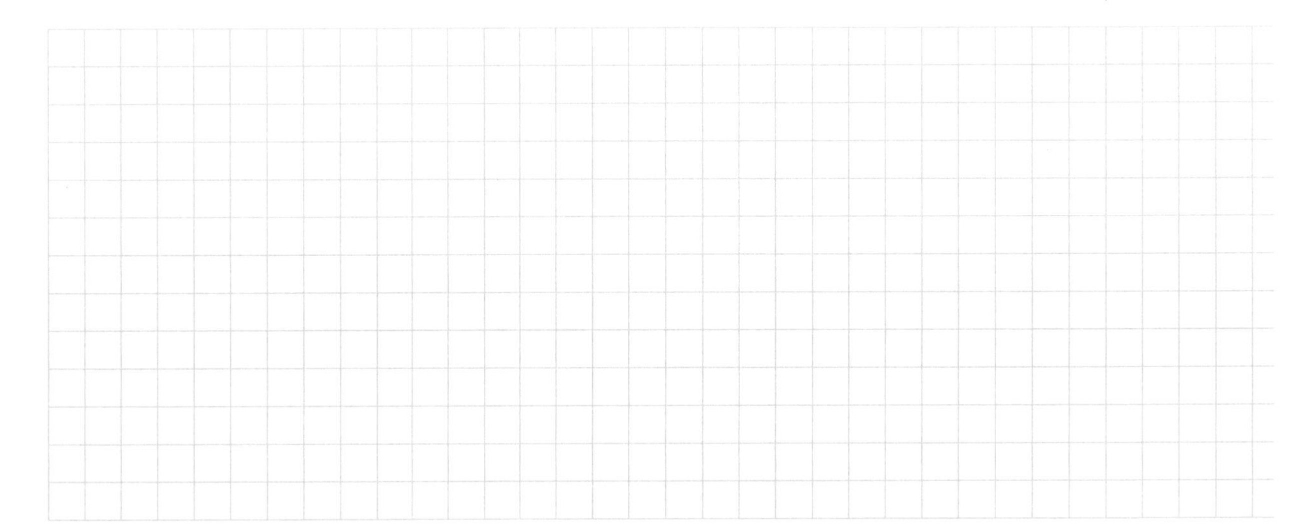

13 Seitenlängen beim Quadrat

Welche Aussagen sind falsch? Begründe, warum sie falsch sind.
(1) Verdoppelt man die Seitenlänge eines Quadrats, so vervierfacht sich der Umfang.
(2) Verdoppelt man die Seitenlänge eines Quadrats, so vervierfacht sich der Flächeninhalt.
(3) Verdreifacht man die Seitenlänge eines Quadrats, so verdreifacht sich der Umfang.
(4) Verdreifacht man die Seitenlänge eines Quadrats, so verdreifacht sich der Flächeninhalt.

14 Tonnenschwere Goldmünze

Zwei Zeitungen berichteten im Oktober 2011 über die größte Goldmünze der Welt.

(1) Bonn/dpa, 28.10.2011: „Eine Tonne schwer und 80 cm Durchmesser, reines Gold im Wert von 55 Millionen US-Dollar."
(2) Perth: „... sie ist 80 cm hoch, 12 cm dick, 1 Tonne schwer und zu 99,99 Prozent aus Feingold. Ihr Materialwert liegt bei 34 000 000 €."

a) Vergleiche die Wertangaben der Meldungen (1) und (2). Bestimme den Wechselkurs zwischen Euro und Dollar für Oktober 2011.

b) Stimmt die angegebene Dicke in (2) mit den in (1) genannten Maßen überein? Rechne bei Gold mit einer Dichte von $19{,}3\,\frac{g}{cm^3}$.

c) Löse die Formel für das Volumen eines Zylinders nach r auf. Berechne damit den Radius r einer solchen Goldmünze, die dieselbe Dicke hat, aber nur halb so schwer ist.

15 Kapitalanlage

Zur Konfirmation erhält Henrik 1000 € von seinen Großeltern. Er legt das Geld zu 6 % an und will den Betrag so lange unangetastet lassen, bis sich sein Anfangskapital verdoppelt hat.

a) Wie viele Jahre muss Henrik ungefähr warten?

b) In welcher Zeit würde sich bei gleicher Verzinsung ein Kapital von 10 000 € verdoppeln?

16 Zwei Würfel

Es wird gleichzeitig mit einem blauen und einem schwarzen Würfel gewürfelt.
Das Ergebnis (3|5) bedeutet: Mit dem blauen Würfel wurde eine 3 und mit dem schwarzen Würfel eine 5 gewürfelt.

a) Wie viele Ergebnisse sind möglich?

____

b) Wie groß ist die Wahrscheinlichkeit für das Ergebnis (3|5)?

____

c) Wie groß ist die Wahrscheinlichkeit, einen Pasch, d. h. zwei gleiche Zahlen, zu würfeln?

____

17 Die Welt als Dorf

Die unten stehende Grafik vergleicht die Entwicklung der Bevölkerung auf der Welt mit einem Dorf.

Die Welt als Dorf

2011

Stellt man sich die Weltbevölkerung des Jahres 2011 (etwa 7 Milliarden Menschen) als Dorf mit 100 Einwohnern vor, dann ...

...lebten dort:
60 Asiaten
15 Afrikaner
11 Europäer
9 Lateinamerikaner
und
5 Nordamerikaner.

Zukunft 2050

Im Jahr 2050 würden bereits 137 Menschen im Dorf leben.

Davon wären:
76 Asiaten
33 Afrikaner
10 Europäer
11 Lateinamerikaner
und
7 Nordamerikaner.

L&P/5191

a) Wie groß war im Jahr 2011 der prozentuale Anteil der Lateinamerikaner an der Gesamtbevölkerung des 100-Einwohner-Dorfes?

____

b) „Auf allen Kontinenten nimmt die Zahl der Dorfbewohner bis zum Jahr 2050 zu“. Stimmt das?

____

c) Laut Angaben der UN-Statistik vermehrt sich die Menschheit zurzeit um 1,2 % pro Jahr. Nach wie vielen Jahren hätte sich nach diesem Wachstumsmodell die Bevölkerung des Weltdorfes von 100 auf 200 Bewohner verdoppelt?

____

____

18 Zahlenrätsel

(1) Subtrahiere vom Dreifachen einer Zahl 8, dann erhältst du 5 mehr als die Zahl.	(2) Verdreifachst du die Differenz aus einer Zahl und 8, so erhältst du 5 weniger als die Zahl.	(3) Subtrahiert man 8 von einer Zahl, so erhält man das Dreifache der Summe aus 5 und der Zahl.

a) Welches Zahlenrätsel gehört zu der Gleichung $x - 8 = 3(5 + x)$?

Nr.: ______________________

b) Löse die Gleichung $x - 8 = 3(5 + x)$.

x = ______________________

c) Schreibe auch zu den anderen Zahlenrätseln eine passende Gleichung auf.

Nr. (   ): __________________________________

Nr. (   ): __________________________________

19 Computernutzung

Die Schülerinnen und Schüler einer 10. Klasse wurden befragt, wie viele Stunden sie im Durchschnitt pro Woche am Computer verbringen. Das Ergebnis wurde in einem Boxplot dargestellt (siehe Abbildung).

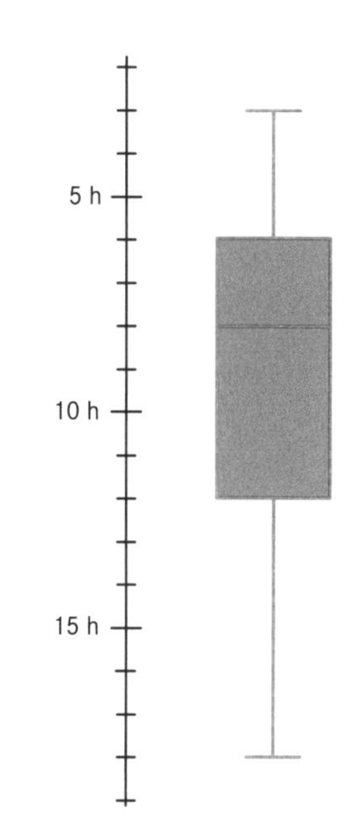

a) Entnimm dem Boxplot folgende Werte:

Spannweite: ______________________ unteres Quartil: ______________________

Median (Zentralwert): ______________ oberes Quartil: ______________________

b) Felix behauptet: „Die meisten Schüler sind 12 bis 18 Stunden pro Woche am Computer." Nimm Stellung.

____

____

____

20 Fläche NRW

Der Kartenausschnitt zeigt das Bundesland Nordrhein-Westfalen. Bestimme näherungsweise die Größe der Fläche von Nordrhein-Westfalen. Benutze den Maßstab der Karte. Begründe dein Vorgehen.

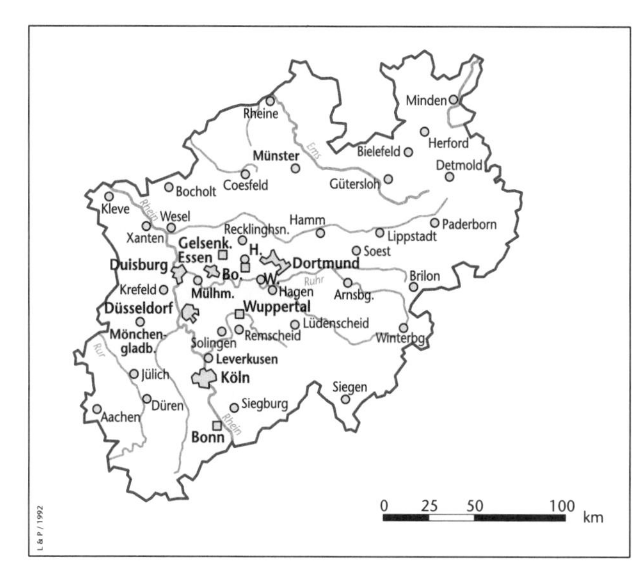

21 Quadratische Gleichungen

Rechts siehst du, wie Alex die Gleichung $(x - 8) \cdot (x + 2) = 0$ mit der Lösungsformel gelöst hat.

$(x - 8) \cdot (x + 2) = 0$
$x^2 - 6x - 16 = 0 \quad | p = -6; q = -16$
$x_1 = -3 + \sqrt{9 + 16} = 2$
$x_2 = -3 - \sqrt{9 + 16} = -8$

a) Zeige mit einer Probe an der Ausgangsgleichung, dass die hier angegebenen Lösungen falsch sind.
Welchen Fehler hat Alex gemacht?

b) Die richtigen Lösungen kann man aus dem Produkt auf der linken Seite der Ausgangsgleichung ablesen. Erkläre.

Lösungen: x = ______ oder x = ______

c) Löse folgende Gleichungen so einfach wie möglich:
(1) $x^2 - 3x = 0$
(2) $2x^2 - 98 = 0$
(3) $x^2 + 3x - 40 = 0$

22 Glücksrad

Auf einem Schulfest kann man am Stand der Klasse 10a für einen Einsatz von 1 € zweimal das abgebildete Glücksrad drehen. Bleibt es jedes Mal auf der gleichen Farbe stehen, gewinnt man, und zwar bei *blau/blau* einen Trostpreis im Wert von 0,30 € und bei *weiß/weiß* einen Sachpreis von 8 €.

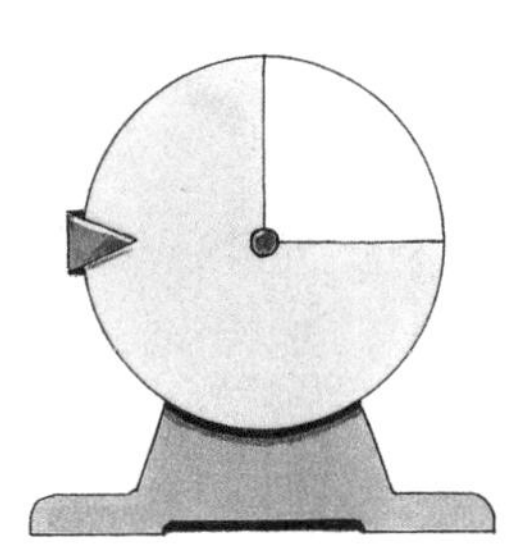

a) Zeichne ein Baumdiagramm und bestimme die Wahrscheinlichkeiten für

(1) *blau/blau:* ______________________

(2) *weiß/weiß:* ______________________

b) Wie groß ist die Wahrscheinlichkeit, bei diesem Spiel zu verlieren?

____

c) Es werden 400 Spiele durchgeführt. Mit welchem Gewinn kann die Klasse rechnen?

____

23 Angebote

Frau Kurt kann für zwei Jahre einen Lottogewinn von 1 000 000,– € sparen. Drei Banken bieten ihr unterschiedliche Zinssätze an: **A** 1. Jahr 4 %; 2. Jahr 6 % **B** 1. Jahr 3 %; 2. Jahr 7 % **C** 1. Jahr 5 %; 2. Jahr 5 %

a) Welche Bank kannst du ihr empfehlen? Begründe.

____

____

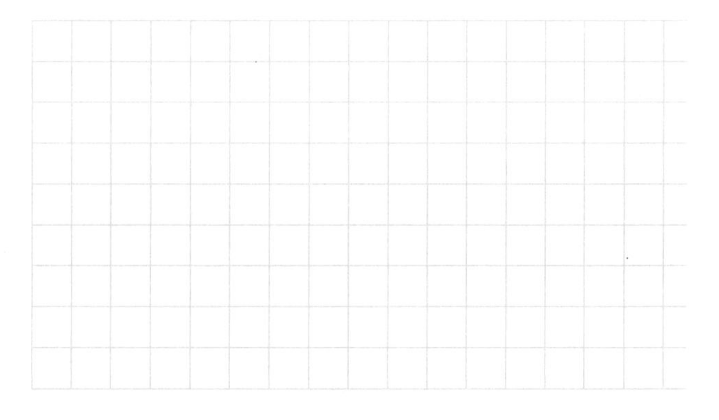

b) Würdest du die gleiche Bank auch für jeden anderen Sparbetrag empfehlen? Begründe.

____

____

24 Brückenkonstruktion

Über den Fluss soll eine Brücke führen, die in A beginnt und in B endet.
Vermesser haben am unteren Flussufer eine 400 m lange Strecke $\overline{AC}$ abgesteckt und dann folgende Vermessungen vorgenommen:
$\sphericalangle$ BAC = 67,8° und $\sphericalangle$ ACB = 49,3°
Bestimme die Länge der Brücke durch eine maßstäbliche Zeichnung und durch Berechnung.

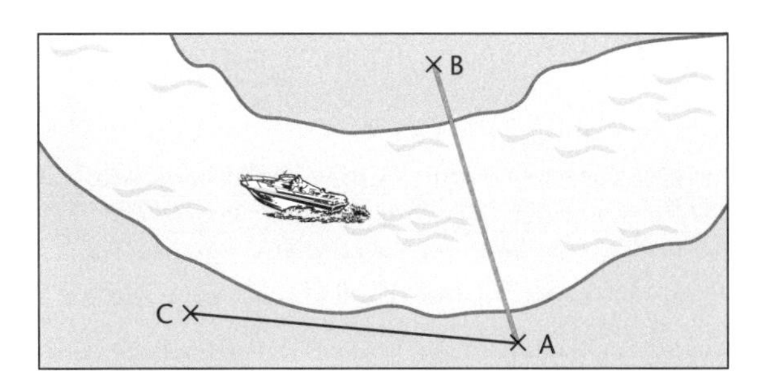

25 Tabellenkalkulation

Paul untersucht Umfang und Flächeninhalt bei Quadraten unterschiedlicher Seitenlängen mithilfe einer Tabellenkalkulation.

F3

	A	B	C	D	E	F	G	H	I
1	Seitenlänge x (in cm)	0,5	1	1,5	2	2,5	3	3,5	4
2	Flächeninhalt A (in cm²)	0,25	1	2,25	4	6,25	9	12,25	16
3	Umfang u (in cm)	2	4	6	8				

a) Wie groß ist der Umfang u eines Quadrats mit der Seitenlänge 1,5 cm? u = ______

b) Mit welcher Formel berechnet das Programm den Wert in Zelle H2? Formel: ______

c) Welche Eingaben liefern das korrekte Ergebnis in Zelle F3? Kreuze an.

☐ 2 · 5 ☐ = 4 · F1 ☐ = E3 + 4 · 0,5 ☐ = 4 · x

d) Wächst eine der Größen A oder u linear? Skizziere dazu die zugehörigen Graphen und begründe.

26 Glockenturm

Die Glockenmänner auf einem Leipziger Hochhaus werden von einem Techniker gewartet.

a) Wie groß sind die Glockenmänner ungefähr?

______

b) Schätze jeweils die Durchmesser der Glocken, die angeschlagen werden.

______

c) Auf der Glocke ist ein Weihnachtsstern befestigt. Könnte ihn ein 12-jähriges Kind über seinem Hochbett (Liegefläche in Schulterhöhe) aufhängen? Begründe.

______

1 Preisänderungen

a) Eine Bluse kostet 74,90 €. Der Preis wird um 35 % gesenkt. Berechne den neuen Preis.
b) Der Preis für einen Anzug wurde um 40 % auf 179,94 € reduziert. Wie teuer war er vorher?
c) Der Preis für ein Rennrad wird um 50 € erhöht und beträgt jetzt 499 €. Um wie viel Prozent wurde der Preis erhöht?

Zu a)
35 % von 74,90 € = 74,90 € · 0,35
≈ 26,22 €

74,90 € – 26,22 € = 48,68 €
oder
100 % – 35 % = 65 %
74,90 € · 0,65 ≈ 48,68 €

Der neue Preis der Bluse ist **48,68 €.**

Zu b)
179,94 € entsprechen 60 % des ursprünglichen Preises x.

x = (179,94 € : 60) · 100
= 299,90 €

kürzer: x = 179,94 € : 0,6 = 299,90 €

Der Anzug kostete vorher **299,90 €.**

Zu c)
Gesucht ist zunächst der prozentuale Zuschlagsfaktor q.

Alter Preis: 449 € (499 € – 50 €)
Neuer Preis: 499 €

449 € · q = 499 €
q = 499 € : 449 €
q = 1,1113585 ...

Zu diesem Zuschlagsfaktor q gehört der Prozentsatz (gerundet) p % ≈ 11,14 %
oder
Wie viel Prozent sind 50 € von 449 €?
$p\,\% = \frac{50\text{ €}}{449\text{ €}} \approx 0{,}1114 \approx 11{,}14\,\%$

Der Preis wurde um rund **11,14 %** erhöht.

1 Svenja und Silke sind begeisterte Kart-Fahrerinnen.
Svenja legt 12 Runden zurück, das sind nur 80 % der Anzahl von Runden, die Silke in derselben Zeit geschafft hat.
Wie viele Runden hat Silke geschafft?

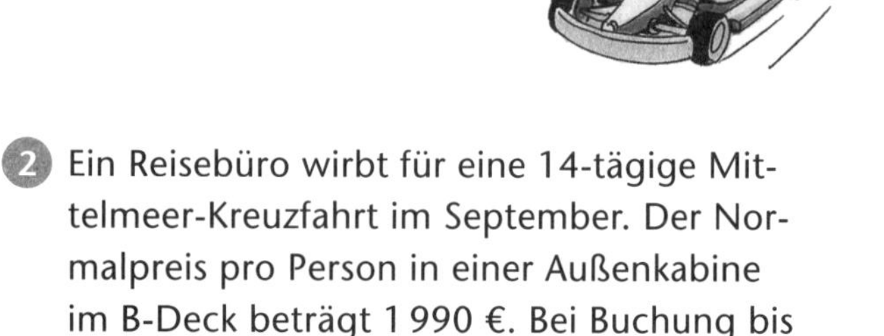

2 Ein Reisebüro wirbt für eine 14-tägige Mittelmeer-Kreuzfahrt im September. Der Normalpreis pro Person in einer Außenkabine im B-Deck beträgt 1 990 €. Bei Buchung bis Ende März kostet die Kreuzfahrt in derselben Kategorie nur 1 293,50 €.
Wie viel Prozent gegenüber dem Normalpreis spart man bei Buchung bis Ende März?

3 Gegenüber dem Vorjahr ist ein Auto 8 % billiger geworden. Es kostet jetzt 22 264 €.
Wie teuer war das Auto im Vorjahr?

4 In einer Kleinstadt sind wöchentlich 840 Hausmülltonnen zu leeren.
Jede dieser Hausmülltonnen ist erfahrungsgemäß mit durchschnittlich 18 kg Abfall gefüllt. Durch ein Neubaugebiet hat sich Anfang 2012 die Zahl der Tonnen um 15 % erhöht, zugleich ist auch die durchschnittliche Abfallmenge pro Tonne um 5 % gewachsen.
Wie viel Abfall aus Hausmülltonnen mussten die Stadtreinigungswerke der Kleinstadt 2012 insgesamt abtransportieren?

5 Zum Schuljahresbeginn 2008/2009 nahm die neue Regionalschule ihren Betrieb mit wenigen Schülerinnen und Schülern auf. 2009/2010 waren es schon 50 % mehr, zum Schuljahresbeginn 2010/2011 noch einmal 40 % mehr, nämlich 189.
Mit wie vielen Schülerinnen und Schülern nahm die Regionalschule den Betrieb auf?

Das abgebildete Werkstück ist ein Quader, aus dem oben eine Halbkugel mit dem Radius 5 cm gefräst wurde (Maße in cm). Das Werkstück besteht aus Stahl mit der Dichte $7{,}9\ \frac{\text{g}}{\text{cm}^3}$.

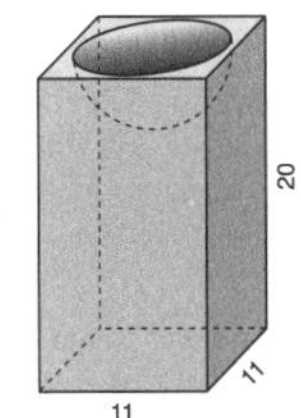

a) Berechne die Masse.
b) Berechne die Oberfläche.

Zu a)

Volumen Werkstück =
Volumen Quader – Volumen Halbkugel

- Das Volumen des Quaders mit a = 11 cm, b = 11 cm und c = 20 cm beträgt:
  $V_Q = 11\text{ cm} \cdot 11\text{ cm} \cdot 20\text{ cm} = 2420\text{ cm}^3$
- Das Volumen der Kugel mit dem Radius r = 5 cm beträgt:
  $V_K = \frac{4}{3} \cdot \pi \cdot (5\text{ cm})^3 = \frac{4}{3} \cdot \pi \cdot 125\text{ cm}^3 \approx 523{,}6\text{ cm}^3$
- Das Volumen des Werkstücks beträgt dann
  $V_Q - \frac{1}{2} V_K = 2420\text{ cm}^3 - 261{,}8\text{ cm}^3 = 2158{,}2\text{ cm}^3$

Da jeder Kubikzentimeter Stahl 7,9 g wiegt, ergibt sich die **Masse** m des Werkstücks aus:
$m = 7{,}9\ \frac{\text{g}}{\text{cm}^3} \cdot 2158{,}2\text{ cm}^3 = 17049{,}78\text{ g} \approx$ **17 kg**

Zu b)

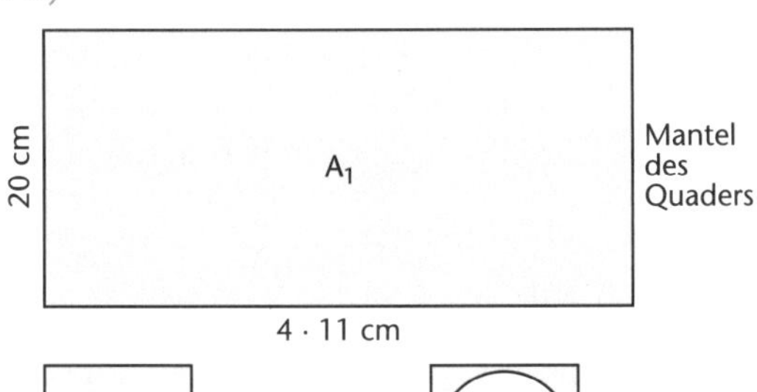

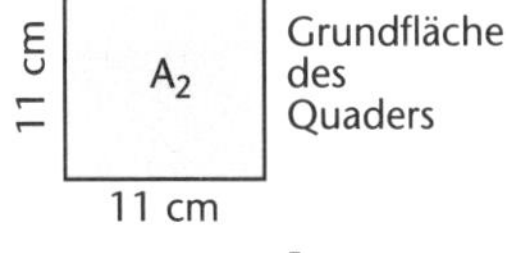

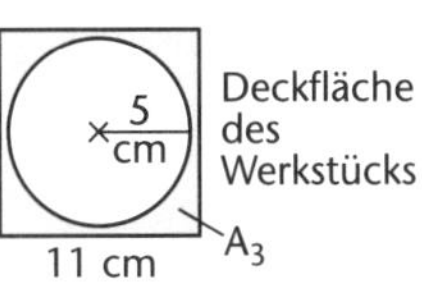

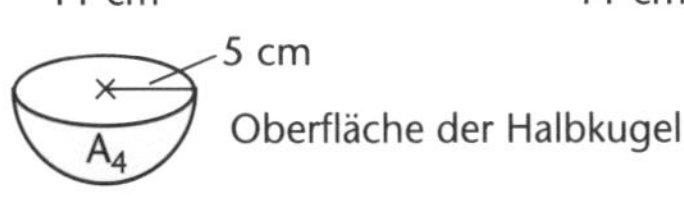

$A_1 = 20\text{ cm} \cdot 44\text{ cm} = 880\text{ cm}^2$
$A_2 = (11\text{ cm})^2 = 121\text{ cm}^2$
$A_3 = 121\text{ cm}^2 - \pi \cdot (5\text{ cm})^2 \approx 42{,}5\text{ cm}^2$
$A_4 = 2\pi r^2 \rightarrow A_4 = 2\pi \cdot (5\text{ cm})^2 \approx 157{,}1\text{ cm}^2$

$O = A_1 + A_2 + A_3 + A_4$
$O = 880\text{ cm}^2 + 121\text{ cm}^2 + 42{,}5\text{ cm}^2 + 157{,}1\text{ cm}^2$
$O = 1200{,}6\text{ cm}^2$

Die **Oberfläche ist ca. 1200 cm² groß**.

1 Dieser Turm aus Holz steht als Modell vor dem Eingang zu einer Ausstellung.

a) Jeder Kubikmeter Holz wiegt 0,7 t. Wie schwer ist das Modell insgesamt? Runde auf zehntel Tonne.

b) Das Modell soll einen Schutzanstrich erhalten, damit es vor der Witterung geschützt ist. Pro Quadratmeter wird ein halber Liter Farbe gebraucht. Wie viele Liter Farbe werden insgesamt benötigt?

Hinweis: Berechne zunächst s.

s; 3 m; 5 m; 2 m

2 In den abgebildeten Holzzylinder wird ein 5 cm tiefes Loch mit dem Radius 2 cm gebohrt. 1 cm³ Holz wiegt 0,76 g. Berechne die Masse des Werkstücks.

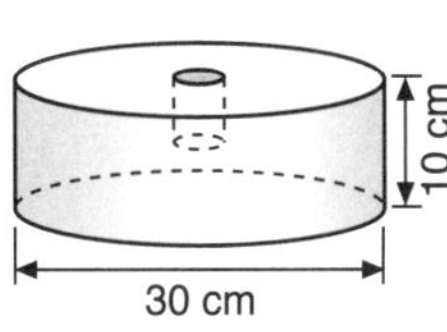

3 Die Skizze zeigt ein Werkstück aus Aluminium. Es besteht aus einer quadratischen Pyramide mit einer kegelförmigen Aushöhlung. Der Winkel zwischen den Seitenflächen und der Grundfläche beträgt 67°. Die Höhe des Kegels beträgt die Hälfte der Höhe der Pyramide.

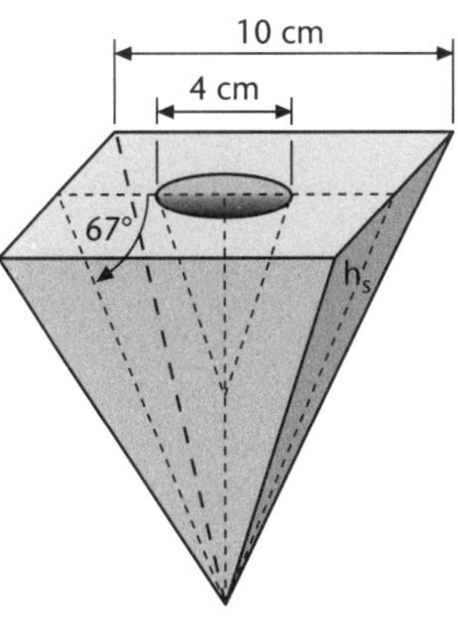

a) Wie groß ist die Körperhöhe der Pyramide?

b) Wie groß ist das Volumen des Werkstücks?

c) Ein Kubikzentimeter Aluminium wiegt 2,7 g. Berechne die Masse des Werkstücks in kg.

3 Wanderung

Vom Hotel aus brachen das Ehepaar Schmidt und Herr Wolf zeitgleich zu einer 14 km langen Bergwanderung auf. Wanderzeit und zurückgelegte Strecke sind im Diagramm festgehalten.

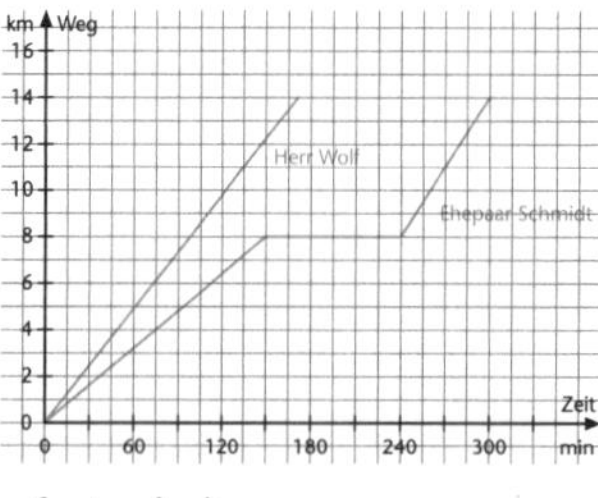

a) Welche Strecke hat Herr Wolf nach zweieinhalb Stunden zurückgelegt?

b) Das Ehepaar Schmidt legte eine Pause ein. Wie lange dauerte die Pause?

c) Bestimme die höchste Durchschnittsgeschwindigkeit, mit der Ehepaar Schmidt gewandert ist.

d) Bestimme für Herrn Wolf die Gleichung der Funktion *Zeit x (in Minuten) → Weg y (in km).*

Zu a)

$2\frac{1}{2}$ h entsprechen 150 Minuten. Dies ist die x-Koordinate des gesuchten Punktes auf dem Graphen zur Wanderung von Herrn Wolf. Die y-Koordinate liest man dann ab: **12 km.**

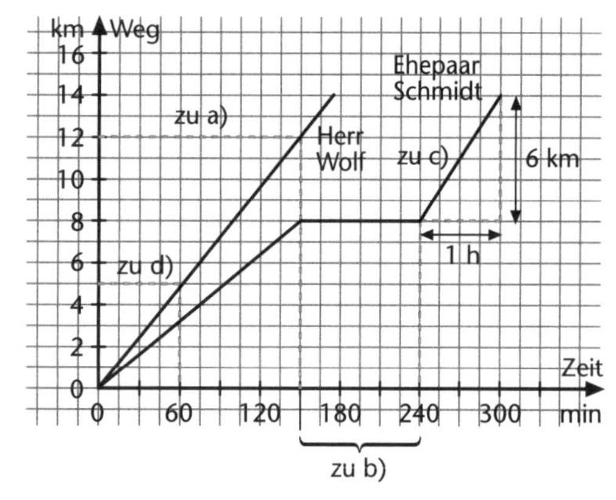

Zu b)

Der waagerechte Abschnitt des Graphen zur Wanderung, in dem der zurückgelegte Weg unverändert bleibt, kennzeichnet die Länge der Pause. Sie dauert **90 min = $1\frac{1}{2}$ h.**

Zu c)

Je höher die Wandergeschwindigkeit, desto steiler steigt der Graph an. Ehepaar Schmidt wandert also nach der Pause mit der höchsten Durchschnittsgeschwindigkeit. Laut Steigungsdreieck beträgt sie **6 $\frac{km}{h}$.**

Zu d)

Der zu Herrn Wolf gehörende Graph geht durch den Ursprung und besitzt die Steigung $\frac{5}{60} = \frac{1}{12}$. Die Funktionsgleichung ist $y = \frac{1}{12}x$.

1 Die Klasse 10a veranstaltet um 20.00 Uhr eine Party im Jugendheim. Ina und Paul machen sich mit dem Fahrrad auf den Weg.

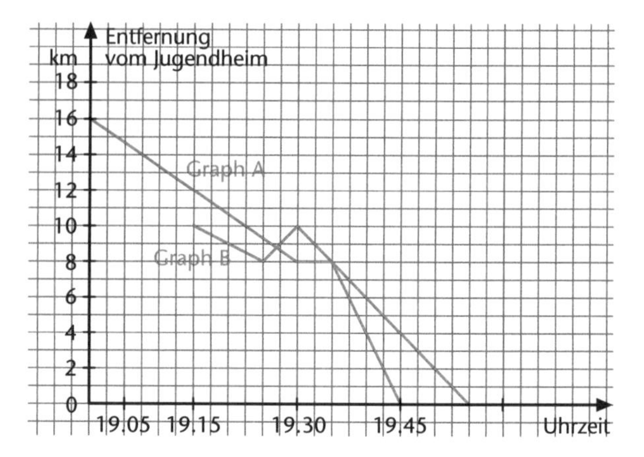

a) Ina startet 19.00 Uhr. Graph A beschreibt ihre Fahrt. Beurteile anhand dieser Darstellung, ob die Aussagen zutreffen können.

Aussage	Ja	Nein
Nach einer Viertelstunde hat Ina bereits 5 km zurückgelegt.	☐ Ja	☐ Nein
Nach 30 Minuten legt Ina eine Rast ein.	☐ Ja	☐ Nein
Anfangs fährt Ina durchschnittlich 8 $\frac{km}{h}$.	☐ Ja	☐ Nein

b) Paul beginnt seine Fahrt 15 Minuten nach Ina. Wie könnte seine Fahrt, die von Graph B dargestellt ist, verlaufen sein? Beschreibe.

c) Mit welcher konstanten Geschwindigkeit hätte Paul die gesamte Strecke fahren müssen, um zeitgleich mit Ina anzukommen?

2 Eine 8 km lange Wanderung führt die Klasse 10b auf das Nebelhorn.

Die ersten Kilometer geht es nur leicht bergauf, und die Gruppe kommt gut voran. Dann fordert ein Klettersteig (K) die Kondition aller heraus. Gut, dass am Ende des Steigs eine Hütte (H) zur Rast einlädt. Von hier aus führt ein fast ebener Weg zum Gipfelkreuz (G).

a) Skizziere in einem Koordinatensystem einen zu der Beschreibung passenden Graphen für die Zuordnung *Zeit t → Weg s.*

b) Trage K, H und G am Graph ein.

4 Fahrradurlaub

Die Grafik (siehe S. 43) zeigt, wie sich der Verbrauch eines Autos ändert, wenn man einen Dach- bzw. Heckträger (mit Fahrrädern) montiert.

a) Lennard behauptet, dass bei 80 $\frac{km}{h}$ der Verbrauch eines Autos mit zwei Fahrrädern auf dem Dachträger ungefähr doppelt so hoch ist wie bei einem Auto ohne Anbau. Nimm Stellung zu dieser Aussage.
b) Um wie viel Prozent steigt bei 120 $\frac{km}{h}$ der Verbrauch, wenn man nicht mit einem leeren Dachträger, sondern mit einem Dachträger mit zwei Fahrrädern fährt?
c) Herr und Frau Tropper überlegen, ob sie ihre beiden Fahrräder zu ihrem Ferienhaus nach Schweden mitnehmen sollen. Herr Tropper fährt im Schnitt 100 $\frac{km}{h}$. Erstelle einen Graphen, der den Gesamtverbrauch für beide Varianten (mit und ohne Fahrräder) in Abhängigkeit von der zurückgelegten Strecke beschreibt.

Zu a)
Lennards **Aussage ist falsch.**
Man muss aber beachten, dass die y-Achse nicht bei 0 beginnt. Entsprechend muss man die Werte von 4 Liter bzw. 5 Liter pro 100 km vergleichen.

Zu b)
Bei 120 $\frac{km}{h}$ lesen wir ab:
Der Verbrauch mit leerem Dachgepäckträger liegt bei ca. 5,6 Liter pro 100 km, mit zwei Fahrrädern auf dem Dach bei ca. 7,1 Liter pro 100 km.
Mit dem Dreisatz kann man nun den prozentualen Anstieg bestimmen:
5,6 Liter ≙ 100 %
1,0 Liter ≙ 17,86 % (≈ 100 % : 5,6)
7,1 Liter ≙ 126,8 % (≈ 17,86 % · 7,1)

Also steigt der Verbauch um **ungefähr 27 %.**

Zu c)

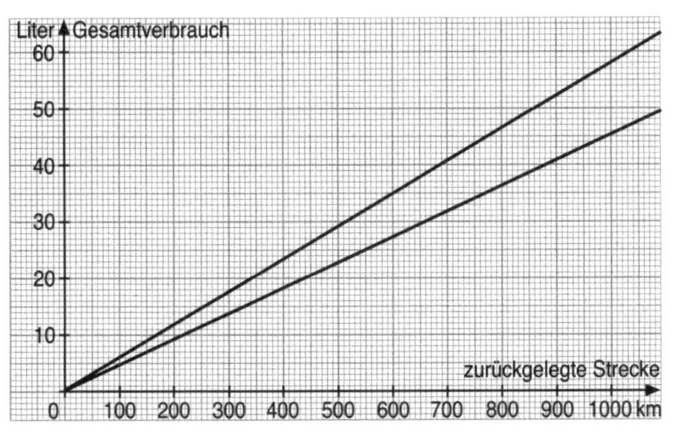

1 Die Grafik zeigt die Entwicklung der Aktie der Firma UV in den Monaten Januar bis Juni.

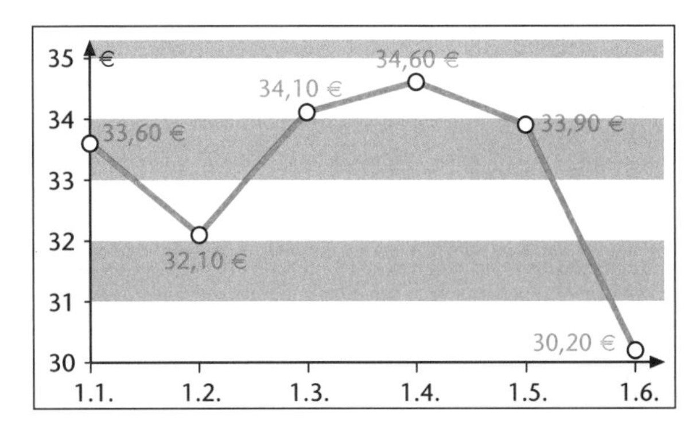

a) Um wie viel Prozent hat die Aktie der Firma UV vom 1. 5. bis 1. 6. verloren?

b) Im letzen Jahr hatte die Aktie der Firma durchschnittlich einen Wert von 33,65 €. Hat sie diesen Durchschnittswert auch in den dargestellten 6 Monaten erreicht?

c) Die Grafik vermittelt den Eindruck, als sei die Aktie der Firma UV vom 1. 5. bis 1. 6. so abgestürzt, dass sie fast nichts mehr wert ist. Wodurch entsteht dieser Eindruck?

d) Zeichne ein Säulendiagramm, das die Entwicklung des Aktienkurses vom 1. 1. bis 1. 6. realistisch darstellt.

2 Die Klasse 10a führte eine Befragung zur Computernutzung in zwei 7. Klassen durch.

	7a	davon befragt	7b	davon befragt
Mädchen	14	11	16	14
Jungen	16	13	16	12

a) Wie viel % der Schülerinnen und Schüler aus der Klasse 7a haben an der Umfrage teilgenommen?

b) Stelle für die Klasse 7b in einem Kreisdiagramm die Anteile der Jungen und Mädchen in der Klasse und die jeweiligen Anteile der Mädchen und Jungen, die befragt wurden, dar.

c) Von den Befragten nutzten den Computer 45 % für Emails, 84 % zum Chatten, 72 % zum Spielen und 38 % für Internetrecherchen. Ist es sinnvoller, die Umfrageergebnisse in einem Kreisdiagramm oder in einem Säulendiagramm darzustellen? Begründe deine Antwort.

5 Herzogstandbahn

Der Kartenausschnitt zeigt ein Wandergebiet in der Nähe von München. Anhand der Höhenlinien kann man erkennen, wie steil das Gelände ist. Eine Höhenlinie verbindet jeweils Punkte der Erdoberfläche, die auf gleicher Höhe über dem Meeresspiegel (ü. NN) liegen. Wer sich den anstrengenden Aufstieg auf den Fahrenberg sparen will, benutzt den Sessellift. Die Herzogstandbahn bringt in nur 4 Minuten ihre Gäste von der Talstation am Walchensee auf den Fahrenberg.
Wie lang ist die Strecke, die eine Kabine bei ihrer Fahrt auf den Berg zurücklegt?

Die Länge der gesuchten Strecke ermittelt man mithilfe des Satzes des Pythagoras.

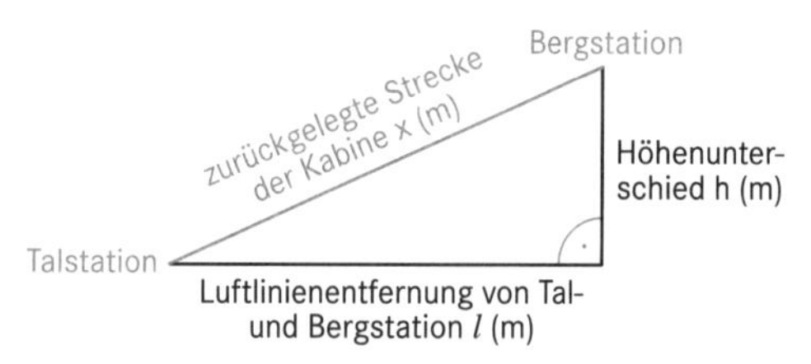

Zunächst bestimmen wir den Höhenunterschied zwischen Tal- und Bergstation.
An den Höhenlinien lesen wir ab:
Talstation 830 m ü. NN
Bergstation 1580 m ü. NN
Der Höhenunterschied h beträgt also 750 m.

Die Luftlinienentfernung (Entfernung über Grund) l zwischen Tal- und Bergstation bestimmt man mithilfe der
(1) Entfernungen der beiden Orte in der abgebildeten Karte und
(2) dem angegebenen Kartenmaßstab.

Zu (1) Der Abstand zwischen Tal- und Bergstation in der Karte beträgt 5 cm.
Zu (2) Der Maßstab 1 : 20 000 bedeutet:
1 cm auf einer Karte entsprechen 20 000 cm in der Wirklichkeit. Man muss die gemessene Strecke also mit 20 000 multiplizieren:
5 cm · 20 000 = 100 000 cm.
Die Entfernung l zwischen den beiden Orten beträgt in der Realität also etwa 1000 m.
Jetzt lässt sich die gesuchte Strecke x mit dem Satz des Pythagoras ermitteln:

$$x^2 = h^2 + l^2$$
$$= (750\text{ m})^2 + (1000\text{ m})^2 = 1\,562\,500\text{ m}^2$$
$$x \approx 1250\text{ m}$$

Die Kabine legt also eine Strecke von ungefähr **1250 m** zurück.

1 Alpine Bergkletterer bereiten sich mit besonderen Karten auf eine Klettertour vor. Sie geben neben dem Start- und Zielpunkt auch die Schwierigkeitsgrade der einzelnen Etappen an. Die Abbildung zeigt die Beschreibung einer Steilwandtour an der Westwand des Sas Pordoi in den Dolomiten.

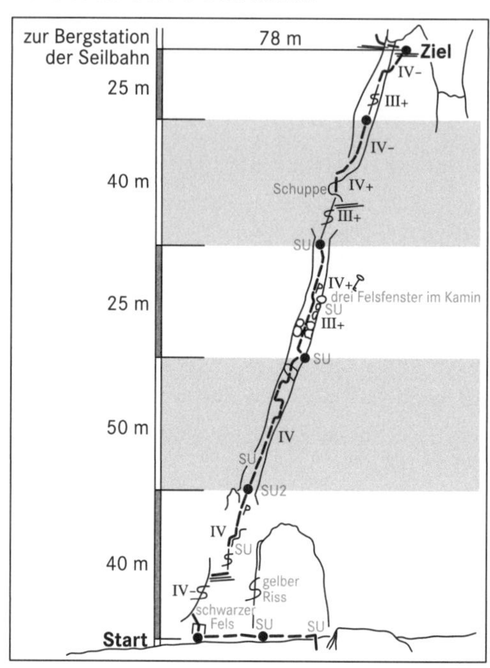

a) Wie viel Meter Höhenunterschied umfasst diese Klettertour?
b) Bestimme rechnerisch, welche Entfernung in m ein Kletterer vom Start- bis zum Zielpunkt ungefähr zurücklegt. Wie realistisch ist der berechnete Wert? Argumentiere.

2 Bei Skisprungwettbewerben werden häufig Seilkameras eingesetzt. Sie liefern Aufnahmen der Skispringer aus der Vogelperspektive und übertragen diese an verschiedene Fernsehsender. In der Skizze ist eine Seilkamera an einem Trageseil befestigt, das zwischen zwei 12 m hohen Stahlpfosten über die Sportstätte gespannt ist.
Wie lang ist das Trageseil?

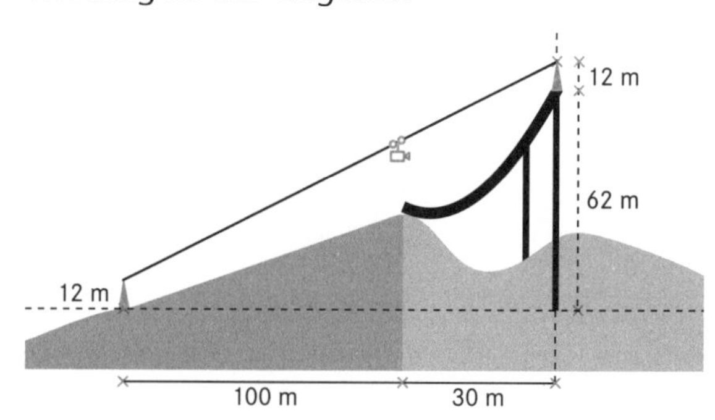

6 Konservendosen

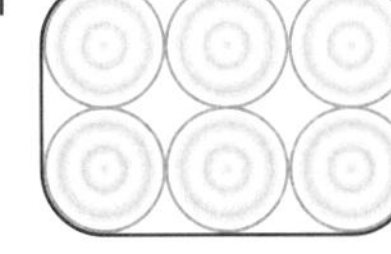

Sechs Konservendosen werden von einem Plastikband umfasst. Jede Dose hat einen Radius von 4 cm.
a) Berechne die Länge des Plastikbandes.
b) Reicht für Dosen mit doppeltem Radius ein doppelt so langes Plastikband? Begründe deine Antwort.

Zu a)
Zur Berechnung der Länge des Bandes unterteilt man es in gerade und gekrümmte Stücke.

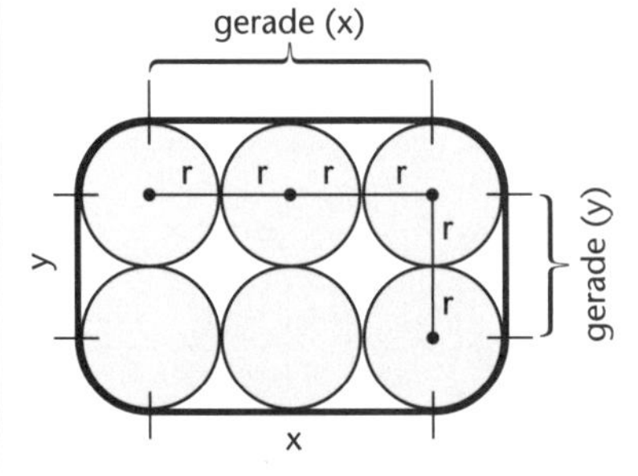

$x = 4 \cdot \text{Radius}$ $y = 2 \cdot \text{Radius}$
$x = 4 \cdot 4\text{ cm}$ $y = 2 \cdot 4\text{ cm}$
$x = 16\text{ cm}$ $y = 8\text{ cm}$

Die vier gekrümmten Stücke entsprechen jeweils dem Viertelkreis, bilden zusammen also einen ganzen Kreis, dessen Umfang zu berechnen ist.

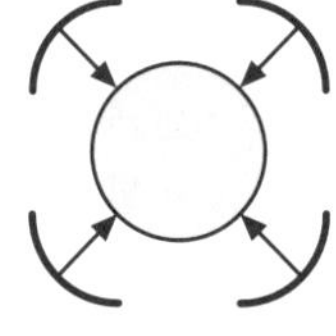

$u = 2\pi r$
$u = 2 \cdot \pi \cdot 4\text{ cm}$
$u \approx 25{,}1\text{ cm}$

Die Gesamtlänge des Bandes berechnet sich so:

$l = 2x + 2y + u$
$l \approx 2 \cdot 16\text{ cm} + 2 \cdot 8\text{ cm} + 25{,}1\text{ cm}$
$\mathbf{l \approx 73{,}1\text{ cm}}$

Zu b)
Dieses Problem ist bereits auf Seite 53 angesprochen worden.
Es verdoppeln sich x, y und u.

1 Vier Konservendosen werden von einem Plastikband umfasst. Jede Dose hat einen Radius von 5 cm.
Berechne die Länge des Plastikbandes.

2 Sechs Konservendosen werden wie in der Abbildung gezeigt von einem Plastikband umfasst. Jede Dose hat einen Radius von 6 cm. Berechne die Länge des Plastikbandes.

Hinweis: Das Lupenbild hilft dir bei der Lösung der Aufgabe. Überlege dazu, wie groß der Winkel α und demzufolge der Winkel β ist.

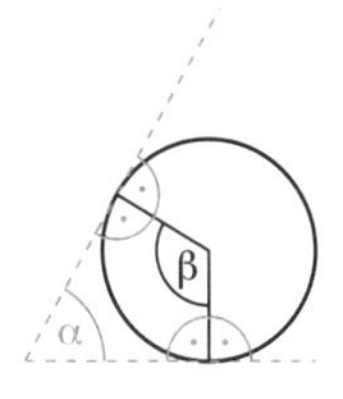

3 Der Kreis hat einen Radius von r = 8 cm.

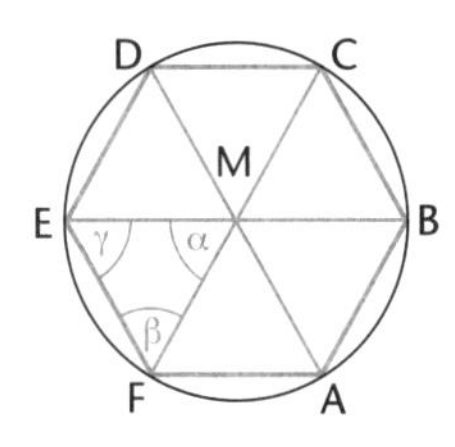

a) Berechne im Dreieck FME die Größe der Winkel.

b) Berechne den Umfang des regelmäßigen Sechsecks ABCDEF.

c) Um wie viel Prozent ist der Umfang des Kreises größer als der Umfang des regelmäßigen Sechsecks?

d) Welche Höhe hat das Trapez BCDE? Ermittle diese Höhe mit einer Zeichnung und berechne anschließend den Flächeninhalt des Trapezes.

e) Wie vergrößert sich der Flächeninhalt des Sechsecks, wenn der Radius des Umkreises verdoppelt wird? Wie vergrößert sich gleichzeitig der Umfang des regelmäßigen Sechsecks?

4 Aus einer quadratischen Sperrholzplatte mit einer Fläche von $0{,}25\text{ m}^2$ wird der größtmögliche Kreis ausgeschnitten.

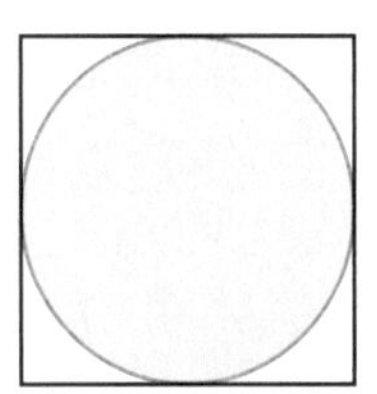

a) Berechne Flächeninhalt und Umfang des Kreises.

b) Wie viel Prozent der ursprünglichen Platte beträgt der entstehende Abfall?

7 Gläser

Ein Likörglas und ein Rotweinglas werden mit Wasser gefüllt.

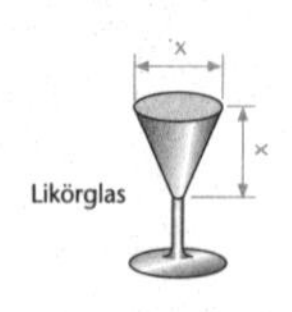

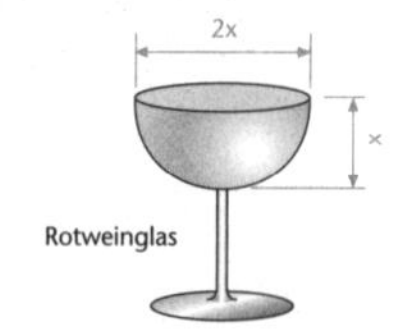

a) Wie viele vollständig gefüllte Likörgläser werden benötigt, um das Rotweinglas bis zum Rand zu füllen?

b) Welcher der abgebildeten Graphen zeigt am besten, wie sich die *Höhe h* des Flüssigkeitsspiegels beim gleichmäßigen Befüllen des **Rotweinglases** in Abhängigkeit von der *Zeit t* ändert? Kreuze an.

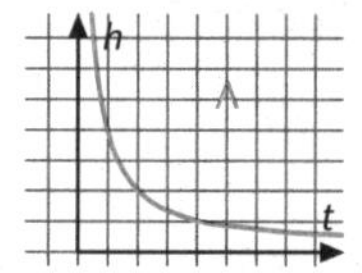

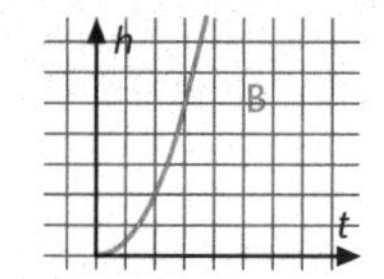

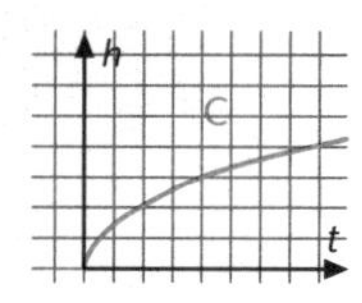

Zu a)

Zunächst muss das Volumen jedes Glases mit einem Term beschrieben werden.

– Der Kelch des Likörglases hat die Form eines auf die Spitze gestellten Kegels mit $r = \frac{1}{2}x$ und $h = x$. Also:

$$V_{\text{Likörglas}} = \frac{1}{3} \cdot \pi \cdot (\frac{1}{2}x)^2 \cdot x = \frac{1}{3} \cdot \pi \cdot \frac{1}{4}x^2 \cdot x = \frac{1}{12}\pi \cdot x^3$$

– Der Kelch des Rotweinglases hat die Form einer Halbkugel mit $r = x$. Also:

$$V_{\text{Rotweinglas}} = \frac{1}{2} \cdot \frac{4}{3} \cdot \pi \cdot x^3 = \frac{2}{3} \cdot \pi \cdot x^3$$

Aus $(\frac{1}{12}\pi \cdot x^3) \cdot \mathbf{8} = \frac{2}{3} \cdot \pi \cdot x^3$ folgt: **8** randvolle Likörgläser füllen das Rotweinglas.

Zu b)

Je höher ein Punkt des Graphen liegt, desto voller ist das Gefäß.

A: Zu Beginn nimmt die Füllhöhe für eine kurze Zeit rapide, später immer allmählicher ab.

B: Die Füllhöhe steigt zu Beginn ein wenig, später immer stärker an.

C: Der Flüssigkeitsspiegel steigt für kurze Zeit rasch, später immer weniger stark an.

Da das Rotweinglas nach oben zunehmend breiter wird und in gleicher Zeit stets die gleiche Flüssigkeitsmenge in das Glas fließt, steigt die Füllhöhe immer langsamer an.
Deshalb: **Richtig ist C.**

1 Ein quaderförmiger Behälter besitzt die in der Zeichnung angegebenen Innenmaße. Er wird langsam mit einer Flüssigkeit gefüllt. Pro Minute fließen 150 cm³ in den Behälter.

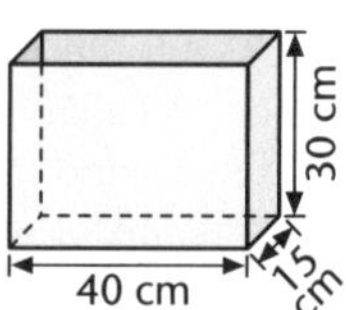

a) Welches Volumen hat der Behälter?

b) Nach wie vielen Minuten ist der Behälter voll?

c) Skizziere den Graphen der Funktion f: *Zeit x (in min) → Füllhöhe y (in cm).*

d) Wie lautet die zu f gehörende Funktionsgleichung?

2 Auch der folgende Behälter wird langsam mit einer Flüssigkeit gefüllt.

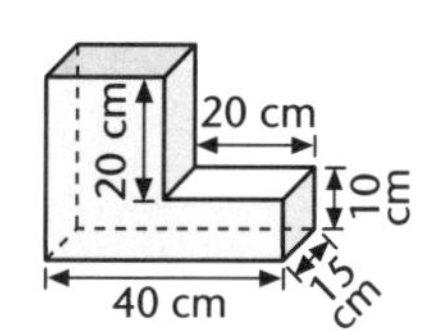

Es sollen wieder in jeder Minute 150 cm³ in den Behälter fließen.

a) Nach wie vielen Minuten ist jetzt der Behälter bis zum Rand gefüllt?

b) Skizziere den Graphen dieses Füllvorgangs im Koordinatensystem.

3 Verschiedene Gefäße werden gleichmäßig mit Wasser gefüllt.

a) Ordne jedem Gefäß den Graphen zu, der dessen Füllvorgang am besten darstellt.

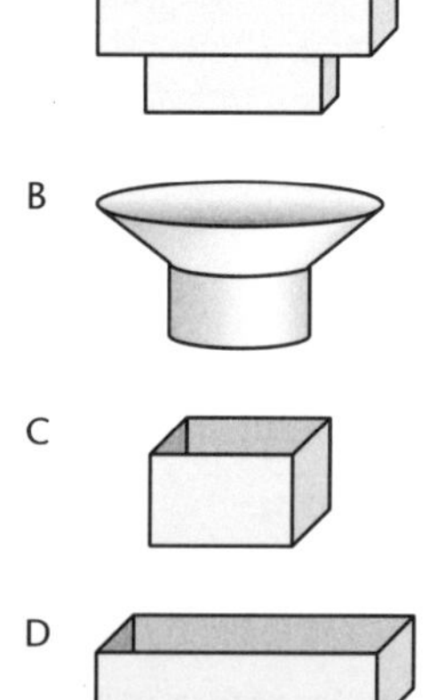

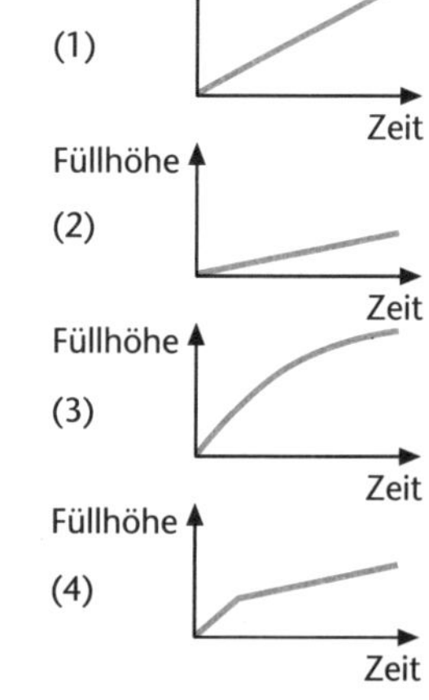

b) Skizziere ein Gefäß, dessen Füllvorgang zu diesem Graphen passt.

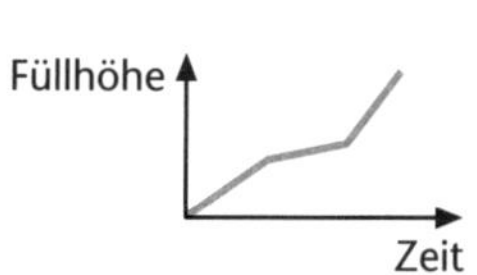

8 Agenturmeldung

„Vor allem in Thüringen und Sachsen hängt oder liegt die weiße Bluse bei fast jeder neunten Frau (87,4 Prozent) im Schrank, ergab jetzt eine Umfrage." (http://www.spiegel.de)

Die nebenstehende Meldung ist fehlerhaft. Begründe.

Die Meldung ist fehlerhaft, denn „jede neunte Frau" bedeutet:

Bei einer von 9 Frauen hängt eine weiße Bluse im Schrank.
Unter 100 Frauen sind dann etwa 11 Frauen zu finden, bei denen eine weiße Bluse im Schrank hängt, also 11 von 100 oder 11 %.

Oder kürzer:
1 von 9 = $\frac{1}{9} \approx 0{,}11 = \frac{11}{100} = 11\,\%$

Laut Agenturmeldung ist die weiße Bluse als Kleidungsstück sehr beliebt, nämlich bei 87,4 % der Frauen, d. h. unter 100 Frauen gibt es etwa 87, unter 10 Frauen sind etwa 9 zu finden, bei denen eine weiße Bluse im Schrank hängt.

Richtig müsste die Meldung also lauten:
„Vor allem in Thüringen und Sachsen hängt oder liegt die weiße Bluse bei **etwa 9 von 10 Frauen (87,4 Prozent)** im Schrank, ergab jetzt eine Umfrage."

Weitere Möglichkeit:

Da 87,4 % ≈ 88 % ≈ $\frac{8}{9}$ gilt, hätte man auch schreiben können:

„Vor allem in Thüringen und Sachsen hängt oder liegt die weiße Bluse **bei etwa 8 von 9 Frauen (87,4 Prozent)** im Schrank, ergab jetzt eine Umfrage."

1 Aus dem Mitteilungsblatt des FC Dribbel:

In der vorletzten Saison gewann unsere 1. C-Jugend-Mannschaft jedes dritte Spiel. Die letzte Saison verlief deutlich besser. Nach jedem 6. Spiel verließ unsere Mannschaft als Sieger den Platz. Der Vereinsvorsitzende äußerte daher stolz: „Dies ist eine Steigerung um 50 %."

Was sagst du dazu?

2

„Fuhr vor einigen Jahren noch jeder zehnte Autofahrer zu schnell, so ist es heute ‚nur noch' jeder fünfte. Doch auch fünf Prozent sind zu viele, und so wird weiterhin kontrolliert, und die Schnellfahrer haben zu zahlen."
Quelle: Norderneyer Badezeitung

Die Meldung ist fehlerhaft. Begründe.

3 Zur Weltmeisterschaft 2010 in Deutschland veröffentlichte eine Zeitschrift folgende Grafik. Sie stellt die Ergebnisse einer Studie aus 626 Elfmetern vor. Die Kreise geben den Bereich an, auf den der Elfmeterschütze zielte. Der Prozentsatz in jedem Kreis gibt die Trefferquote an, die Zahl unten die Anzahl der Elfmeterschüsse.

Treffer bei einem Elfmeter

100% Treffer 16	100% 10	100% 10	100% 5	100% 17
91,38% 58	50% 28	84% 25	77,78% 18	84,79% 46
80,99% 163	42,11% 38	62,5% 16	61,23% 49	87,41% 127

Torversuche

a) Wohin sollte man schießen – besser in die Ecke unten links oder unten rechts? Nutze die angegebenen Daten, um deine Antwort zu begründen.
b) Thorsten meint: „Auf jeden Fall besser links als rechts vom Torwart!" Stimmt das?
c) In der Grafik gehört zur Trefferquote 100 % eine doppelt so große Kreisfläche wie zur Trefferquote 50 %. Angenommen, der 100-%-Kreis hat einen Durchmesser von 1 cm. Wie groß ist dann der Durchmesser des 50-%-Kreises?

9 Kugelstoßen

Hier siehst du den ersten Teil der Flugbahn einer gestoßenen Kugel (Maße in m).

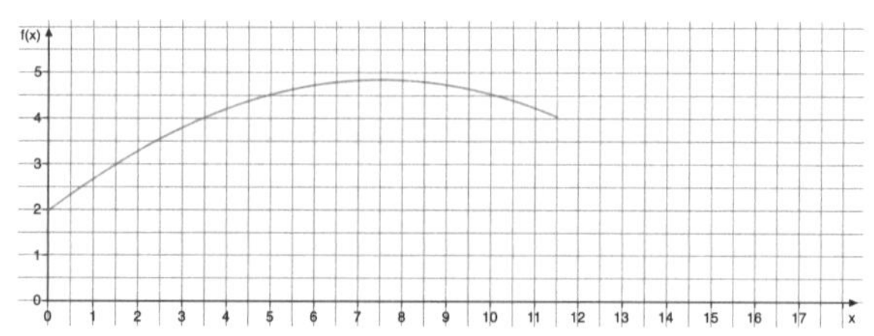

a) Lies am Graphen ab:
   (1) Welche maximale Höhe erreichte die Kugel?
   (2) In welcher Höhe wurde die Kugel abgestoßen?
b) Die Flugbahn kann näherungsweise mit der Funktionsgleichung $f(x) = -0{,}05\,x^2 + 0{,}75\,x + 2$ beschrieben werden. Berechne die Kugelstoßweite und vervollständige die Flugbahn.

Zu a)

(1) Die Kugel erreichte eine **maximale Höhe von ungefähr 4,80 m,** also knapp 5 m. Diese Flughöhe ist bei einer Entfernung vom Kugelstoßer von etwa 7,50 m – über dem Boden gemessen – erreicht.

(2) Die Kugel verlässt die Hand des Kugelstoßers in einer **Höhe von 2 m** (Punkt auf der x-Achse).

Zu b)

Wenn die Kugel auf den Boden aufprallt, ist die Flughöhe $f(x) = 0$. Zu lösen ist also die quadratische Gleichung

$$-0{,}05x^2 + 0{,}75x + 2 = 0 \qquad |:(-0{,}05)$$
$$x^2 - 15x - 40 = 0$$
$$p = -15 \quad q = -40 \rightarrow x_{1/2} = 7{,}5 \pm \sqrt{7{,}5^2 + 40}$$
$$x_{1/2} = 7{,}5 \pm \sqrt{96{,}25}$$
$$x_1 \approx 17{,}31 \qquad (x_2 \approx -2{,}31)$$

Die Kugelstoßweite beträgt **17,31 m.**

Das ist die **vollständige Flugbahn:**

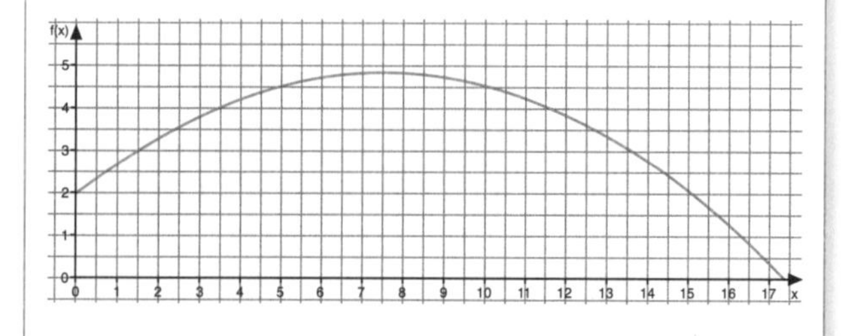

1 Ein Brückenbogen hat die Form einer Parabel mit der Gleichung $f(x) = -0{,}04x^2 + 38$

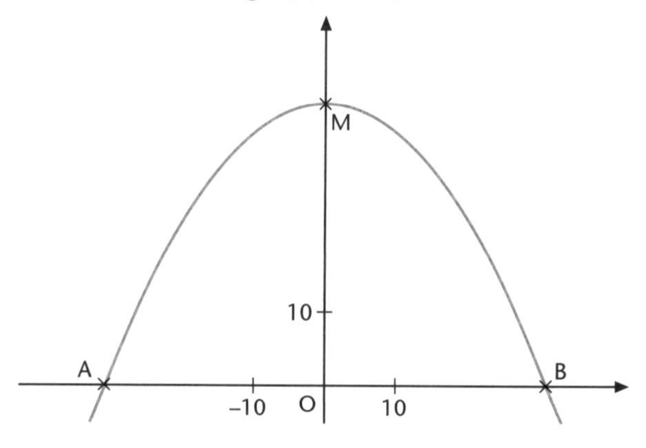

a) Wie lang ist die Strecke $\overline{OM}$?

b) Wie lang ist die Strecke $\overline{AB}$?

2 Das ist die Flugbahn von Karstens Hacken bei seinem besten Weitsprung.

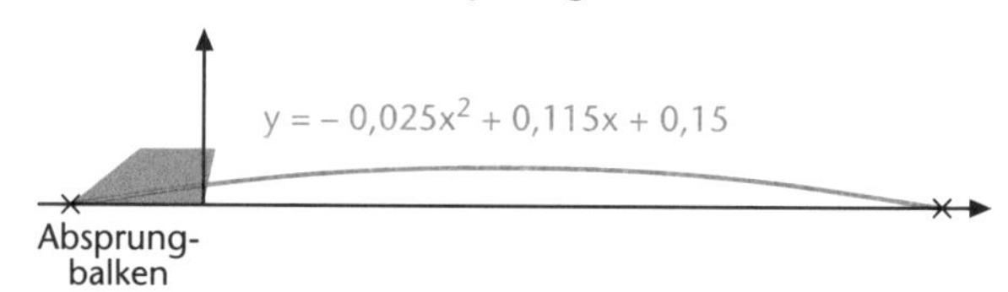

Wie weit ist Karsten gesprungen?
Gewertet wird nur die Entfernung vom Balken.

3 Elke versucht einen Korbwurf und verfehlt nicht seitwärts. Trifft sie? Begründe.

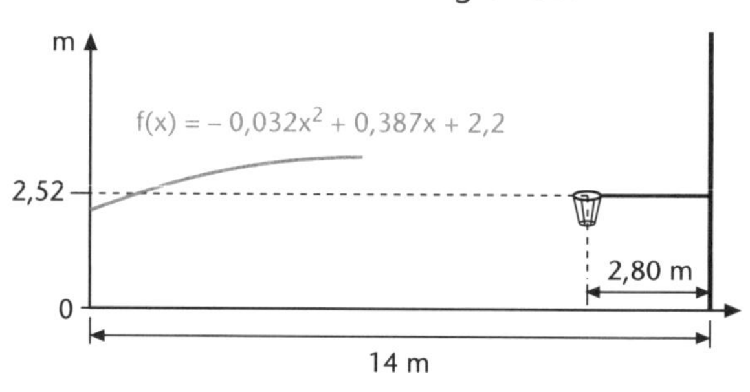

4 Das ist die Flugbahn eines Golfballes. Sie ist eine Parabel der Form $y = ax^2 + bx + c$.

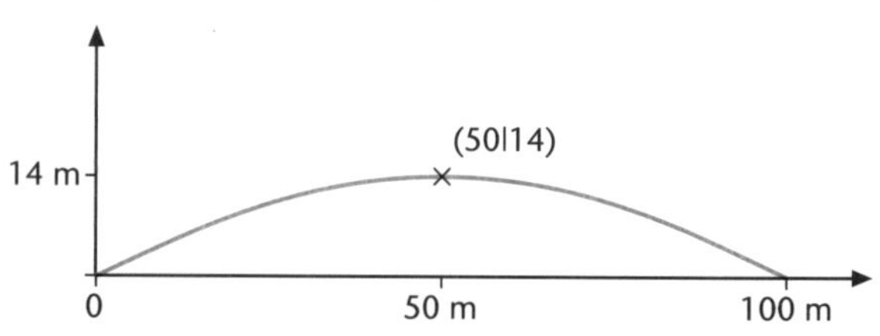

a) Wie groß ist c?

b) Berechne a und b mithilfe der Punkte (50 | 14) und (100 | 0).

c) Schreibe die Funktionsgleichung auf.

10 Haus mit Satteldach

Der Zeichnung kannst du die Außenmaße eines Einfamilienhauses entnehmen.

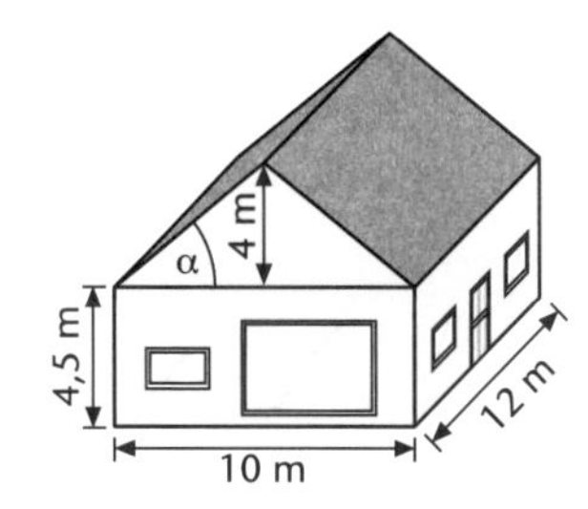

a) Berechne das Volumen des Hauses (umbauter Raum).
b) Wie groß ist die gesamte Dachfläche?
c) Berechne den Neigungswinkel α des Dachs.

Zu a)
Der untere Teil des Hauses ist ein Quader, der obere Teil ein Prisma.

$V_1 = a \cdot b \cdot c$ $\quad V_2 = G \cdot h$

$V_1 = 10\text{ m} \cdot 4{,}5\text{ m} \cdot 12\text{ m}$ $\quad V_2 = \frac{10\text{ m} \cdot 4\text{ m}}{2} \cdot 12\text{ m}$

$V_1 = 540\text{ m}^3$ $\quad V_2 = 240\text{ m}^3$

$V = V_1 + V_2$

$V = 540\text{ m}^3 + 240\text{ m}^3 = 780\text{ m}^3$

Das Volumen des Hauses beträgt insgesamt **780 m³**.

Zu b)
Die Länge der Dachkante x wird mit dem Satz des Pythagoras berechnet.

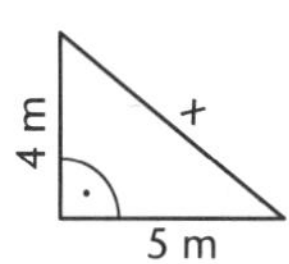

$x^2 = 4^2 + 5^2$

$x^2 = 41$

$x = \sqrt{41} = 6{,}4031...$

$x \approx 6{,}40\text{ m}$

$A = (6{,}40\text{ m} \cdot 12\text{ m}) \cdot 2 = 153{,}6\text{ m}^2$

Die gesamte Dachfläche ist **153,6 m²** groß.

Zu c)

$\tan\alpha = \frac{4}{5}$

$\tan\alpha = 0{,}8$

$\alpha = 38{,}659...°$

Der Neigungswinkel des Daches beträgt rund **39°**.

1 Abgebildet ist ein gleichschenkliges Dreieck.

a) Berechne den Flächeninhalt des Dreiecks.

b) Berechne die Innenwinkel des Dreiecks.

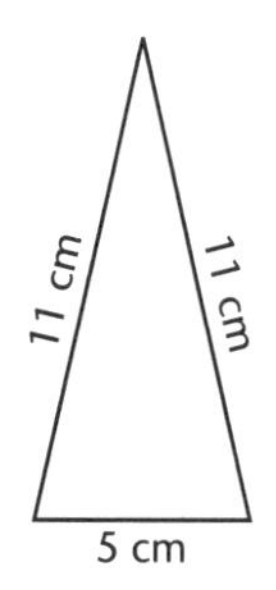

2 Das Werkstück aus Eisen ist ein Prisma mit einem gleichschenkligen Trapez als Grundfläche.

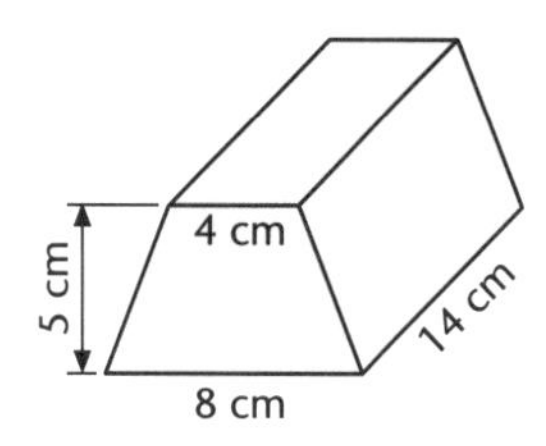

a) Berechne das Volumen des Werkstücks.

b) Berechne die Oberfläche des Werkstücks.

c) Berechne die Innenwinkel der Trapezfläche.

3 Abgebildet sind die Maße von Tor, Torraum und Strafraum eines Fußballfeldes. Das Tor ist 2,44 m hoch.

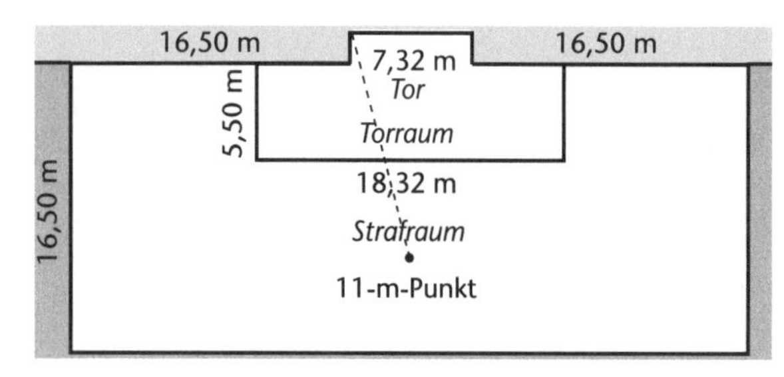

a) Wie groß ist der Strafraum eines Fußballfeldes außerhalb des Torraumes?

b) Vom Elfmeterpunkt wird ein Ball in gerader Linie gegen die obere linke Ecke geschossen, wo Pfosten und Latte zusammentreffen. Welchen Weg legt der Ball zurück?

c) Mit welchem Winkel hebt der Ball, dessen Weg in Teilaufgabe b) beschrieben ist, vom Boden ab?

4 Berechne Flächeninhalt und Umfang des Parallelogramms.

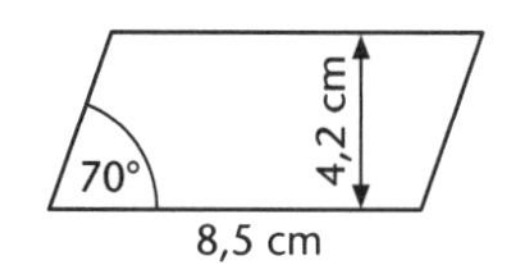

11 Mit dem Fahrrad zur Schule

An einer Schule sind 55 % der Schülerinnen und Schüler Mädchen. 35 % der Mädchen kommen mit dem Fahrrad zur Schule. Insgesamt fahren 40 % mit dem Fahrrad zur Schule.

a) Vervollständige das Baumdiagramm.

b) Berechne, wie viel Prozent der Jungen mit dem Fahrrad zur Schule kommen.

Zunächst wandelt man die Prozentangaben in Dezimalbrüche um:

55 % = 0,55
35 % = 0,35
40 % = 0,4

Der gesuchte Anteil der Jungen, die mit dem Fahrrad zur Schule kommen, wird mit x bezeichnet.
Folglich ist der Anteil der Jungen, die nicht mit dem Fahrrad zur Schule kommen, (1 – x).

Vervollständigtes Baumdiagramm

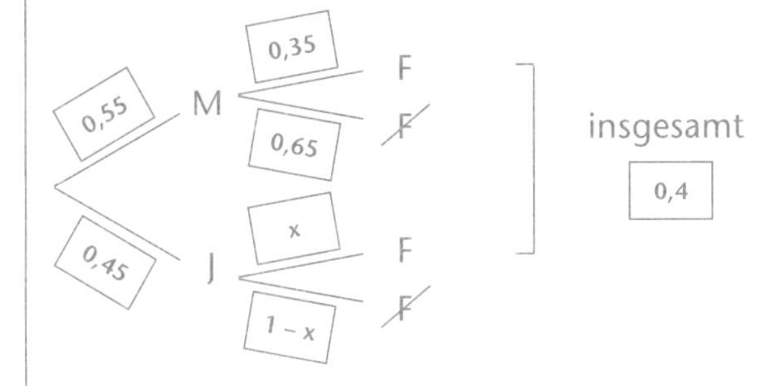

Die Anteile längs eines Pfades multiplizieren sich.

Mädchen mit Fahrrad:
0,55 M 0,35 F (0,1925)
Jungen mit Fahrrad:
0,45 J x F (0,45x)
insgesamt 0,4

Daraus ergibt sich die folgende Gleichung:

$$0{,}1925 + 0{,}45x = 0{,}4 \quad | -0{,}1925$$
$$0{,}45x = 0{,}2075 \quad | :0{,}45$$

Sie hat die Lösung **x = 0,46111...**

46 % der Jungen kommen mit dem Fahrrad zur Schule.

1 In der Borsig-Realschule sind $\frac{1}{3}$ aller Schülerinnen und Schüler ausländischer Herkunft; unter ihnen sind $\frac{2}{5}$ Mädchen. Welcher Bruchteil der gesamten Schülerschaft sind Jungen ausländischer Herkunft?

2 Die Jugendabteilung des Sportklubs bietet viele Sportarten an. Am beliebtesten ist Fußball, diesen Sport betreiben $\frac{3}{4}$ aller Jugendlichen, $\frac{3}{10}$ von ihnen sind Mädchen.

Insgesamt beträgt der Anteil der Mädchen in der Jugendabteilung $\frac{2}{5}$.
Mit welchem Anteil sind die Mädchen in den anderen Sportarten (außer Fußball) insgesamt vertreten?

3 Cornelia und Rebecca unternahmen über Pfingsten eine dreitägige Radtour. Insgesamt ging es auf 27 % der gesamten Strecke bergauf.

Am ersten Tag schafften Cornelia und Rebecca 30 % der Fahrradtour, 20 % der Strecke ging es bergauf.

Besonders anstrengend war der zweite Tag: 40 % der Fahrradtour wurden geschafft, obwohl es 33 % davon bergauf ging.

Am dritten Tag schafften Cornelia und Rebecca die restliche Strecke.
Wie viel Prozent der letzten Etappe ging es bergauf?

4 40 % der Urlaubstage waren verregnet. An 80 % der Regentage kam stürmischer Wind dazu. Insgesamt stürmte es an der Hälfte aller Urlaubstage. Wie viel Prozent der Urlaubstage waren stürmisch, aber trocken?

12 Kraftstoffkosten im Vergleich

a) Berechne die unterschiedlichen Kraftstoffkosten für eine Fahrleistung von 10 000 km/Jahr. Veranschauliche die Kosten in einem Diagramm.

b) Für einen Liter Super (1,50 €) muss der Verbraucher eine Mineralölsteuer von 65,96 ct zahlen. Wie hoch ist der prozentuale Anteil dieser Steuer am Preis von Super?

c) Im Preis von einem Liter Diesel (1,40 €) sind 47,39 ct Mineralölsteuer enthalten. Frau Schmidt (Benzinfahrzeug) und Herr Groß (Dieselfahrzeug) fahren beide pro Jahr 15 000 km. Wie viel Euro zahlt Frau Schmidt jährlich mehr Mineralölsteuer?

Zu a)

Erdgas: $\frac{10\,000 \text{ km}}{241 \text{ km}} = \frac{E}{10\,€} \rightarrow$ **E = 414,94 €**

Autogas: $\frac{10\,000 \text{ km}}{182 \text{ km}} = \frac{A}{10\,€} \rightarrow$ **A = 549,45 €**

Diesel: $\frac{10\,000 \text{ km}}{173 \text{ km}} = \frac{D}{10\,€} \rightarrow$ **D = 578,03 €**

Super: $\frac{10\,000 \text{ km}}{111 \text{ km}} = \frac{S}{10\,€} \rightarrow$ **S = 900,90 €**

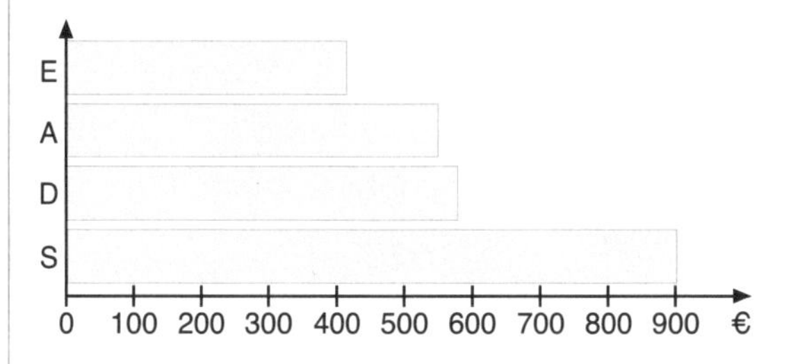

Zu b) $p\,\% = \frac{65{,}96 \text{ ct}}{150 \text{ ct}} \approx 0{,}4397 =$ **43,97 %**

Der Anteil der Steuer am Benzinpreis beträgt **43,97 %**.

Zu c)

① $p\,\% = \frac{47{,}39 \text{ ct}}{140 \text{ ct}} \approx 0{,}3385 = 33{,}85\,\%$ Steueranteil bei Diesel

② Gesamtkosten bei 15 000 km:
Super: 900,90 € · 1,5 = 1351,35 €
Diesel: 578,03 € · 1,5 = 867,05 €
(578,03 €: Kosten bei 10 000 km (siehe a))

③ Steueranteile:
Frau Schmidt: 43,97 % von 1351,35 € ≈ **594,19 €**
Herr Groß: 33,85 % von 867,05 € ≈ **293,50 €**

Frau Schmidt zahlt 300,69 € mehr Steuern.

1 Das Schaubild gibt an, wie viele Personen je 100 000 Einwohner eines Bundeslandes im Jahr 2010 im Straßenverkehr verunglückten.

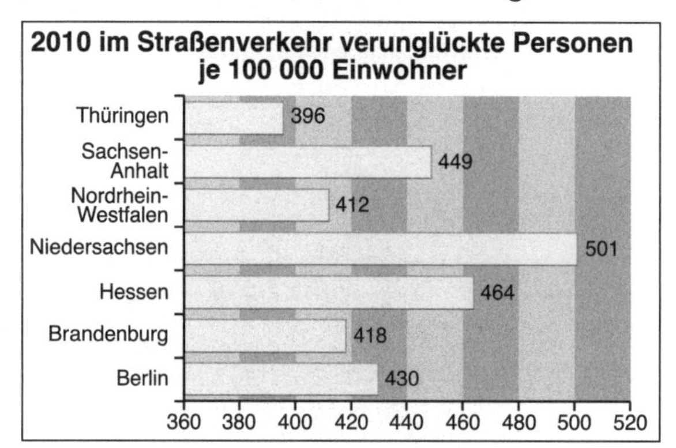

a) Die Einwohnerzahl von Nordrhein-Westfalen beträgt etwa 18 Millionen.
Wie viele unter ihnen verunglückten im Jahr 2010 im Straßenverkehr?

b) Tobias sagt: „In der Großstadt Berlin mit ca. 3,4 Millionen Einwohnern verunglückt natürlich eine größere Anzahl von Personen im Straßenverkehr als in Nordrhein-Westfalen." Stimmt das?

2 Mit der unten stehenden Grafik wird für den öffentlichen Personennahverkehr geworben.

Im Werbetext heißt es:
„Ein Pkw mit einer durchschnittlichen Geschwindigkeit von 100 $\frac{\text{km}}{\text{h}}$ benötigt für die gleiche Strecke fast 1,5 Stunden länger."

Wie viel km beträgt ungefähr die Entfernung zwischen Essen und Berlin?

3 Der Regionalexpress R1 legt jedes Jahr fast 3,4 Mio. km zurück. Für die 215 km lange Strecke benötigt er knapp 3 h. Berechne, wie viel Zeit ein einziger Zug mindestens für diese Jahresleistung benötigen würde.

13 Seitenlängen beim Quadrat

Welche Aussagen sind falsch? Begründe, warum sie falsch sind.
(1) Verdoppelt man die Seitenlänge eines Quadrats, so vervierfacht sich der Umfang.
(2) Verdoppelt man die Seitenlänge eines Quadrats, so vervierfacht sich der Flächeninhalt.
(3) Verdreifacht man die Seitenlänge eines Quadrats, so verdreifacht sich der Umfang.
(4) Verdreifacht man die Seitenlänge eines Quadrats, so verdreifacht sich der Flächeninhalt.

Aussage (1) ist **falsch:**
$u_1 = 4a \quad u_2 = 4 \cdot 2a = 8a$
8a ist nur das Doppelte von 4a.

Aussage (2) ist **richtig:**
$A_1 = a^2 \quad A_2 = (2a)^2 = 2a \cdot 2a = 4a^2$
$4a^2$ ist das Vierfache von a^2.

Aussage (3) ist **richtig:**
$u_1 = 4a \quad u_3 = 4 \cdot 3a = 12a$
12a ist das Dreifache von 4a.

Aussage (4) ist **falsch:**
$A_1 = a^2 \quad A_3 = (3a)^2 = 3a \cdot 3a = 9a^2$
$9a^2$ ist sogar das 9-fache von a^2.

Verdreifacht man dagegen bei einem Würfel die Kantenlänge, hat das folgende Auswirkung auf das Volumen:

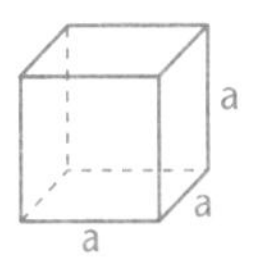

$V = a^3 \qquad V_3 = (3a)^3 \qquad$ $\mathbf{V_3 = 27a^3}$

Verlängert man bei einer Fläche oder einem Körper alle Kanten um den Faktor k, so wächst:
- der Umfang um das k-fache,
- der Flächeninhalt bzw. die Oberfläche um das k^2-fache,
- das Volumen um das k^3-fache.

Beispiel:
Bei einem Kegel mit dem Radius r und der Höhe h werden beide Maße verdoppelt. Wie ändert sich das Volumen?
Der vergrößerte Kegel hat den Radius 2r und die Höhe 2h.

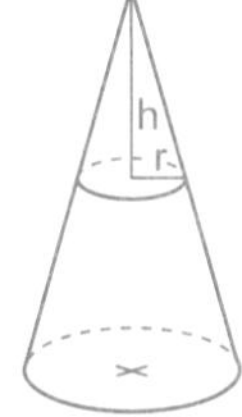

Es gilt: $V = \frac{\pi}{3} r^2 h \qquad V = \frac{\pi}{3} \cdot (2r)^2 \cdot 2h$

$\mathbf{V = \frac{\pi}{3} \cdot 8r^2h}$

Das Volumen ist 8-mal so groß.

1 Wie ändert sich der Umfang eines Rechtecks, wenn man Länge und Breite verdoppelt?
☐ Der Umfang verdoppelt sich.
☐ Der Umfang vervierfacht sich.
☐ Der Umfang verachtfacht sich.

2 Wie ändert sich der Flächeninhalt eines Kreises, wenn man den Radius vervierfacht?
☐ Der Flächeninhalt verdoppelt sich.
☐ Der Flächeninhalt vervierfacht sich.
☐ Der Flächeninhalt verachtfacht sich.
☐ Der Flächeninhalt versechszehnfacht sich.

3 Wie ändert sich das Volumen eines Würfels, wenn man seine Kantenlänge halbiert?

4 Abgebildet sind eine große Kugel und vier kleine Kugeln, die nur halb so hoch sind.

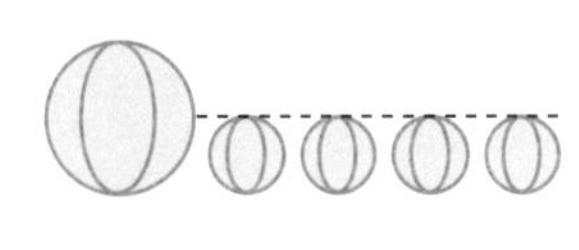

Die fünf Kugeln sind aus demselben Material. Die große Kugel wiegt 7 kg. Wie viel wiegen die vier kleinen Kugeln zusammen?

5 Beim abgebildeten Quader werden die Kantenlängen a, b und c verdoppelt.

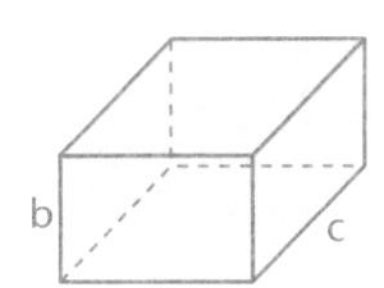

a) Wie ändert sich die Oberfläche des Quaders?

b) Wie ändert sich das Volumen des Quaders?

6 Die abgebildete Holzpyramide ist 24 cm hoch und wiegt 2 kg. 6 cm unterhalb der Spitze wird parallel zur Grundfläche ein Schnitt durch die Pyramide gelegt.

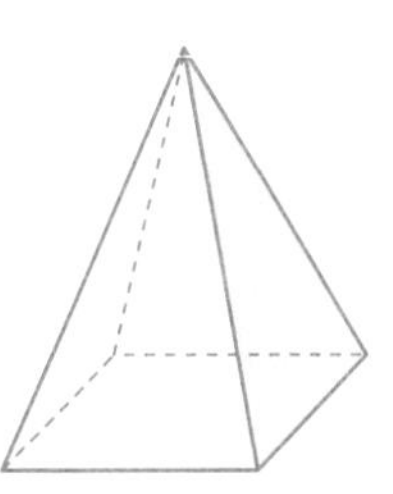

a) Wie schwer ist die abgeschnittene Spitze, die ja ebenfalls eine Pyramide ist?

b) Welchen Bruchteil von der Oberfläche der gesamten Pyramide beträgt die Oberfläche der Spitze?

☐ $\frac{1}{2}$ ☐ $\frac{1}{16}$
☐ $\frac{1}{4}$ ☐ $\frac{1}{32}$
☐ $\frac{1}{8}$ ☐ $\frac{1}{64}$

14 Tonnenschwere Goldmünze

Zwei Zeitungen berichteten im Oktober 2011 über die größte Goldmünze der Welt.

(1) Bonn/dpa, 28.10.2011: „Eine Tonne schwer und 80 cm Durchmesser, reines Gold im Wert von 55 Millionen US-Dollar."

(2) Perth: „... sie ist 80 cm hoch, 12 cm dick, 1 Tonne schwer und zu 99,99 Prozent aus Feingold. Ihr Materialwert liegt bei 34 000 000 €."

a) Vergleiche die Wertangaben der Meldungen (1) und (2). Bestimme den Wechselkurs zwischen Euro und Dollar für Oktober 2011.

b) Stimmt die angegebene Dicke in (2) mit den in (1) genannten Maßen überein? Rechne bei Gold mit einer Dichte von $19{,}3\ \frac{g}{cm^3}$.

c) Löse die Formel für das Volumen eines Zylinders nach r auf. Berechne damit den Radius r einer solchen Goldmünze, die dieselbe Dicke hat, aber nur halb so schwer ist.

Zu a)

Euro	US-Dollar
34 000 000	55 000 000
34	55
1	$\frac{55}{34} \approx 1{,}6176$

Im Oktober 2011 betrug der Wechselkurs zwischen Euro und Dollar **1,6176**. Für 1 Euro erhielt man 1,62 US-Dollar.

Zu b)

$$(1)\ V = \frac{\text{Masse}}{\text{Dichte}} = \frac{1\,000\,000\ g}{19{,}3\ \frac{g}{cm^3}}$$

$$V \approx 51\,813{,}5\ cm^3$$

Wegen $V = \pi \cdot r^2 \cdot h$ gilt:

$$h = \frac{V}{\pi \cdot r^2} \approx \frac{51\,813{,}5\ cm^3}{\pi \cdot (40\ cm)^2},\ h \approx 10{,}3\ cm$$

Dabei ist h die Dicke der Münze. Die Angaben stimmen also **nicht** überein.

Zu c)

$$r^2 = \frac{V}{\pi \cdot h} \rightarrow r = \sqrt{\frac{V}{\pi \cdot h}}$$

Halbe Masse bedeutet halbes Volumen.

$$V = \frac{51\,813{,}5\ cm^3}{2} = 25\,906{,}75\ cm^3$$

$h = 10{,}3\ cm$

$$r = \sqrt{\frac{25\,906{,}75\ cm^3}{\pi \cdot 10{,}3\ cm}} \approx 28{,}3\ cm$$

Der Radius beträgt 28,3 cm.

1

LOS ANGELES, 21. Mai 2010
Für die Rekordsumme von 7,85 Mio. Dollar (6,36 Mio. €) ist in Kalifornien jetzt ein Silberdollar aus dem Jahr 1794 verkauft worden. (...) Von den Münzen wurden 1758 geprägt. Die jetzt verkaufte ist die älteste von den 150, die es noch gibt.
Quelle: F.A.Z.

Flowing Hair Dollar	
Masse	27 g
Durchmesser	39 bis 40 mm
Zusammensetzung	90 % Silber 10 % Kupfer
Prägung	1794 bis 1795

a) Bestimme anhand der Angaben im Nachrichtentext den Wechselkurs zwischen Euro und Dollar im Mai 2010.

b) Silber besitzt eine Dichte von $10{,}5\ \frac{g}{cm^3}$, Kupfer von $8{,}9\ \frac{g}{cm^3}$. Für die Silberlegierung des Flowing Hair Dollars wird die Dichte mit $10{,}34\ \frac{g}{cm^3}$ angegeben. Erkläre.

c) Bestimme die Dicke der Münze.

d) 1 Gramm der Silberlegierung hatte Ende Mai 2010 einen Materialwert von etwa 0,80 €. Wie viel Prozent des Materialwerts des Flowing Hair Dollars entspricht die erzielte Rekordsumme?

2

Beim Aufschütten von Salz, Getreide, Sand usw. entsteht ein Schüttkegel. Wie hoch und wie breit der Kegel wird, hängt von dem so genannten Böschungswinkel des Materials ab. Bei Mehl beträgt dieser Winkel zwischen Seitenlinie und Durchmesser ca. 45°. Der abgebildete Mehlkegel besteht aus 250 g Mehl, sein Durchmesser beträgt etwa 12 cm.

a) Wie viel wiegt ungefähr 1 cm^3 Mehl?

b) Wie hoch wäre der Kegel, wenn statt 250 g die doppelte Menge verwendet worden wäre?

15 Kapitalanlage

Zur Konfirmation erhält Henrik 1000 € von seinen Großeltern. Er legt das Geld zu 6 % an und will den Betrag so lange unangetastet lassen, bis sich sein Anfangskapital verdoppelt hat.

a) Wie viele Jahre muss Henrik warten?

b) In welcher Zeit würde sich bei gleicher Verzinsung ein Kapital von 10 000 € verdoppeln?

Zu a)

Um zu berechnen, in wie vielen Jahren das Anfangskapital von 1000 € bei einem Zinssatz von 6 % auf ein Endkapital von 2000 € anwächst, überlegt man sich:

Anfangskapital 1000,0 €
↓ · 1,06
Kapital nach 1 Jahr 1060,00 €
↓ · 1,06
Kapital nach 2 Jahren 1123,60 € ($\cdot 1{,}06^2$)
⋮
Kapital nach x Jahren 2000,00 € ($\cdot$ **$1{,}06^x$**)

Die Anzahl der Jahre bis zur Verdopplung des Anfangskapitals auf 2000 € liefert demnach die Gleichung:

$$1000\text{ €} \cdot 1{,}06^x = 2000\text{ €} \quad | : 1000\text{ €}$$

$$1{,}06^x = \frac{2000\text{ €}}{1000\text{ €}}$$

$$1{,}06^x = 2$$

Lösen der Gleichung:

① durch probierendes Einsetzen von ganzzahligen Exponenten

oder

② durch Logarithmieren

$$x \cdot \log 1{,}06 = \log 2 \quad | : \log 1{,}06$$

$$x = \frac{\log 2}{\log 1{,}06} \approx 11{,}89$$

Die Antwort lautet also:

Henrik muss etwa **12 Jahre** bis zur Verdopplung seines Anfangskapitals warten.

Zu b)

Die Lösung zu a) zeigt, dass die Höhe des Betrages keinen Einfluss auf die Verdopplungszeit hat. Richtig ist daher: Auch ein Kapital von 10 000 € verdoppelt sich bei einem Zinssatz von 6 % in etwa **12 Jahren.**

1 Berechne die fehlenden Angaben mithilfe der Zinseszinsformel: $K_n = K_0 \cdot (1 + \frac{p}{100})^n$.

	a)	b)	c)
Kapital (K_0)	2000 €		1560 €
Zinssatz (p %)	6,5 %	4,5 %	5 %
Laufzeit (n)	4 Jahre	1 Jahr	
Endkapital (K_n)		773,30 €	2090,55 €

2 Legt man einen Betrag von 2000 € fest zu 5 % Zinsen an, so verdoppelt sich das Kapital durch Zins und Zinseszins nach etwa 14 Jahren. Wie viele Jahre dauert es ungefähr, bis sich das Kapital vervierfacht hat?

☐ etwa 21 Jahre ☐ etwa 56 Jahre
☐ etwa 28 Jahre ☐ etwa 35 Jahre

3 Im Diagramm ist die Entwicklung eines Anfangskapitals von 500 € bei einem festen Zinssatz über mehrere Jahre dargestellt.
Das Endkapital y nach x Jahren kann durch die Gleichung
$y = 500 \cdot (1 + \frac{p}{100})^x$ berechnet werden.

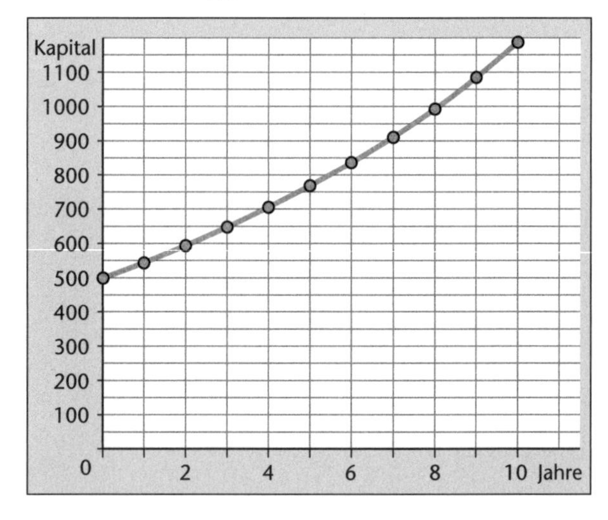

a) Lies aus dem Diagramm ab, nach welcher Zeit sich das Anfangskapital verdoppelt hat.

b) Gib an, zu welchem gleichbleibenden Zinssatz das Anfangskapital angelegt wurde. Notiere deine Rechnung. Runde das Ergebnis auf Zehntel %.

c) Wie lange würde es bei gleicher Verzinsung dauern, bis sich ein Kapital von 50 000 € verdoppelt hätte?

16 Zwei Würfel

Es wird gleichzeitig mit einem blauen und einem schwarzen Würfel gewürfelt.
Das Ergebnis (3|5) bedeutet: Mit dem blauen Würfel wurde eine 3 und mit dem schwarzen Würfel eine 5 gewürfelt.

a) Wie viele Ergebnisse sind möglich?
b) Wie groß ist die Wahrscheinlichkeit für das Ergebnis (3|5)?
c) Wie groß ist die Wahrscheinlichkeit, einen Pasch, d. h. zwei gleiche Zahlen, zu würfeln?

Zu a)
Die möglichen Ergebnisse kann man sich in einer Tabelle darstellen.

	1	2	3	4	5	6
1	1|1	1|2	1|3	1|4	1|5	1|6
2	2|1	2|2	2|3	2|4	2|5	2|6
3	3|1	3|2	3|3	3|4	3|5	3|6
4	4|1	4|2	4|3	4|4	4|5	4|6
5	5|1	5|2	5|3	5|4	5|5	5|6
6	6|1	6|2	6|3	6|4	6|5	6|6

Das blau unterlegte Feld zeigt das Wurfergebnis: schwarzer Würfel 5, blauer Würfel 3.

Es gibt $6 \cdot 6 = $ **36 mögliche Ergebnisse.**

Zu b)
(1) Von den 36 möglichen Ergebnissen ist nur ein einziges Ergebnis (3|5). **P (3|5)** $= \frac{1}{36}$

(2) Das Würfeln mit zwei Würfeln kann als zweistufiger Versuch aufgefasst werden. Für das Ergebnis (3|5) können wir ein vereinfachtes Baumdiagramm zeichnen.

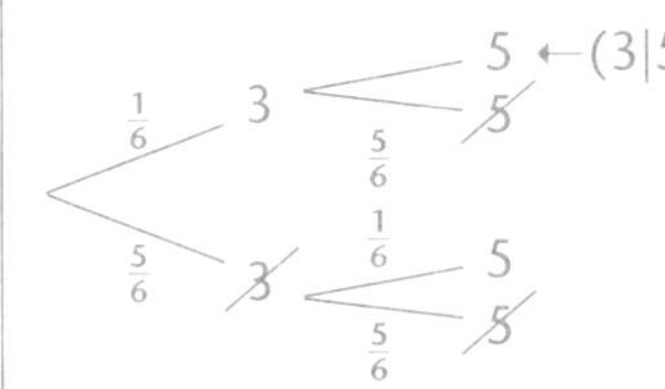

Mit der Pfadregel erhalten wir:
$P(3|5) = \frac{1}{6} \cdot \frac{1}{6} = \frac{1}{36}$

Zu c)
Es gibt die sechs Pasche (1|1), (2|2), (3|3), (4|4), (5|5) und (6|6).

$P(\text{Pasch}) = \frac{6}{36}$ **P (Pasch)** $= \frac{1}{6}$

1 Es wird mit den beiden Würfeln aus der Aufgabe ⑯ geworfen. Benutze zur Beantwortung der folgenden Fragen die Tabelle aus der Info-Spalte.

a) Wie groß ist die Wahrscheinlichkeit, zwei verschiedene Zahlen zu würfeln?

b) Wie groß ist die Wahrscheinlichkeit, mindestens die Augensumme 10 zu würfeln?

c) Wie groß ist die Wahrscheinlichkeit, zwei ungerade Zahlen zu würfeln?

2 Herr Schmidt und Frau Schäfer würfeln abwechselnd mit zwei Würfeln, Frau Schäfer beginnt. Sie muss versuchen, die Augensumme 12 zu erzielen, Herr Schmidt ist erfolgreich mit der Augensumme 7.
Das Spiel ist zu Ende, wenn Frau Schäfer 3-mal die Augensumme 12 oder Herr Schmidt 15-mal die Augensumme 7 erzielt hat.
Begründe, wer von den beiden die besseren Gewinnchancen hat.

3 Abgebildet sind die Netze von zwei Würfeln, mit denen gleichzeitig geworfen wird.

(1)
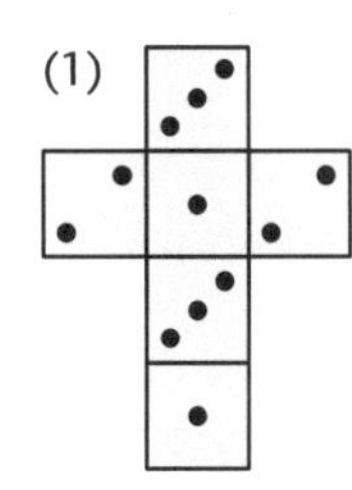

(2)
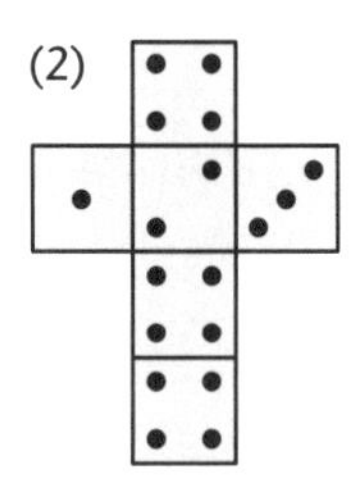

a) Wie groß ist die Wahrscheinlichkeit, eine gerade Augensumme zu würfeln?

b) Wie groß ist die Wahrscheinlichkeit, zwei gleiche Zahlen zu würfeln?

c) Wie groß ist die Wahrscheinlichkeit, die Augensumme 6 zu würfeln?

4 Die vier Könige eines Skatspiels werden gemischt und verdeckt auf den Tisch gelegt. Du drehst nacheinander zwei der vier Spielkarten um. Wie groß ist die Wahrscheinlichkeit,

a) beide schwarze Könige umzudrehen?

b) einen roten und einen schwarzen König in beliebiger Reihenfolge umzudrehen?

17 Die Welt als Dorf

Die unten stehende Grafik vergleicht die Entwicklung der Bevölkerung auf der Welt mit einem Dorf.

a) Wie groß war im Jahr 2011 der prozentuale Anteil der Lateinamerikaner an der Gesamtbevölkerung des 100-Einwohner-Dorfes?

b) „Auf allen Kontinenten nimmt die Zahl der Dorfbewohner bis zum Jahr 2050 zu". Stimmt das?

c) Laut Angaben der UN-Statistik vermehrt sich die Menschheit zurzeit um 1,2 % pro Jahr. Nach wie vielen Jahren hätte sich nach diesem Wachstumsmodell die Bevölkerung des Weltdorfes von 100 auf 200 Bewohner verdoppelt?

Zu a)
Aus der Grafik ist abzulesen, dass 9 der 100 Einwohner des Weltdorfes Lateinamerikaner sind. In Prozentschreibweise ausgedrückt:
9 von 100 = $\frac{9}{100}$ = **9 %**

Zu b)
Unter den genannten Erdteilen ist Europa derjenige Kontinent, dessen Einwohnerzahl von 11 auf 10 schrumpft.
Die Aussage stimmt also nicht.

Zu c)
Die Erdbevölkerung wächst jedes Jahr um einen gleichbleibenden Prozentsatz von 1,2 %. Der Wachstumsfaktor beträgt daher 1,012.
Die Gleichung, mit der man die Anzahl der Jahre berechnen kann, in der sich die Bevölkerungszahl des Weltdorfes verdoppelt, lautet:

$$100 \cdot 1{,}012^x = 200 \quad | : 100$$
$$1{,}012^x = 2$$

Die Gleichung löst man entweder durch probierendes Einsetzen von ganzzahligen Exponenten oder durch Logarithmieren, d. h.

$$x \cdot \log 1{,}012 = \log 2 \quad | : \log 1{,}012$$
$$x = \frac{\log 2}{\log 1{,}012} \approx 58{,}11$$

Nach diesem Wachstumsmodell hätte sich die Bevölkerung des Weltdorfes **nach ca. 58 Jahren** verdoppelt.

1 Für ein neues Theaterstück müssen Uwe und Paul einen Text von 800 Seiten lesen.
- Uwe plant, jeden Tag 40 Seiten zu lesen.
- Paul nimmt sich vor, jeden Tag 10 % der noch verbleibenden Seiten zu lesen.

a) Welcher Graph zeigt das geplante Leseverhalten von Uwe am besten?

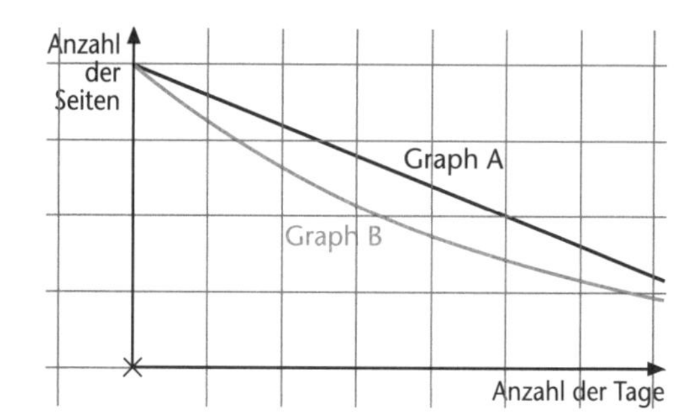

b) Uwe hat nach 20 Tagen den gesamten Text gelesen. Auch Paul hat sich an seinen Plan gehalten. Welche der folgenden Aussagen treffen zu?

(A)	Paul hatte den gesamten Text bereits nach 10 Tagen gelesen.
(B)	Uwe hat die Hälfte des Textes in 10 Tagen gelesen.
(C)	Nach seinem Plan wird es Paul nie gelingen, den gesamten Text zu lesen.

2 Gute Unterwasserfotos sind nur bei ausreichend guten Lichtverhältnissen möglich. Selbst bei klaren Gewässern nimmt die Lichtstärke an der Oberfläche (L_0) pro Meter Wassertiefe um etwa 10 % ab.

a) An der Wasseroberfläche beträgt die Lichtstärke 1. Gib die Lichtstärken für Wassertiefen von 1 m, 2 m, 3 m, 4 m, 5 m an.

b) Inas Unterwasserkamera benötigt 50 % der Lichtstärke 1, um gute Aufnahmen zu machen. Ab welcher Tauchtiefe sollte Ina auf Unterwasserfotos verzichten?

c) Mit welcher Funktion kann die Lichtstärke L für jede Wassertiefe x (in m) in Abhängigkeit von der Lichtstärke an der Oberfläche (L_0) berechnet werden? Kreuze an.

☐ $L(x) = L_0 - 0{,}9^x$ ☐ $L(x) = L_0 \cdot 0{,}9^x$
☐ $L(x) = L_0 \cdot 0{,}1^x$ ☐ $L(x) = L_0 - 0{,}1x$

18 Zahlenrätsel

(1) Subtrahiere vom Dreifachen einer Zahl 8, dann erhältst du 5 mehr als die Zahl.
(2) Verdreifachst du die Differenz aus einer Zahl und 8, so erhältst du 5 weniger als die Zahl.
(3) Subtrahiert man 8 von einer Zahl, so erhält man das Dreifache der Summe aus 5 und der Zahl.
a) Welches Zahlenrätsel gehört zu der Gleichung $x - 8 = 3(5 + x)$?
b) Löse die Gleichung $x - 8 = 3(5 + x)$.
c) Schreibe auch zu den anderen Zahlenrätseln eine passende Gleichung auf.

Zu a)
Um zu überprüfen, welches Zahlenrätsel zu der Gleichung $x - 8 = 3(5 + x)$ gehört, „übersetzen" wir die Terme rechts und links vom Gleichheitszeichen.
„$x - 8$" heißt „die Differenz aus einer Zahl und 8" oder „Subtrahiere 8 von einer Zahl";
„$3(5 + x)$" heißt „das 3-fache der Summe aus 5 und einer Zahl" oder „Verdreifache die Summe aus 5 und einer Zahl".
Diese Formulierung findet man nur bei **Zahlenrätsel (3)**.

Zu b)
Die Lösung der Gleichung erhält man so:

$x - 8 = 3(5 + x)$ | Klammer ausmultiplizieren
$x - 8 = 15 + 3x$ | $+8$
$x = 23 + 3x$ | $-3x$
$-2x = 23$ | $:(-2)$
$x = -11{,}5$

Die gesuchte Zahl lautet **−11,5.**

Zu c)
Zahlenrätsel (1):
„Subtrahiere vom Dreifachen einer Zahl 8" heißt in der mathematischen Sprache: „$3x - 8$".
„5 mehr als die Zahl" heißt „$x + 5$".
„Erhältst du" steht für das Gleichheitszeichen.
Zum **Zahlenrätsel (1)** lautet die passende Gleichung also: $\mathbf{3x - 8 = x + 5}$
Zahlenrätsel (2):
„Verdreifache die Differenz aus einer Zahl und 8" heißt in mathematischer Sprache: „$3 \cdot (x - 8)$".
„5 weniger als die Zahl" heißt „$x - 5$".
„Erhält man" steht für das Gleichheitszeichen.
Zum **Zahlenrätsel (2)** lautet die passende Gleichung also: $\mathbf{3(x - 8) = x - 5}$

1 Ordne jedem Zahlenrätsel die passende Gleichung zu und bestimme die Lösung.

Die Differenz aus 3 und dem 3. Teil einer Zahl a ist 8. ④

$\frac{3a}{8} = \frac{1}{2}a$ (C)

$3 - \frac{1}{3}a = 8$ (B)

$8 : 3a = 0{,}5a$ (D)

Die Summe aus einer Zahl a und dem Dreifachen dieser Zahl a ergibt 8. ①

Multipliziere das Dreifache einer Zahl a mit 8, so erhältst du 3. ③

$a + 3a = 8$ (E)

$3a \cdot 8 = 3$ (A)

Der Quotient aus dem Dreifachen einer Zahl a und 8 ist gleich der Hälfte von a. ②

2 Mit Termen lassen sich auch geometrische Sachverhalte beschreiben.
Skizziere das 4. Muster und schreibe einen Term auf, mit dem sich die Anzahl der Stäbe im n-ten Muster berechnen lässt.

a)

Nummer	n = 1	n = 2	n = 3
Muster			
Hölzer	$4 = 1 + 3$	$7 = 1 + 2 \cdot 3$	$10 = 1 + 3 \cdot 3$

b)

Nummer	n = 1	n = 2	n = 3
Muster			
Hölzer	3	$5 = 3 + 2$	$7 = 3 + 2 \cdot 2$

3 a) Schreibe für das Zahlenrätsel eine Gleichung auf und löse sie: „Subtrahiere von der Hälfte einer Zahl ein Drittel der Zahl, dann erhältst du 4."
b) Erfinde ein Zahlenrätsel zur Gleichung $7x - 48 = 2x$. Löse auch die Gleichung.

4 Subtrahiert man vom dreifachen Alter der Frau Krause 5 Jahre, so erhält man dieselbe Zahl, wie wenn man in 15 Jahren Frau Krauses Alter verdoppelt. Stelle eine Gleichung auf und berechne das heutige Alter von Frau Krause.

19 Computernutzung

Die Schülerinnen und Schüler einer 10. Klasse wurden befragt, wie viele Stunden sie im Durchschnitt pro Woche am Computer verbringen.
Das Ergebnis wurde in einem Boxplot dargestellt (siehe Abbildung).

a) Entnimm dem Boxplot folgende Werte:
Spannweite, Median (Zentralwert), unteres Quartil, oberes Quartil

b) Felix behauptet: „Die meisten Schüler sind 12 bis 18 Stunden pro Woche am Computer." Nimm Stellung.

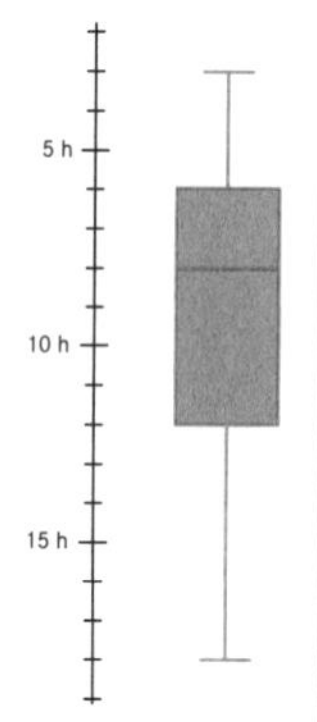

Zu a)

Spannweite: 18 h – 3 h = **15 h**
(größter Wert – kleinster Wert)

Median (Zentralwert): 8 h
(mittlerer Wert aller angegebenen Werte)

unteres Quartil: 6 h
(mittlerer Wert der unteren Hälfte)

oberes Quartil: 12 h
(mittlerer Wert der oberen Hälfte)

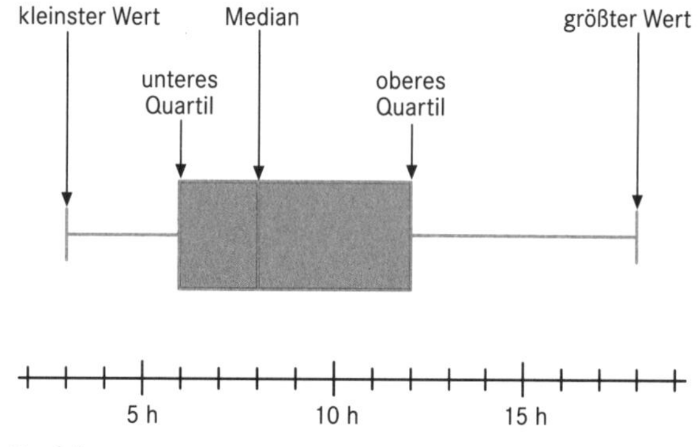

Zu b)
Die Aussage ist falsch. Ein Viertel aller befragten Schüler ist 12 bis 18 Stunden am Computer.
Der Boxplot gibt nicht die Anzahlen an, sondern macht die Streuung der angegebenen Werte deutlich. Die Streuung ist im oberen Viertel am größten.

1 Notenspiegel einer Klassenarbeit:

Note	1	2	3	4	5	6
Anzahl	3	8	6	4	3	1

Stelle das Ergebnis in einem Boxplot dar.

2 Gehe davon aus, dass in der 10. Klasse (Aufgabe 19, links abgebildet) 30 Schülerinnen und Schüler an der Befragung teilgenommen haben und dass nur ganze Stundenzahlen genannt wurden.
Stelle in einer Tabelle ein mögliches Befragungsergebnis zusammen, das zum links abgebildeten Boxplot passt.

3 Jugendliche Zigarettenraucher wurden nach ihrem täglichen Zigarettenkonsum befragt. Die Tabelle enthält die Ergebnisse.

Anzahl Zig./Tag	5	6	7	8	9	10	11	12	13
Personenzahl	3	5	5	6	8	4	5	7	9

14	15	16	17	18	19	20	21	22	23	24
12	11	15	14	12	35	17	14	15	6	8

25	26	27	28	29	30	31	32	33	34	35
11	3	5	7	4	14	5	3	1	2	1

Stelle das Ergebnis in einem Boxplot dar und entnimm deiner Darstellung folgende Werte:

a) Spannweite
b) Median
c) Unteres Quartil
d) Oberes Quartil
e) Bereich mit geringster/größter Streuung

4 Eine Gruppe von 16jährigen, die ein Handy besitzen, wurde nach der Höhe der monatlichen Handygebühren befragt – gerundet auf ganze Euro. Das Ergebnis dieser Befragung wurde in einem Boxplot dargestellt.

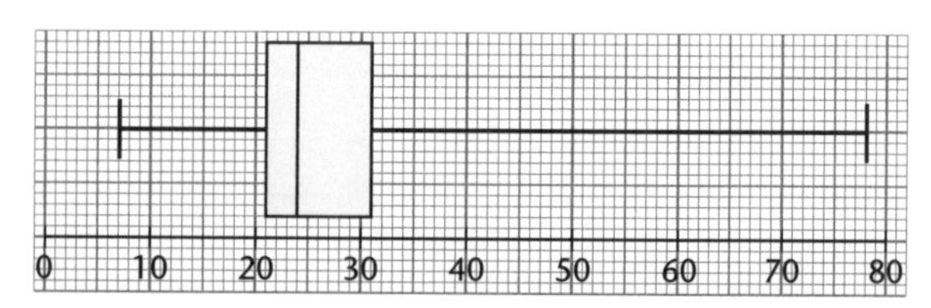

Formuliere einige Aussagen, die du am Boxplot ablesen kannst. In diesen Aussagen sollen die Begriffe Spannweite, Median, Quartil und Streuung auftreten.

20 Fläche NRW

Der Kartenausschnitt zeigt das Bundesland Nordrhein-Westfalen. Bestimme näherungsweise die Größe der Fläche von Nordrhein-Westfalen. Benutze den Maßstab der Karte. Begründe dein Vorgehen.

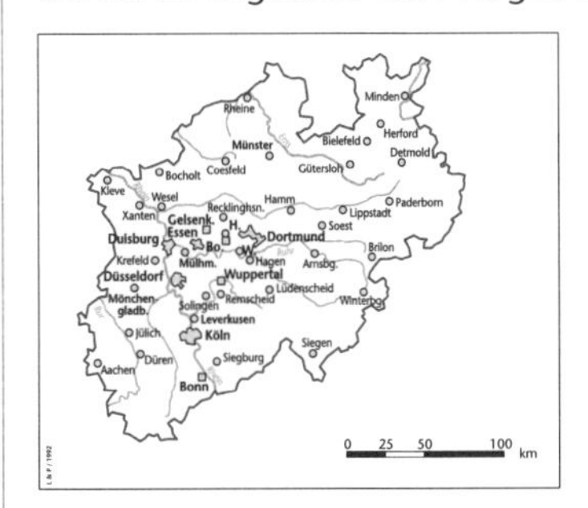

Man muss versuchen, die Fläche von NRW durch berechenbare Figuren (Vierecke, Dreiecke, ...) so abzudecken, dass sich „Gewinne" und „Verluste" ungefähr ausgleichen. Da gibt es sehr viele verschiedene Möglichkeiten; hier ist eine dargestellt. Die gemessenen „cm auf der Karte" muss man mit 40 multiplizieren und hat dann „km" in Wirklichkeit.

$A_I = 186\text{ km} \cdot 114\text{ km}$ (Parallelogramm)

$A_{II} = \frac{186\text{ km} \cdot 92\text{ km}}{2}$ (Dreieck)

$A_{III} = 92\text{ km} \cdot 56\text{ km}$ (Parallelogramm)

$A_I + A_{II} + A_{III} \approx 34\,900\text{ km}^2$

Nach dieser Schätzung ist das Bundesland knapp **35 000 km²** groß.

Ein Blick ins Lexikon zeigt, dass NRW etwas mehr als 34 600 km² groß ist. Die Schätzung ist also ein guter Wert.

1 Wie viel Quadratkilometer ist Frankreich ungefähr groß?
Vergleiche dein Ergebnis mit Angaben aus dem Lexikon oder dem Internet.

Beachte: Zu Frankreich gehört auch die Mittelmeerinsel Korsika, die rechts abgebildet ist. Ihre Größe musst du beim Vergleich mit der offiziellen Größe Frankreichs berücksichtigen.

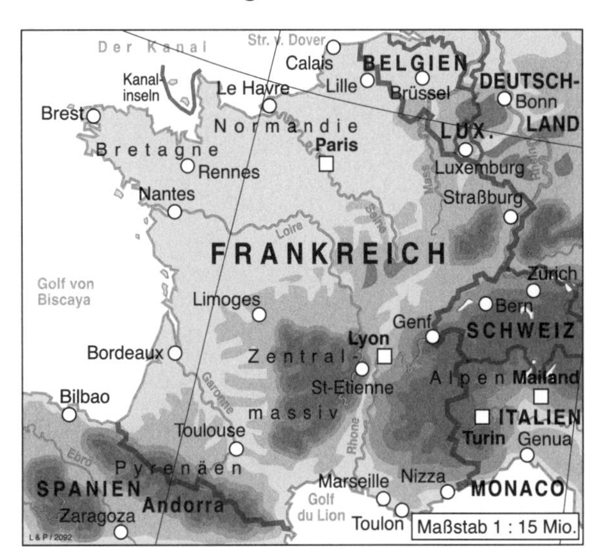

2 Ebenfalls im Maßstab 1:15 Mio. ist Ägypten abgebildet.
Überlege vor einer Schätzung, ob Ägypten größer oder kleiner als Frankreich ist. Führe dann die näherungsweise Bestimmung der Fläche durch. Vergleiche dein Ergebnis mit offiziellen Angaben über die Größe des Landes.

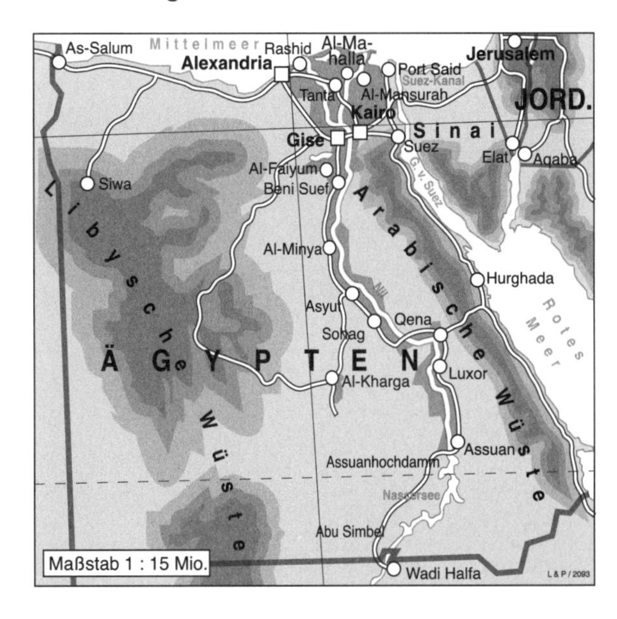

21 Quadratische Gleichungen

Rechts siehst du, wie Alex die Gleichung $(x - 8) \cdot (x + 2) = 0$ mit der Lösungsformel gelöst hat.

a) Zeige mit einer Probe an der Ausgangsgleichung, dass die hier angegebenen Lösungen falsch sind. Welchen Fehler hat er gemacht?

$$(x - 8) \cdot (x + 2) = 0$$
$$x^2 - 6x - 16 = 0 \quad | p = -6;\ q = -16$$
$$x_1 = -3 + \sqrt{9 + 16} = 2$$
$$x_2 = -3 - \sqrt{9 + 16} = -8$$

b) Die richtigen Lösungen kann man aus dem Produkt auf der linken Seite der Ausgangsgleichung ablesen. Erkläre.

c) Löse folgende Gleichungen so einfach wie möglich:
(1) $x^2 - 3x = 0$ (2) $2x^2 - 98 = 0$ (3) $x^2 + 3x - 40 = 0$

Zu a)

Probe für $x_1 = 2$:

$(2 - 8)(2 + 2) = -6 \cdot 4 = -24$

$-24 \neq 0$

Probe für $x_2 = -8$:

$(-8 - 8)(-8 + 2) = -16 \cdot (-6) = 96$

$96 \neq 0$

Der Fehler geschah beim Einsetzen von $p = -6$ in die Lösungsformel: $-\frac{p}{2} = -\frac{-6}{2} = 3$

Richtig wäre gewesen: $\mathbf{x_{1/2} = 3 \pm \sqrt{9 + 16}}$

also $x_1 = 3 + 5 = 8$ und $x_2 = 3 - 5 = -2$

Zu b)

Es gilt: Ein Produkt ist 0, wenn einer der Faktoren 0 ist, also $x - 8 = 0$ oder $x + 2 = 0$

$x - 8 = 0 \rightarrow \mathbf{x_1 = 8}$; $x + 2 = 0 \rightarrow \mathbf{x_2 = -2}$

Zu c)

(1) $x_2 - 3x = 0 \rightarrow x(x - 3) = 0$;

also $x = 0$ oder $x - 3 = 0$

$\mathbf{x_1 = 0;\ x_2 = 3}$

(2) $2x^2 - 98 = 0 \rightarrow 2(x^2 - 49) = 0$

$2(x + 7)(x - 7) = 0$,

also $x + 7 = 0$ oder $x - 7 = 0$;

$x_1 = -7;\ x_2 = 7$

(3) $x^2 + 3x - 40 = 0$

$p = 3;\ q = -40$

$x_{1/2} = -1{,}5 \pm \sqrt{2{,}25 + 40}$

$x_{1/2} = -1{,}5 \pm \sqrt{42{,}25}$

$x_{1/2} = -1{,}5 \pm 6{,}5$

$\mathbf{x_1 = 5;\ x_2 = -8}$

1 Löse die Gleichung.

a) $(2x - 14) \cdot (15 - 3x) = 0$

b) $4x^2 - 17 - 3x^2 - 8 = 0$

c) $7x^2 - 6x - 5 - 5x^2 + 18x + 5 = 0$

d) $3y^2 - 9y - 37 = 3y - 1$

e) $(5 + a)^2 + a^2 = 3a + 29$

2 Stelle eine Gleichung auf und löse sie.

a) Addiert man zum Quadrat einer Zahl das Dreifache dieser Zahl, so erhält man dasselbe, wie wenn man vom Elffachen der Zahl 7 subtrahiert.

b) Maik subtrahiert vom Doppelten einer Zahl 16. Fatima subtrahiert diese Zahl von 15. Anschließend multiplizieren Maik und Fatima ihre Ergebnisse und erhalten Null. Welche Zahl können Maik und Fatima gewählt haben?

3

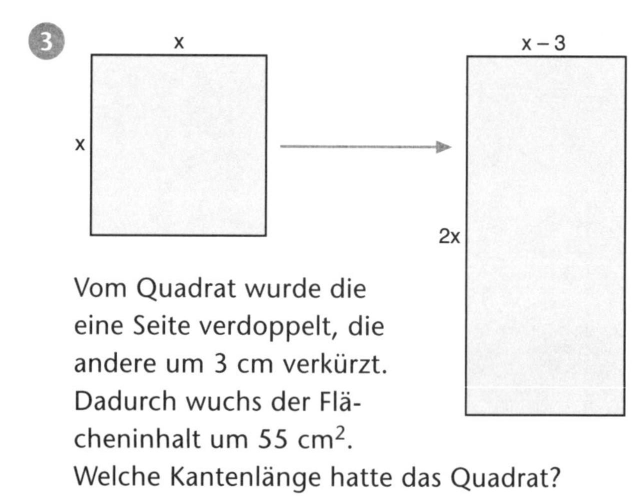

Vom Quadrat wurde die eine Seite verdoppelt, die andere um 3 cm verkürzt. Dadurch wuchs der Flächeninhalt um 55 cm². Welche Kantenlänge hatte das Quadrat?

4 Ein 6 cm hoher Zylinder hat eine Oberfläche von 169,646 cm².

a) Wie groß ist der Radius des Zylinders?
Hinweis: $169{,}646\ \ldots = 54\pi$

b) Welches Volumen hat der Zylinder?

5 Die Oberfläche eines geraden Kreiskegels mit der Kantenlinie $s = 6$ cm beträgt 172,788 cm³.

a) Berechne den Radius der Grundfläche.

b) Berechne die Höhe des Kegels und anschließend das Volumen.

22 Glücksrad

Auf einem Schulfest kann man am Stand der Klasse 10a für einen Einsatz von 1 € zweimal das abgebildete Glücksrad drehen. Bleibt es jedes Mal auf der gleichen Farbe stehen, gewinnt man, und zwar bei *blau/blau* einen Trostpreis im Wert von 0,30 € und bei *weiß/weiß* einen Sachpreis von 8 €.

a) Zeichne ein Baumdiagramm und bestimme damit die Wahrscheinlichkeiten für die möglichen Gewinne (1) *blau/blau* und (2) *weiß/weiß*.

b) Wie groß ist die Wahrscheinlichkeit, bei diesem Spiel zu verlieren?

c) Es werden 400 Spiele durchgeführt. Mit welchem Gewinn kann die Klasse rechnen?

Zunächst stellt man fest: Es ist $\frac{1}{4}$ des Glücksrades weiß und $\frac{3}{4}$ sind blau gefärbt.

Mit einem Baumdiagramm und der Pfadregel kann man die Wahrscheinlichkeiten bei 2 Drehungen darstellen (b: *blau*, w: *weiß*).

Zu a)

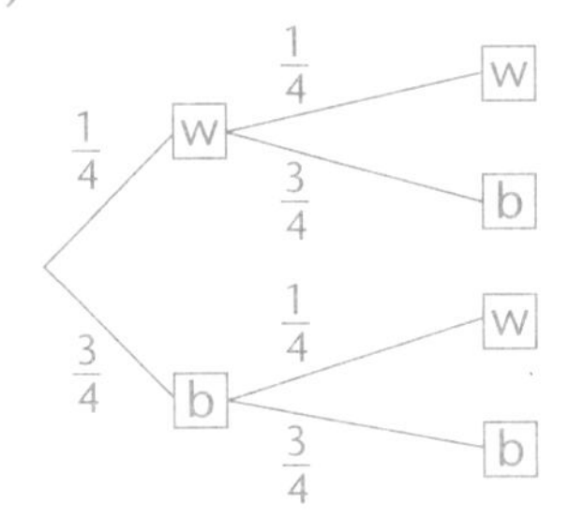

$P\ (\mathit{blau/blau}) = \frac{3}{4} \cdot \frac{3}{4} = \frac{9}{16}$

$P\ (\mathit{weiß/weiß}) = \frac{1}{4} \cdot \frac{1}{4} = \frac{1}{16}$

Zu b)

Die Wahrscheinlichkeit zu verlieren ist

$P = 1 - \frac{9}{16} - \frac{1}{16}$ $\qquad P = \frac{6}{16} = \frac{3}{8}$

Zu c)

Bei 400 Spielen gibt es zunächst 400 € Einnahmen.

400 : 16 = 25 — 25 Sachpreise kosten 200 €.

(400 : 16) · 9 = 225 — 225 Trostpreise kosten 67,50 €.

Die Klasse kann mit ca. **132,50 €** (400 € – 200 € – 67,50 €) **Einnahmen** rechnen.

1 In einem Gefäß sind 4 blaue und 7 rote Kugeln. Es werden nacheinander verdeckt zwei Kugeln gezogen, wobei die erste Kugel vor der zweiten Ziehung wieder zurückgelegt wird.

a) Zeichne ein Baumdiagramm und berechne die Wahrscheinlichkeiten für
(1) zwei blaue Kugeln;
(2) zwei Kugeln verschiedener Farbe;
(3) zwei Kugeln gleicher Farbe.

b) Wie ändern sich die Wahrscheinlichkeiten, wenn die zuerst gezogene Kugel nicht zurückgelegt wird?

2 Das Glücksrad hat abwechselnd weiße und blaue Felder gleicher Größe. Es wird zweimal nacheinander gedreht. Wie groß ist die Wahrscheinlichkeit für das genannte Ereignis?

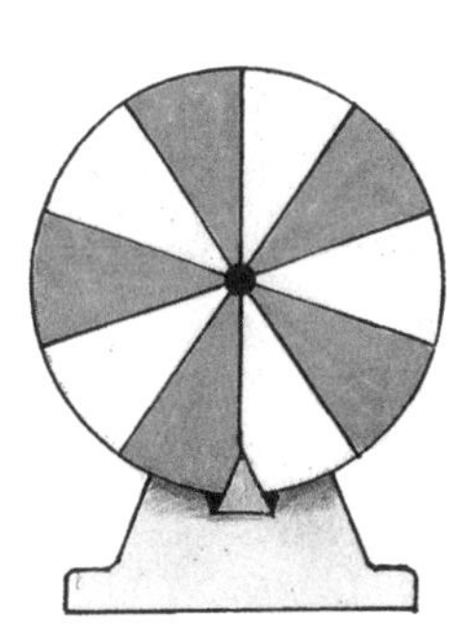

a) Es wird zweimal „blau" erzielt.

b) Die letzte Drehung führt zu „blau".

c) Keine Farbe tritt zweimal auf.

d) Die Farbe „weiß" tritt höchstens einmal auf.

3 Die Klasse 10b hat für das Schulfest einen Stand mit einem Würfelspiel aufgebaut. Im Würfelbecher sind zwei Würfel, die gleichzeitig geworfen werden.
Einen Hauptpreis im Wert von 10 € gibt es bei der Augensumme 12; bei den Augensummen 11 und 10 gibt es einen kleineren Preis im Wert von 2 €. Der Einsatz pro Spiel beträgt 1 €.

Am Ende des Schulfestes hat die Klasse 10b 392 € bei dem Spiel verdient. Wie viele Gäste haben am Würfelspiel teilgenommen?
Eine Zahl stimmt; begründe deine Entscheidung.

457 | 893 | 1116 | 1431 | 1599

23 Angebote

Frau Kurt kann für zwei Jahre einen Lottogewinn von 1 000 000,– € sparen. Drei Banken bieten ihr unterschiedliche Zinssätze an:

A 1. Jahr 4 %; 2. Jahr 6 %
B 1. Jahr 3 %; 2. Jahr 7 %
C 1. Jahr 5 %; 2. Jahr 5 %

a) Welche Bank kannst du ihr empfehlen? Begründe.
b) Würdest du die gleiche Bank auch für jeden anderen Sparbetrag empfehlen? Begründe.

Zu a)

① Ein Lösungsweg besteht darin, für jede Bank die jährlichen Zinsen sowie das Kapital nach 2 Jahren zu ermitteln.

	Zinsen für das		
	1. Jahr	2. Jahr	Endkapital
A-Bank	40 000 €	62 400 €	1 102 400 €
B-Bank	30 000 €	72 100 €	1 102 100 €
C-Bank	50 000 €	52 500 €	**1 102 500 €**

② Ein zweiter Lösungsweg betrachtet lediglich die auftretenden Faktoren, mit denen das Anfangskapital entsprechend der Zinseszinsformel multipliziert wird:

A-Bank: $1{,}04 \cdot 1{,}06 = 1{,}1024$
B-Bank: $1{,}03 \cdot 1{,}07 = 1{,}1021$
C-Bank: $1{,}05 \cdot 1{,}05 = \mathbf{1{,}1025}$

Angebot C liefert den größten Faktor, also auch das größte Endkapital:
$1{,}1025 \cdot 1\,000\,000\ € = \mathbf{1\,102\,500\ €}$
Zu empfehlen ist also die **C-Bank.**

Zu b)

Das Angebot der C-Bank ist auch bei jedem anderen Sparbetrag zu empfehlen. Wie die Überlegung unter ② zeigt, bewirkt der größere Faktor den Vorteil der C-Bank und dies unabhängig von der Höhe des Sparbetrages.

Die Summe der Zinssätze beträgt bei allen drei Banken 10 %, die Produkte der Zinssätze jedoch sind verschieden. Dieser Zusammenhang lässt sich auch geometrisch interpretieren: Den größten Flächeninhalt von allen umfangsgleichen Rechtecken besitzt das Quadrat.

1 Berechne den fehlenden Wert mithilfe der Zinsformel
$Z = K \cdot p\,\% = K \cdot \frac{p}{100}$

	a)	b)	c)
Kapital (K)	1800 €		3000 €
Zinssatz (p %)	6,5 %	8 %	
Zinsen (Z)		60 €	195 €

2 Tom hat seine Ersparnisse für ein Jahr fest angelegt. Am Jahresende erhält er 100 € Zinsen. Wie viele Zinsen würde Tom nach einem Jahr erhalten,

a) wenn er doppelt so hohe Ersparnisse bei doppelt so hohem Zinssatz angelegt hätte?

b) wenn er doppelt so hohe Ersparnisse bei halb so großem Zinssatz angelegt hätte?

c) wenn er nur die Hälfte seiner Ersparnisse bei doppelt so hohem Zinssatz angelegt hätte?

3 Welche Person hat in 10 Jahren den höchsten Zinssatz für ihr Kapital erzielt?

	Anfangskapital	Endkapital
☐ Anja	2400 €	4298,03 €
☐ Boris	1800 €	2795,34 €
☐ Pia	300 €	590,15 €
☐ Luca	600 €	977,34 €

4 Die Hausverwaltung bietet Frau Winter zwei Formen des Staffelmietvertrags an:

Angebot A: 3,5 % Mieterhöhung im 1. Jahr, 4,5 % im 2. Jahr

Angebot B: 4,5 % Mieterhöhung im 1. Jahr, 3,5 % im 2. Jahr

a) Auf den ersten Blick erscheinen ihr beide Angebote gleich gut. Stimmt das? Begründe.

b) Mit welcher gleich bleibenden prozentualen Mieterhöhung könnte die Hausverwaltung nach 2 Jahren dieselbe Miete erzielen?

24 Brückenkonstruktion

Über den Fluss soll eine Brücke führen, die in A beginnt und B endet.
Vermesser haben am unteren Flussufer eine 400 m lange Strecke $\overline{AC}$ abgesteckt und dann folgende Vermessungen vorgenommen:
∢ BAC = 67,8° und ∢ ACB = 49,3°
Bestimme die Länge der Brücke durch eine maßstäbliche Zeichnung und durch Berechnung.

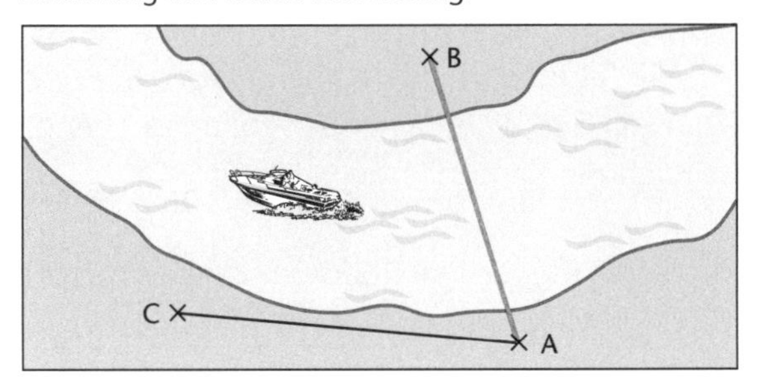

① *Zeichnerische Lösung*
Maßstab 1 : 10 000
(1 cm ≙ 100 m).
Messung: x = 3,4 cm
Wirklichkeit:
$\overline{AB}$ = 3,4 cm · 10 000
$\overline{AB}$ = 340 m

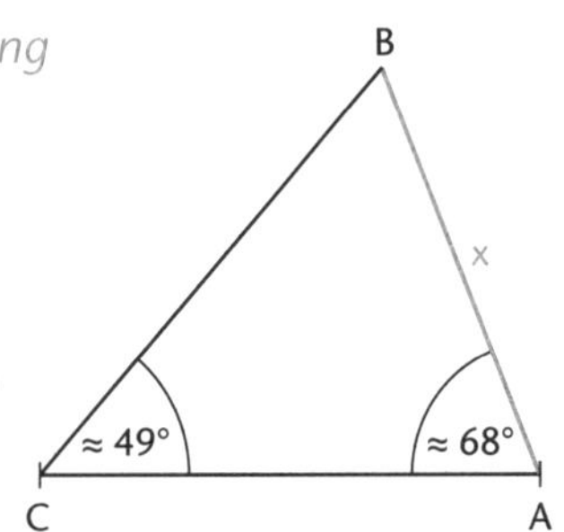

② *Rechnerische Lösung*
$\beta = 180° - \alpha - \gamma$
$\beta = 62{,}9°$
$\alpha = 67{,}8°$
$\gamma = 49{,}3°$

$\sin\alpha = \frac{h}{400}$ m

$h = 400\text{ m} \cdot \sin 67{,}8° \approx 370{,}35\text{ m}$

$\cos\alpha = \frac{s}{400\text{ m}}$

$s = 400\text{ m} \cdot \cos 67{,}8° \approx 151{,}14\text{ m}$

$\tan\beta = \frac{h}{r} = \frac{370{,}35\text{ m}}{r}$

$r = \frac{370{,}35\text{ m}}{\tan 62{,}9°} \approx 189{,}52\text{ m}$

$x = r + s \approx 340{,}66\text{ m} \approx$ **341 m**

Falls der Sinussatz behandelt wurde, geht es noch einfacher:

$\frac{x}{\sin 49{,}3°} = \frac{400\text{ m}}{\sin 62{,}9°}$

$x = \frac{400\text{ m} \cdot \sin 49{,}3°}{\sin 62{,}9°}$

$x = 340{,}65\ldots\text{ m}$ **x ≈ 341 m**

1 Die Heini-Klopfer-Skiflugschanze in Oberstdorf gilt als eine der größten Skiflugschanzen der Welt. Sie wird im Volksmund auch „Schiefer Turm von Oberstdorf" genannt.
Welchen Höhenunterschied hat die Anlaufbahn und wie lang ist diese?

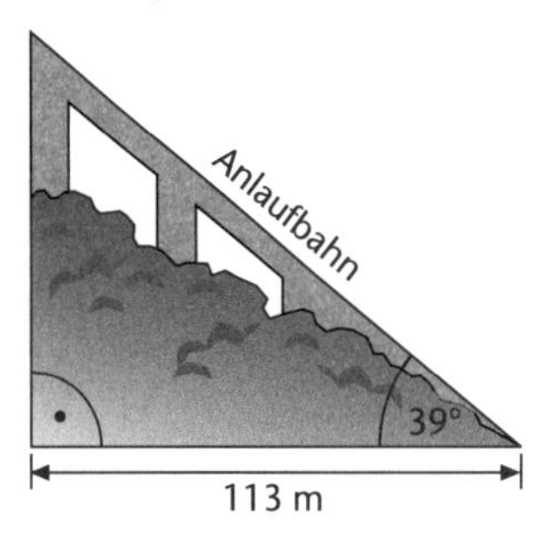

2 Abgebildet ist ein Segelschiff, das von zwei Leuchttürmen angepeilt wird. Wie weit ist es von den beiden Leuchttürmen jeweils entfernt?

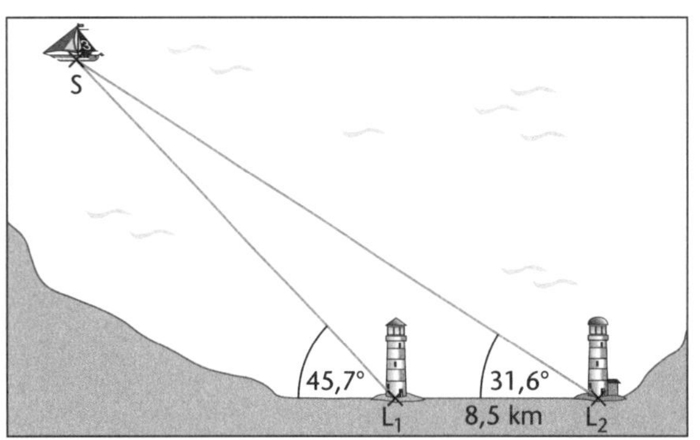

3 Im Maßstab 1 : 5 000 sieht man eine Pass-Straße von oben. Sie beginnt an Punkt A und erreicht an Punkt B die Passhöhe. Punkt A befindet sich auf einer Höhe von 620 m, die durchschnittliche Steigung beträgt 14 %. Wie hoch liegt Punkt B und wie weit fährt man von A bis B?

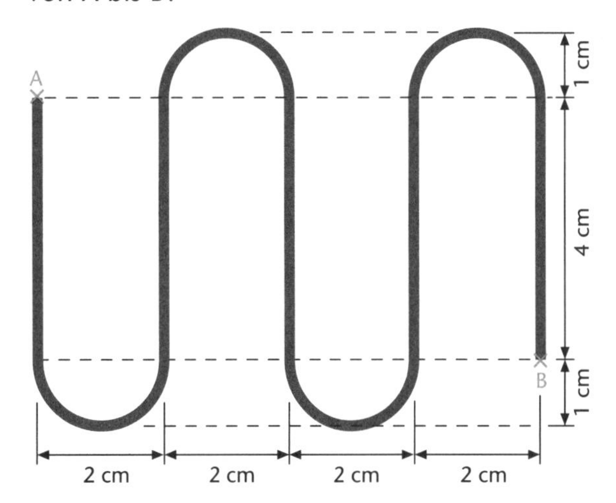

25 Tabellenkalkulation

Paul untersucht Umfang und Flächeninhalt bei Quadraten unterschiedlicher Seitenlängen mithilfe einer Tabellenkalkulation.

a) Wie groß ist der Umfang u eines Quadrats mit der Seitenlänge 1,5 cm?
b) Mit welcher Formel berechnet das Programm den Wert in Zelle H2?
c) Welche Eingaben liefern das korrekte Ergebnis in Zelle F3? Kreuze an.
☐ 2 * 5 ☐ = 4 * F1 ☐ = E3 + 4 * 0,5 ☐ = 4 * x
d) Wächst eine der Größen A oder u linear? Skizziere dazu auf einem Extrablatt die zugehörigen Graphen und begründe.

Zu a)
Der Umfang ist in der Zelle D3 abzulesen.
Er beträgt **6 cm.**

Zu b)
Die Tabellenkalkulation ist so angelegt, dass in Zelle H2 das Programm mit folgender Formel rechnet:
= **H1 * H1** oder = **H1^2**

Zu c)
1. Möglichkeit: = **4 * F1** (Der Umfang ist das Vierfache der Kantenlänge 2 cm, dazu kommen noch 4 mal 0,5.)
2. Möglichkeit: = **E3 + 4 * 0,5** (In der Zelle E3 steht der Umfang für die Kantenlänge 2 cm, dazu kommen noch 4 mal 0,5 cm.)

Hinweis: Im Tabellenkalkulationsprogramm beginnt jede Formel mit einem Gleichheitszeichen!

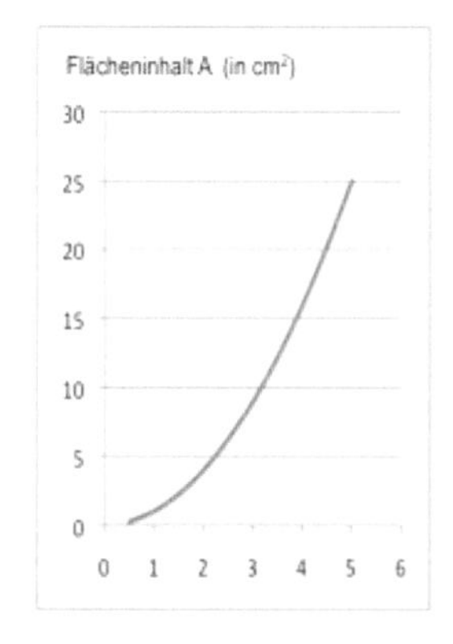

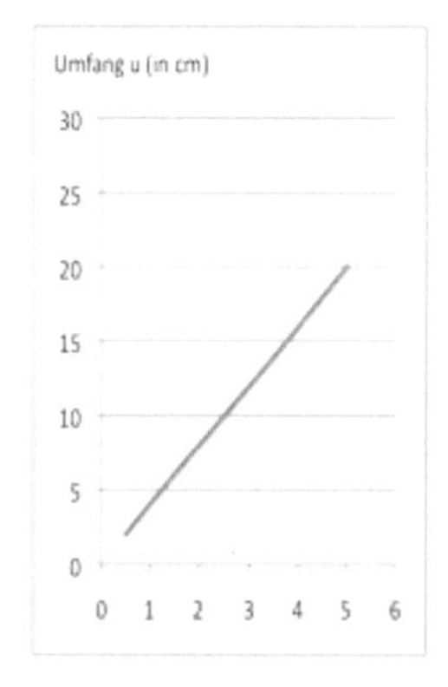

Zu d)
Der Umfang u wächst **linear**, denn im Graph oben rechts ist die Zuordnung x → u eine Gerade.

1 Tanja untersucht mit einer Tabellenkalkulation die Veränderung des Würfelvolumens beim Anwachsen der Kantenlänge.

	A	B	C	D	E	F	G
1	Kantenlänge a	2	3	4	5	6	7
2	Volumen V	8	27				

a) Durch welche Eingabe berechnet das Programm den Wert in Zelle D2?

b) Welche Zellen würdest du vergleichen, um die folgende Frage zu beantworten: Wie verändert sich das Würfelvolumen, wenn sich die Kantenlänge verdoppelt?

2 Untersucht werden Quader mit quadratischer Grundfläche und einer Höhe, die doppelt so groß wie die Kantenlänge der Grundfläche ist. Arne und Bettina berechnen Volumen und Oberfläche mit einer Tabellenkalkulation.

	A	B	C	D
1	a (cm)	h (cm)	O (cm²)	V (cm³)
2	2	4		
3	3	6		
4	4	8		
5	5	10		
6	6	12		
7	7	14		
8	8	16		

a) Welche Formeln liefern das korrekte Ergebnis in Zelle D7?
☐ = A7^2 * 2 * A7 ☐ = A7+B7 * B7
☐ = C7 * B7 ☐ = A7 * A7 * B7

b) Mit welcher Formel berechnet das Programm den Wert in Zelle C6?

3 Wie entwickelt sich der Preis von 80 € für ein Paar Schuhe, wenn er abwechselnd um 20 % herauf und um 20 % herabgesetzt wird? Eine Tabellenkalkulation hilft.

	A	B
1	q	80
2	1,2	
3	0,8	
4	1,2	
5	0,8	
6	1,2	
7	0,8	

a) Die Zahl in Zelle B2 wird mit der Formel "=B1 * A2" berechnet. Erkläre.

b) Erkläre die Zahl in A3.

c) Welche Formel steht in Zelle B5? Welche in Zelle B6?

d) Wie entwickelt sich der Preis für die Schuhe? Probiere es am Computer aus.

26 Glockenturm

Die Glockenmänner auf einem Leipziger Hochhaus werden von einem Techniker gewartet.
a) Wie groß sind die Glockenmänner ungefähr?
b) Schätze jeweils die Durchmesser der Glocken, die angeschlagen werden.
c) Auf der Glocke ist ein Weihnachtsstern befestigt. Könnte ihn ein 12-jähriges Kind über seinem Hochbett (Liegefläche in Schulterhöhe) aufhängen? Begründe.

Die folgenden Maßangaben beziehen sich auf das Foto vorn im Text.

Zu a)
Das Verhältnis der Körpergrößen des Technikers und der Glockenmänner auf dem Foto entspricht dem Verhältnis ihrer Körpergrößen in Wirklichkeit.
Der Techniker ist auf dem Foto 1,6 cm groß, ein Glockenmann 3,6 cm (ohne Sockel!).
Man bestimmt also den Faktor k, um den der Glockenmann größer ist als der Techniker:
$k = \frac{3,6}{1,8} = 2$
Die Größe des Technikers ist nicht angegeben, deshalb müssen wir sie schätzen. Wir nehmen an, der Techniker ist 1,80 m groß. Daraus ergib sich für die Größe eines Glockenmannes: 2 · 1,80 m = **3,60 m.**

Zu b)
Es werden zwei Glocken angeschlagen. Die kleinere Glocke hat einen Durchmesser von 1,8 cm im Bild. Wir hatten bei a) angenommen, dass der Techniker im Bild mit 1,8 cm eine Größe von 1,80 m hat. Also hat die kleine Glocke einen Durchmesser von **1,80 m.**
Die große Glocke hat im Bild einen Durchmesser von 2,4 cm. Es gilt $k = \frac{2,4}{1,8} \approx 1,3$.
Daraus ergibt sich für den Durchmesser der großen Glocke 1,3 · 1,8 m = **2,34 m.**

Zu c)
Der Stern ist im Bild 1 cm hoch.
Es gilt: $k = \frac{1}{1,8} \approx 0,6$
Die geschätzte Höhe des Sterns ist damit:
0,6 · 1,8 m = 1,08 m.
Zwischen der Liegefläche des Hochbetts in Schulterhöhe (1,2 m) und der Decke eines 2,5 m hohen Zimmers bleiben noch 1,3 m Platz. Theoretisch könnte man den Stern aufhängen, sinnvoll ist das aber nicht.

1 Wie groß müsste ein Mensch sein, zu dem der abgebildete Daumen passt?

2 Vor dem Fußballschuh, der in Berlin zur Weltmeisterschaft 2006 aufgestellt wurde, steht die 1,60 m große Melanie. Wie groß müsste eine Fußballspielerin ungefähr sein, der dieser Schuh passen würde?

3 Wie groß müsste ein Mensch sein, zu dem dieser Rucksack passt?

1 Neue Preise

a) Vor einem Monat kostete ein BMX-Fahrrad, für das Anna sich interessiert, noch 639,– €. Inzwischen ist es 15 % teurer geworden.
Wie hoch ist der neue Preis gerundet auf Euro?

Neuer Preis: ______________

b) Der Preis für einen Sturzhelm wurde von 59,– € auf 49,– € gesenkt. Berechne die Preisänderung in Prozent. Runde auf ganze Prozent.

Preissenkung: ______________

c) Eine orange Sicherheitsweste kostet nach einer Preissenkung um 5 % jetzt 14,80 €. Wie teuer war sie vor der Preissenkung? Runde auf eine Stelle nach dem Komma.

Alter Preis: ______________

2 Autofarben

Ein Autohändler führt Statistik darüber, welche Fahrzeuge von den Käufern bevorzugt werden. Am beliebtesten sind silbergrau und schwarz (s. Tabelle).
Im letzten Jahr verkaufte der Autohändler 228 Autos.

Farbe	Anzahl	Anteil	
		als Bruch	in %
silbergrau	76		
schwarz	57		
Sonstige			

a) Rechne und ergänze die Häufigkeitstabelle. Gib die Anteile als vollständig gekürzten Bruch und in Prozent an.

b) Der Autohändler will in diesem Jahr 300 Autos verkaufen. Mit wie vielen schwarzen Autos kann er dann rechnen?

____

c) Angenommen, die Farbe silbergrau wird mit einer Wahrscheinlichkeit von $\frac{1}{3}$ und die Farbe schwarz mit einer Wahrscheinlichkeit von $\frac{1}{4}$ gewählt. Wie groß ist dann die Wahrscheinlichkeit, dass bei zwei verkauften Autos
(1) beide Autos silbergrau sind,
(2) ein Auto silbergrau und das andere schwarz ist?
Vervollständige und beschrifte zunächst das folgende Baumdiagramm:

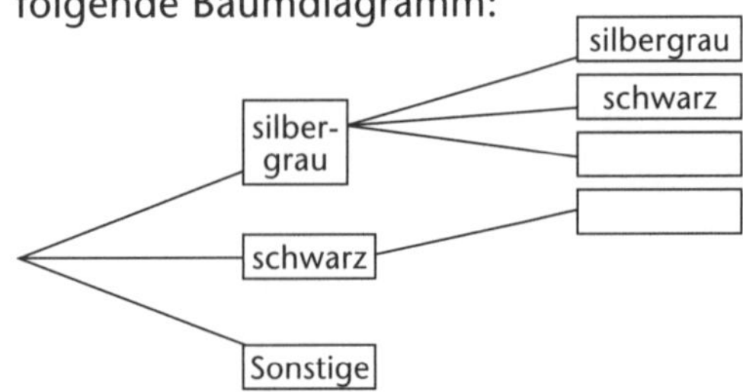

3 Busfahrt

Das Reiseunternehmen „Grenzenlos" bietet Busfahrten nach Paris an. Die Abbildung zeigt die Tankfüllung des Reisebusses während der Fahrt von Köln (**K**) nach Paris (**P**).

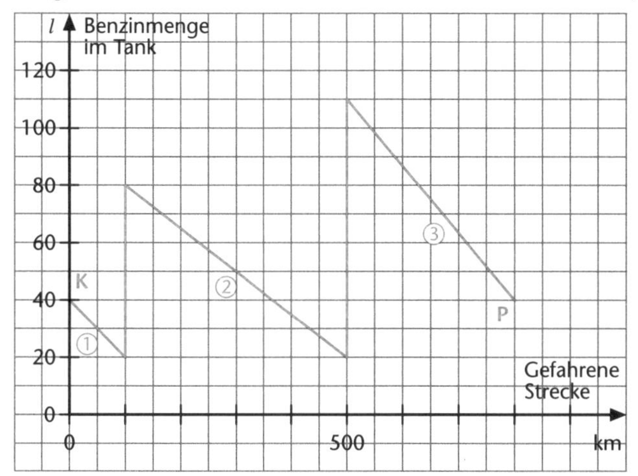

a) Wie oft wurde angehalten, um zu tanken?

____

b) Wie groß ist die Entfernung von Köln nach Paris ungefähr?

____

c) Auf welcher Teilstrecke ①, ② oder ③ war der Benzinverbrauch pro 100 km am größten?

____

d) Wie viel Liter Benzin verbrauchte der Bus auf der gesamten Fahrt?

____

4 Lotterie

Die 2000 Lose einer Lotterie setzen sich so zusammen:

- 80 % Nieten
- 15 Hauptgewinne von je 50,00 €
- 4 % Preise von je 6,00 €
- Rest Trostpreise von je 0,50 €

Ein Los kostet 1,00 €.

a) Hat der Losverkäufer Recht? Begründe.

____

b) Es wurden alle Lose verkauft. Berechne den Gewinn der Lotterie.

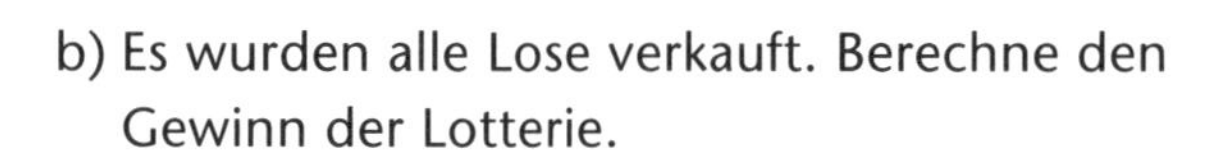

____

5 Flugzeug

Nach 26,3 km Flug befindet sich das Flugzeug über A - Dorf.
In welcher Höhe überfliegt es das Dorf und mit wie viel Prozent Steigung im Durchschnitt ist es aufgestiegen?

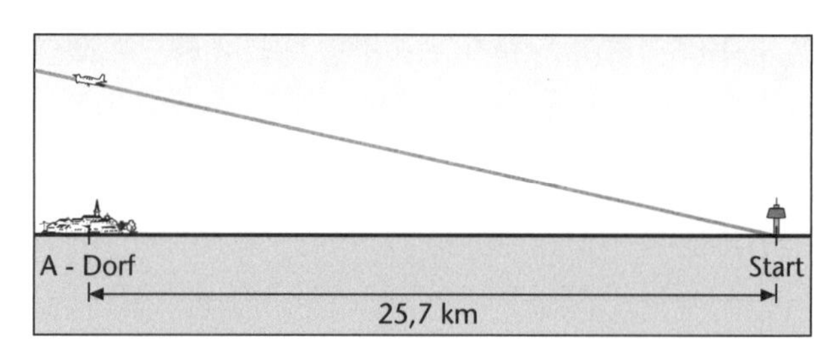

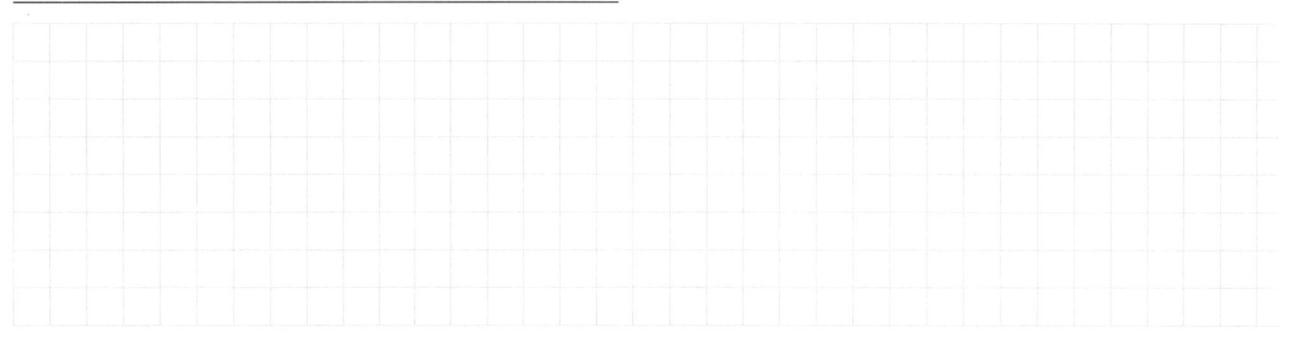

6 Kreisförmige Tischdecke

Auf einem kreisförmigen Tisch befindet sich eine kreisförmige Tischdecke. Die Decke hängt so über die Tischkante, wie es die Zeichnung zeigt.

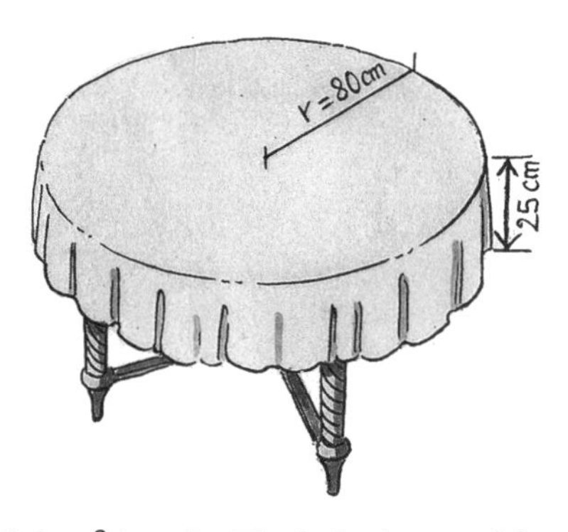

a) Wie viel m² ist die Tischdecke groß?

b) Wie viel Prozent der Tischdecke liegen auf dem Tisch?

7 Chormitglieder

30 % der Mitglieder eines Chores sind Männer. 65 % der Männer und 45 % der Frauen sind 60 Jahre alt oder älter. Wie viel Prozent aller Chormitglieder sind mindestens 60 Jahre alt? Bestimme den Anteil mithilfe eines Baumdiagramms.

8 Musik aus dem Netz

Verschiedene Online-Händler bieten Musiktitel zum Download an.

MUSICPOINT
Jedes Lied:
1 €

Poolmusic
Pro Song: **1,25 €**
Der erste Song gratis!
Mindestbestellmenge: 2 Lieder

SONGLOAD
Jedes Lied: **0,75 €**
Gebühr pro Bestellung: 2,50 €

a) Stelle die verschiedenen Angebote im Koordinatensystem dar.

b) Wie lautet die Funktionsgleichung für das Angebot von SONGLOAD?

y = ______________.

c) Mira möchte 8 Songs kaufen. Für welchen Anbieter sollte sie sich entscheiden? Begründe deine Empfehlung.

____

____

____

____

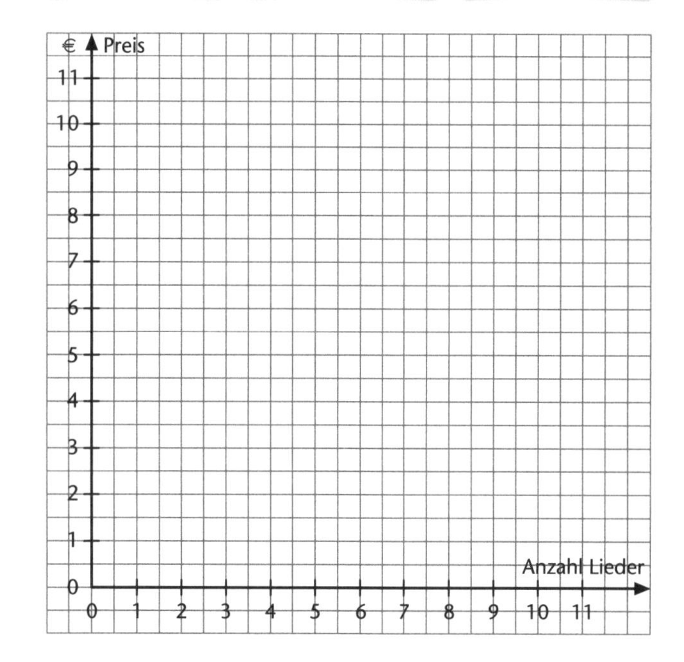

9 Tagesschaumeldung

Die Tagesschau (ARD) meldete am 13.06.2011:

„Ein Lediger mit 70 000 € Jahreseinkommen muss Kosten bis zu 7 % des Einkommens selbst tragen, also 7 000 €."

Die nebenstehende Meldung ist fehlerhaft. Begründe.

____

____

____

10 Unfälle auf dem Schulweg

Eine Zeitung berichtet über Unfälle von Schülerinnen und Schülern auf dem Schulweg.

	Schulweg mit Fahrrad	davon verunglückten
Jungen	1000	140
Mädchen	300	60

a) Die Zeitung meldet zu der nebenstehenden Statistik: „Von allen, die auf dem Schulweg mit dem Rad verunglücken, sind 70 % Jungen."
Stimmt das? Begründe mit einer Rechnung.

____

____

b) Die Zeitung meldete auch: „Jungen sind beim Radfahren gefährdeter als Mädchen."
Erlaubt die Statistik diese Aussage? Begründe.

____

____

11 Zahlenrätsel

a) Finde zu den Zahlenrätseln eine passende Gleichung und löse sie.

(1) Verdoppelst du die Summe aus dem Fünffachen einer Zahl und 7, so erhältst du das um 53 vermehrte Produkt aus dieser Zahl und – 3.

(A) $2(5x + 7) = -3x + 53$

(B) $2 \cdot 5x + 7 = -3x + 53$

(C) $2(5x + 7) = -3x \cdot 53$

(2) Subtrahierst du von einer Zahl – 8, so erhältst du das Fünffache dieser Zahl vermehrt um 64.

(D) $x - 8 = 5x + 64$

(E) $x : 8 = 5x + 64$

(F) $x - (-8) = 5x + 64$

(3) Max verringert das Vierfache einer Zahl um 17, Moritz verdreifacht die Differenz zwischen dieser Zahl und 2. Beide erhalten das gleiche Ergebnis.

(G) $4x - 17 = 3x - 2$

(H) $4x - 17 = 3(x - 2)$

(I) $4(x - 17) = 3(x - 2)$

(1) ____________ (2) ____________ (3) ____________

12 Haus mit Pultdach

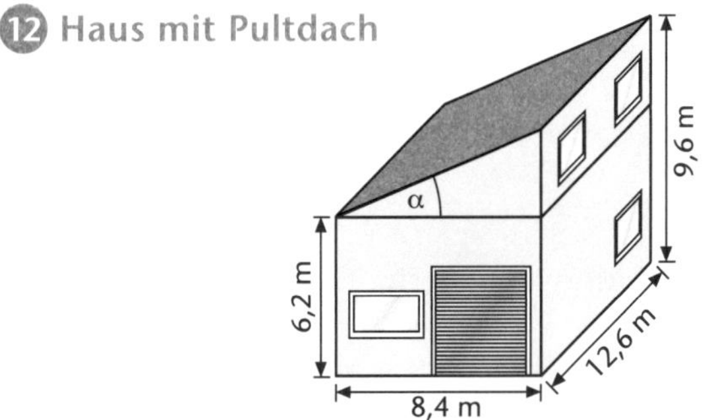

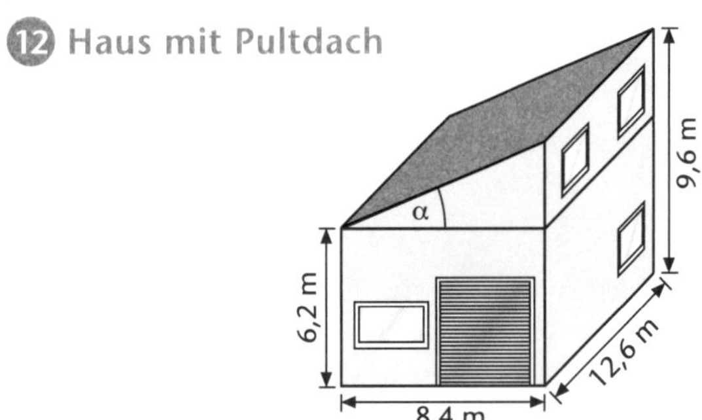

a) Berechne den umbauten Raum des Hauses.

____

b) Wie groß ist der Flächeninhalt der Seitenflächen?

____

c) Berechne den Neigungswinkel α des Daches.

13 Taschengeld

Eine Gruppe von Jugendlichen wurde nach der Höhe ihres monatlichen Taschengeldes befragt und das Ergebnis wurde in einem Boxplot dargestellt. Formuliere einige Aussagen, die du am Boxplot ablesen kannst. Benutze dabei auch die Begriffe *Spannweite, Median, unteres Quartil, oberes Quartil* und *Streuung.*

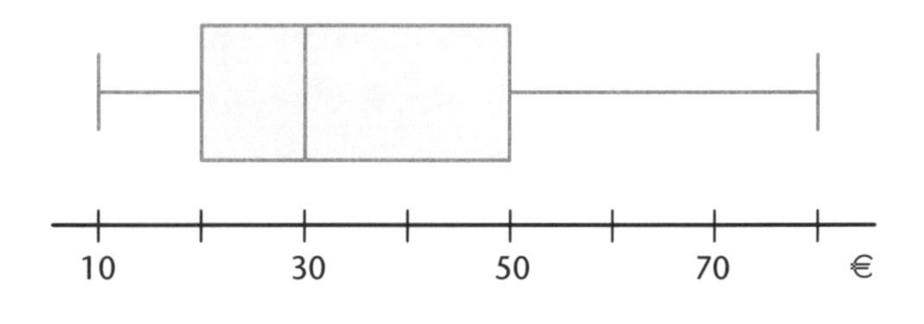

____

____

____

14 Sektglas

Wie verändert sich das Volumen des nebenstehend abgedruckten Sektglases, wenn man seine Höhe und seinen Radius verdoppelt? Schreibe auf, wie du rechnest.

15 Elefantenfüße

Die blaue Moschee in Istanbul gehört zu den beeindruckendsten Bauten der Welt. Ihre 43 m hohe Hauptkuppel, die einen Durchmesser von knapp 24 m aufweist, wird von vier dicken massiven Pfeilern getragen, die wegen ihres Aussehens auch „Elefantenfüße" genannt werden. Alle vier Elefantenfüße sind gleich hoch. Auf dem Foto ist ungefähr das unterste Viertel eines Elefantenfußes zu sehen.

a) Schätze die Maße des Elefantenfußes.

Durchmesser: ____________ Höhe: ____________

b) 1 m^3 des Pfeilers wiegt ca. 2 t. Wie viel Tonnen wiegen ungefähr die vier Elefantenfüße zusammen? Rechne mit den Schätzwerten aus a).

Masse: ____

16 Strom

Die nebenstehende Grafik zeigt die Entwicklung der Solarstromerzeugerkosten im Vergleich zum „normalen" Strompreis.

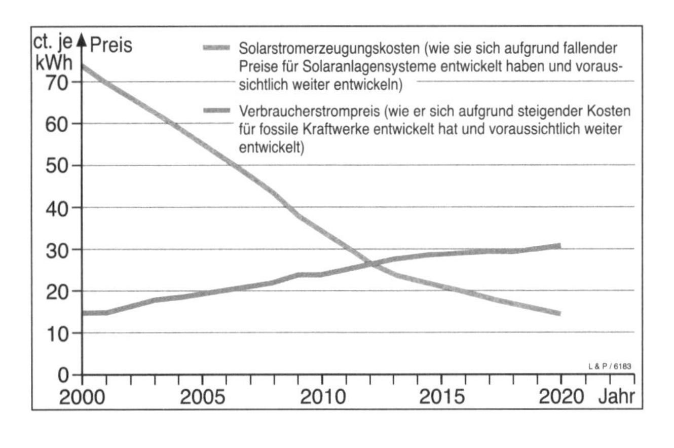

a) Um wie viel Cent ist der Preis für die Solarstromerzeugung im Durchschnitt pro Jahr zwischen 2000 und 2010 gefallen?

b) In welchem Jahr betrugen die Kosten für die Solarstromerzeugung das Doppelte der „normalen" Strompreise?

c) Die Prognose ab dem Jahr 2012 geht von einer konstanten jährlichen Abnahme des Solar-Strompreises in Cent aus. Begründe, warum sich der Strompreis für Solarstrom in den nächsten 30 Jahren nicht in dieser Weise weiterentwickeln kann.

d) In 20 Jahren haben sich die „normalen" Strompreise verdoppelt. Erstelle in deinem Heft ein Diagramm, das den Eindruck vermittelt, dass die Kosten für „normalen" Strom nahezu konstant bleiben bzw. nur sehr langsam steigen.

17 Gleichungen

Löse die Gleichungen. Überlege zuerst, ob du eine Lösungsformel brauchst.

(1) $(x + 3) \cdot (8 - 2x) = 0$

Lösungen:

____

(2) $x^2 + 5x = 0$

Lösungen:

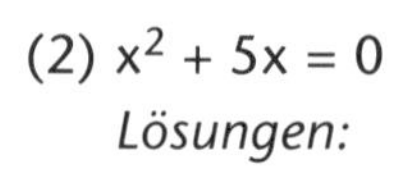

____

(3) $3x^2 - 8 = 4$

Lösungen:

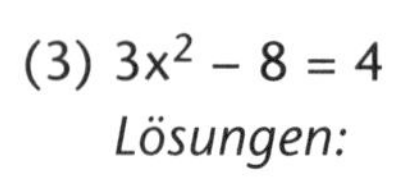

____

(4) $2x^2 - 12x + 4 = 18$

Lösungen:

____

18 Bogenbrücke

Die Abbildung zeigt den parabelförmigen Bogen einer steinernen Brücke.

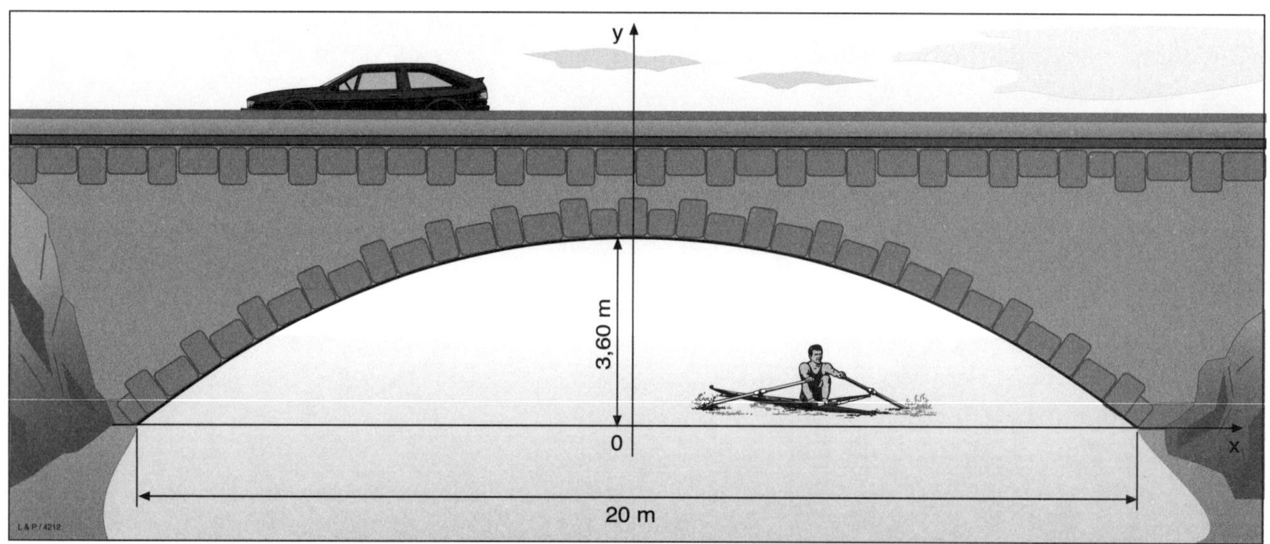

Der Bogen unter der Brücke kann mit einer Funktionsgleichung der Form $y = ax^2 + c$ beschrieben werden.

a) Bestimme c in dieser Funktionsgleichung. c = __________

b) Bestimme a in dieser Funktionsgleichung. a = __________

19 Nerobergbahn

Seit mehr als 120 Jahren fährt in Wiesbaden die Nerobergbahn, die ausschließlich durch Schwerkraft einen Höhenunterschied von 83 m überwindet. Und das geht so: Der talwärts fahrende Wagen zieht den anderen Wagen nach oben. Das nötige Gewicht liefert das sogenannte Ballastwasser, das jeweils der nach unten fahrende Wagen in einem Tank mit sich führt.
Ermittle die Länge der blauen Gleisstrecke von Nerotal nach Neroberg.

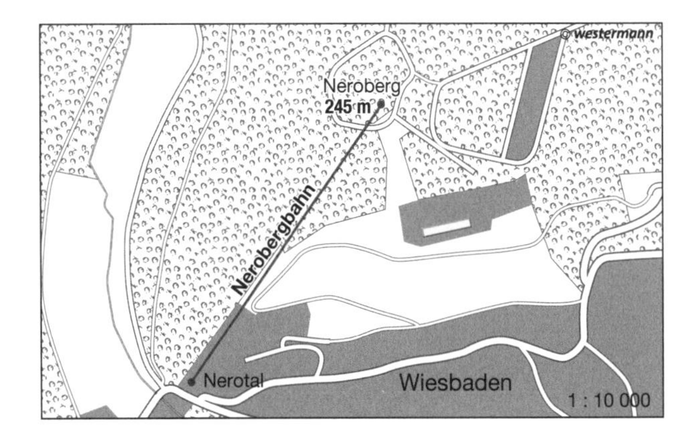

20 Weltbevölkerung

Im Oktober 2011 meldeten die Medien: Die Weltbevölkerung hat die Marke von sieben Milliarden erreicht. 1804 gab es 1 Mrd. Menschen, 1927 waren es 2 Mrd. und 1974 schon 4 Mrd.

a) Welche (durchschnittliche, gleichbleibende) Wachstumsrate pro Jahr zwischen 1927 und 1974 passt hierzu? Kreuze an. Schreibe zur Begründung deinen Rechenweg dazu auf.

☐ 1,01 %　☐ 1,28 %　☐ 1,45 %
☐ 1,49 %　☐ 2,12 %

b) Schätzungen für die Weltbevölkerung nach 2011 rechnen mit weniger als 1 % Zuwachs pro Jahr. Wie viele Menschen leben dann höchstens im Jahr 2050 auf der Erde?

___

21 Änderung des Kreisradius

Welche Aussagen sind falsch? Kreuze die falschen an. Begründe deine Antwort.
Wenn man den Radius eines Kreises …

a) … verdoppelt, dann verdoppelt sich auch die Länge des Umfangs. ☐

b) … verdoppelt, dann verdoppelt sich auch der Flächeninhalt. ☐

c) … verdreifacht, dann verdreifacht sich auch die Länge des Umfangs. ☐

d) … verdreifacht, dann verdreifacht sich auch der Flächeninhalt. ☐

Begründungen zu ____________:

___

___

___

22 Liebesschlösser

Das Foto zeigt die Hohenzollernbrücke in Köln. An einer Seite der Brücke gibt es zwischen jeweils zwei von 50 senkrechten Stahlträgern sechs Gitter, an denen „Liebesschlösser" hängen.

a) Schätze die Anzahl aller Schlösser an dieser Brückenseite.

b) In einer Zeitung stand: „Mehr als 40 000 Schlösser hängen dort." Wie viele hängen dann durchschnittlich an jedem Gitter?

23 Pausenhof der da-Vinci-Schule

Im Bundesland der da-Vinci-Schule gibt es eine Vorschrift für die Größe des Pausenhofes an Schulen: Pro Schüler müssen 5 m^2 Platz sein.
Die da-Vinci-Schule hat 640 Schüler und Schülerinnen. Der rechteckige Pausenhof ist 40 m breit und 73 m lang.

a) Genügt der Pausenhof den Vorschriften?

b) Wie ist die Länge des Pausenhofs bei gleicher Breite zu ändern, damit er exakt die Vorschriften erfüllt?

24 Wohnmobil

Für die kommenden Sommerferien plant Familie Wiener drei Wochen (21 Tage) lang mit dem Wohnmobil Südfrankreich zu erkunden. Die geplante Reiseroute umfasst etwa 2500 km.
Welches der drei Angebote würdest du Familie Wiener empfehlen? Begründe.

Die Angebote von drei Verleihfirmen lauten:

	Mietgebühr pro Tag	€ pro gefahrene Kilometer
Firma A:	20 €	0,20 €
Firma B:	30 €	0,10 €
Firma C:	32 €	0,05 €

25 Riesen-Kürbis

Der Amerikaner Chris Stevens hat 2010 den größten Kürbis der Welt gezüchtet und sich damit einen Eintrag ins Guinnessbuch der Rekorde gesichert. Sein Kürbis brachte es auf einen Umfang von 4,7 m. Mit 821,24 kg war das Gewicht zudem 38,56 kg schwerer als der bisherige Rekordhalter. Auf die Seite gelegt, reicht der Kürbis einem normal großen Menschen bis zur Hüfte. Malte möchte wissen, wie groß das Volumen des Kürbisses in etwa ist. Zunächst schätzt er mithilfe der Angaben im Text und des Fotos die Maße des Kürbisses ab. Dann stellt er sich den Kürbis nacheinander als Quader mit quadratischer Grundfläche, als Zylinder und als Kugel vor und schätzt so auf drei verschiedene Arten das Volumen des Kürbisses ab.

a) Gehe wie Malte vor. Schätze die benötigten Maße und führe die drei Rechenwege aus.

b) Welche der drei Abschätzungen eignet sich am besten? Begründe.

Quader:

Zylinder:

Kugel:

26 Sonderpreis

a) Mit welchen Methoden (1), (2), (3) wird der Mofapreis bei Barzahlung richtig berechnet?
   (1) Man berechnet 15 % von 1500,– € und subtrahiert das Ergebnis von 1500,– €.
   (2) Man berechnet 85 % von 1500,– € und zieht davon noch 3 % ab.
   (3) Den Preis bei Barzahlung kann man so berechnen: 1500 € · 0,85 · 0,97.

   Methoden: ____________________

b) Was kostet das Mofa bei Barzahlung?

   Preis: ____________________

27 Behälter mit Kugeln

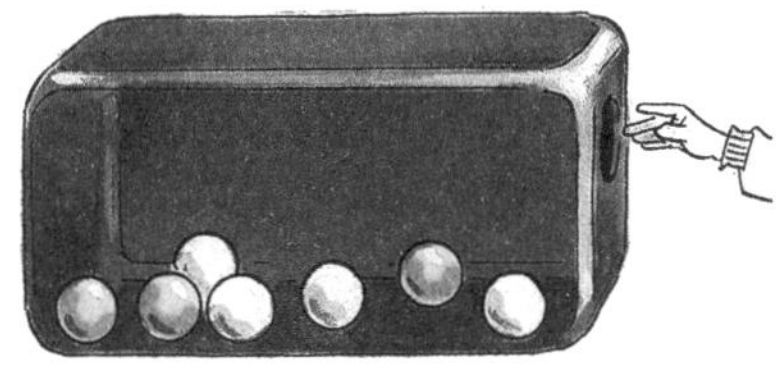

In einem Behälter sind 3 blaue und 4 weiße Kugeln. Marc schlägt Björn folgendes Spiel vor:

„Du darfst verdeckt nacheinander zwei Kugeln ziehen, ohne die zuerst gezogene Kugel in den Behälter zurückzulegen. Du gewinnst, wenn die beiden Kugeln die gleiche Farbe haben, sonst gewinne ich."

Zeichne ein Baumdiagramm und berechne die Gewinnchancen.

Baumdiagramm:

Gewinnchance für Marc: ____________________

Gewinnchance für Björn: ____________________

Bearbeitungszeit: 1. Prüfungsteil 30 Minuten; 2. Prüfungsteil 90 Minuten

Prüfungsteil 1: Aufgabe 1

a) In einer Klasse sind doppelt so viele Mädchen wie Jungen.
Gib den Anteil der Jungen und Mädchen als Bruchzahl an. Bruchzahl: ____________

b) Der abgebildete Kegel hat die Maße $r = 20$ cm und s = 50 cm.

(1) Berechne das Volumen des Kegels. Notiere deine Rechnung.

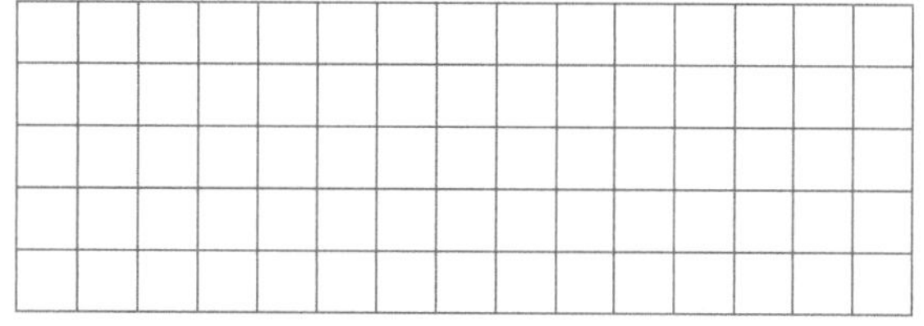

Volumen des Kegels: ____________________

(2) Wie groß ist der Neigungswinkel α des Kegels?
Notiere deine Rechnung.

Neigungswinkel α: ____________________

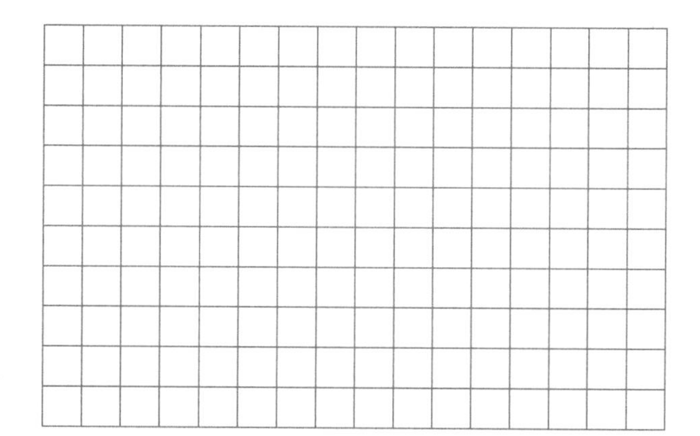

c) Auf dem Foto siehst du 2,50 m hohe Stützpfeiler in der Form von runden Buntstiften. Sie entsprechen in ihren Proportionen echten Buntstiften (Maßstabstreue).

(1) Ein echter Buntstift ist 17,5 cm lang und hat einen Durchmesser von 0,7 cm.
Zeige, dass der Durchmesser eines Stützpfeilers 10 cm beträgt. Notiere deine Rechnung.

(2) Die dunklen Flächen der beiden Stützpfeiler sollen gestrichen werden. Farbe für eine Fläche von 2 m² ist vorhanden.
Überschlage durch eine Rechnung, ob die Farbe ausreicht.

Antwort: ____________________

d) Gib die Anzahl der Lösungen des folgenden linearen Gleichungssystems an und begründe:

$y = 2x + 3$

$y = 2x + 0{,}4$ Anzahl: ________

Begründung: ____

____

e) Ein gleichschenkliges Dreieck heißt „goldenes Dreieck", wenn für seine Basis c und die Schenkel a gilt: $(a + c) \cdot c = a \cdot a$
Berechne die Länge der Basis c für ein solches Dreieck, wenn die Schenkel 5 cm lang sind. Notiere deine Rechnung.

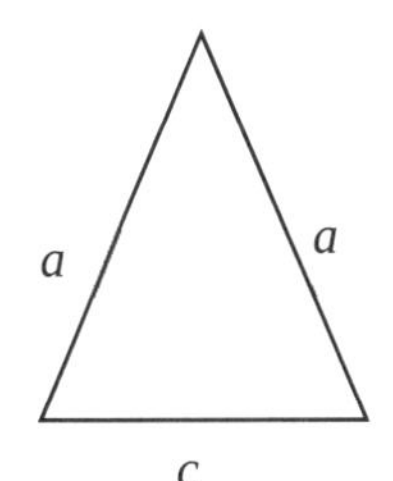

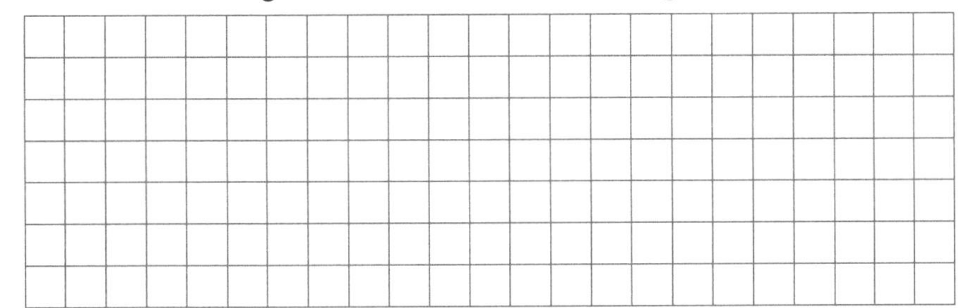

Ergebnis:

c = ________

Prüfungsteil 2: Aufgabe 2

Frau Schmidt kauft im Sommer für ihren Garten einen Rosenstrauch, auf dem eine Blattlaus sitzt.

Eine einzelne Blattlaus kann sich selbst vermehren. Pro Woche verfünffacht sich die Anzahl der Blattläuse auf dem Rosenstrauch.

Blattlaus

a) Zeige, dass aus einer Blattlaus nach drei Wochen 125 Blattläuse geworden sind. Notiere deine Rechnung.

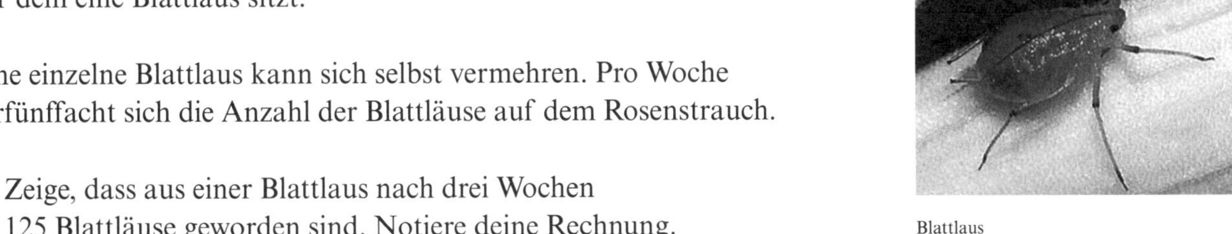

b) Mit der Funktionsgleichung $f(x) = 5^x$ kann man die Anzahl der Blattläuse ermitteln, wenn sie sich vermehren wie oben beschrieben.

(1) Gib die Bedeutung der Variable x in dieser Gleichung an.

____

(2) Berechne den Funktionswert für $x = 0$ und erläutere das Ergebnis am Beispiel der Blattläuse.

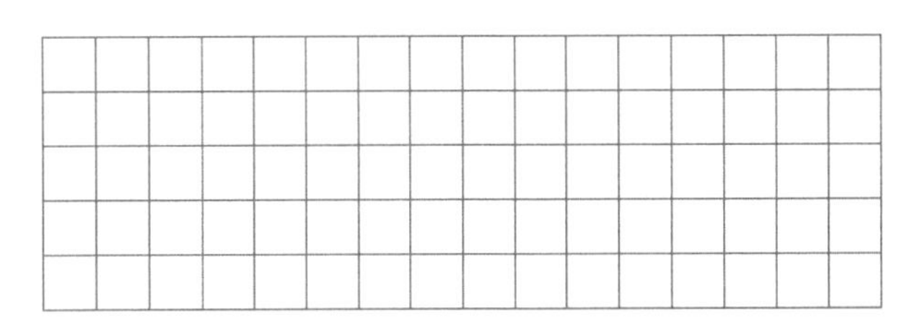

Erläuterung: ________________________

____

c) Stelle die Vermehrung einer Blattlaus für einen Zeitraum von drei Wochen in einem geeigneten Koordinatensystem dar.

d) Nach wie vielen Wochen können sich aus einer Blattlaus fast 80 000 Blattläuse entwickeln? Notiere deine Rechnung.

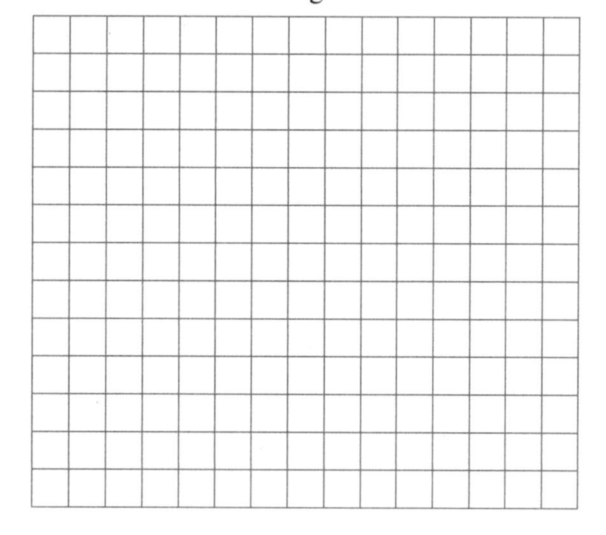

Antwort: ______________________________

____

e) Frau Schmidt rechnet nach, dass sich im Sommer des nächsten Jahres (also genau ein Jahr später) rund $2{,}22 \cdot 10^{36}$ Blattläuse auf ihrer Rose befinden würden.

(1) Überprüfe die Rechnung von Frau Schmidt.

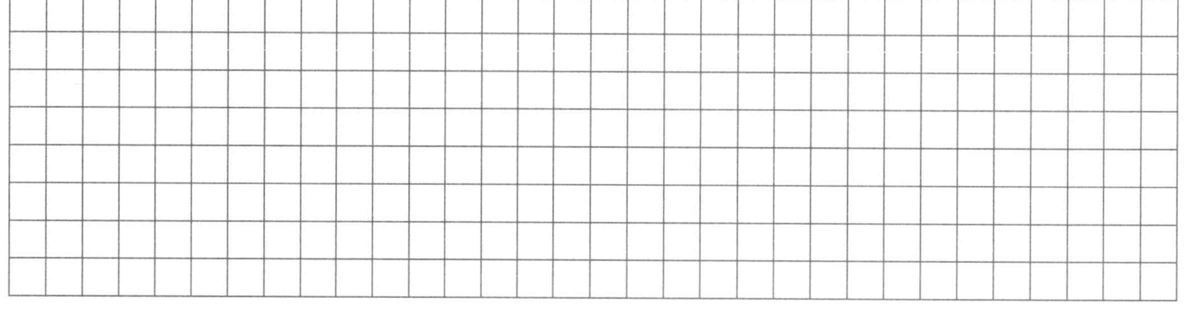

(2) Hältst du diese Vorhersage für die Anzahl der Blattläuse für realistisch? Begründe deine Meinung.

____

____

____

f) Mit welcher der folgenden Funktionsgleichungen kann die Anzahl der Blattläuse ermittelt werden, wenn zu Beginn 100 Blattläuse auf einer Pflanze gezählt werden? Kreuze an.

☐ $g(x) = 500^x$ ☐ $g(x) = 100 + 5^x$ ☐ $g(x) = 100 \cdot 5^x$ ☐ $g(x) = 5^{x+100}$

Prüfungsteil 2: Aufgabe 3

Anne und Paul spielen „Stein – Schere – Papier“. Auf ein Kommando formen beide gleichzeitig ihre Hand zu einem der drei Zeichen.
Es gilt:

- „Stein“ gewinnt gegen „Schere“, weil er die Schere stumpf macht.
- „Schere“ gewinnt gegen „Papier“, weil sie das Papier schneidet.
- „Papier“ gewinnt gegen „Stein“, weil es den Stein einwickelt.
- Zeigen beide dasselbe Zeichen, endet die Runde unentschieden.

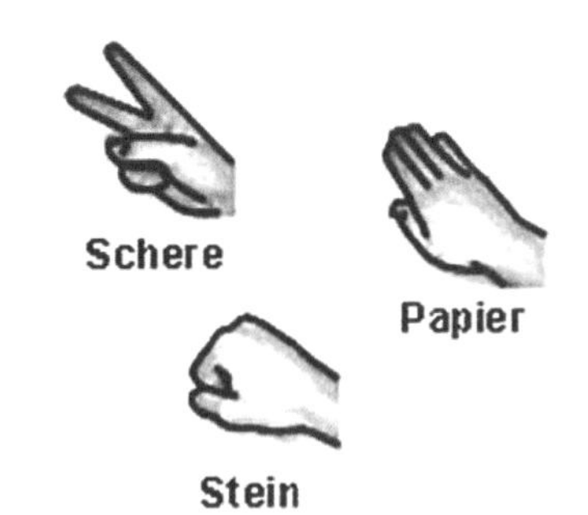

Im Folgenden wird angenommen, dass beide ihre Wahl rein zufällig treffen.

a) Anne und Paul spielen das Spiel achtmal. Sie haben die ersten fünf Runden mit folgenden Ergebnissen gespielt.

	1. Runde	2. Runde	3. Runde	4. Runde	5. Runde	6. Runde	7. Runde	8. Runde
Anne	Papier	Papier	Stein	Schere	Stein			
Paul	Stein	Schere	Stein	Papier	Schere			

(1) Wie viele Runden hat Anne gewonnen?

____

(2) Gesamtsieger ist, wer die meisten Runden gewonnen hat. Fülle die Tabelle so aus, dass Paul der Gesamtsieger ist.

b) (1) Notiere in der Tabelle unten, wer jeweils gewinnt. Wo liegt ein Unentschieden vor?
(Die rechte Spalte und die unterste Zeile bleiben zunächst für die Aufgabe c) frei.)

(2) Bestimme die Wahrscheinlichkeit, dass in einer Runde von Anne „Stein“ und von Paul „Papier“ gewählt werden.

____

(3) Bestimme die Wahrscheinlichkeit, dass Paul eine Runde gewinnt.

____

(4) Bestimme die Wahrscheinlichkeit, dass Paul zwei Runden nacheinander gewinnt.

____

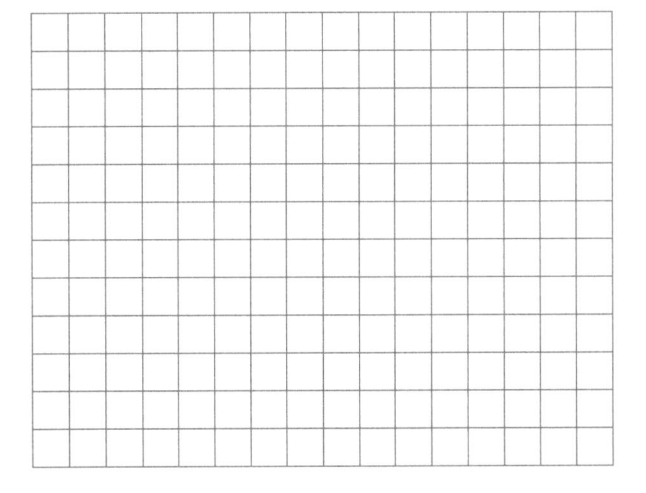

Paul / Anne	Stein	Schere	Papier	
Stein		**Anne gewinnt**		
Schere				
Papier				

c) Das Spiel kann um „Brunnen“ erweitert werden.
- „Brunnen“ gewinnt gegen „Stein“ und „Schere“, weil sie im Brunnen versinken.
- „Papier“ gewinnt gegen „Brunnen“, weil es ihn abdeckt.

(1) Trage in die Tabelle von Teilaufgabe b) 1) „Brunnen“ ein und fülle die rechte Spalte und die unterste Zeile aus.

(2) Anne und Paul spielen das Spiel nun mit „Brunnen“.
Ist die Wahrscheinlichkeit, dass eine Runde unentschieden endet, jetzt größer?
Begründe.

___

___

___

(3) Anne überlegt, welches Handzeichen sie machen soll, damit ihre Gewinnchance möglichst groß ist.
Gib ihr einen Tipp und begründe ihn z. B. mit Hilfe der Tabelle aus b) 4).

___

___

___

Prüfungsteil 2: Aufgabe 4

Die abgebildete Figur entsteht in mehreren Schritten:
- Im 1. Schritt wird ein Quadrat gezeichnet.
- Im 2. Schritt wird an allen vier Ecken ein Quadrat mit halber Seitenlänge angefügt.
- In den weiteren Schritten wird dieses Verfahren fortgesetzt (s. Grafik).

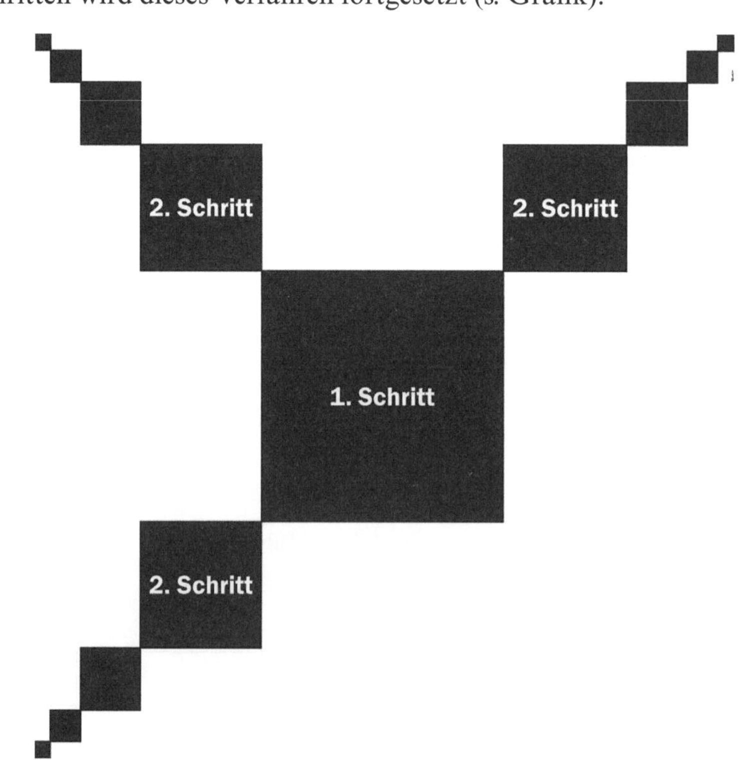

a) In der abgebildeten Figur hat das Ausgangsquadrat (Schritt 1) eine Seitenlänge von 4 cm.

(1) Zeichne in der abgebildeten Figur auf der Seite 92 die Quadrate unten rechts bis zum 3. Schritt. Zeichne genau.

(2) Aus wie vielen Quadraten besteht die gesamte Figur nach dem 4. Schritt? ____________

(3) Begründe, dass die Figur nach n Schritten aus $1 + 4 \cdot (n - 1)$ Quadraten besteht.

____

____

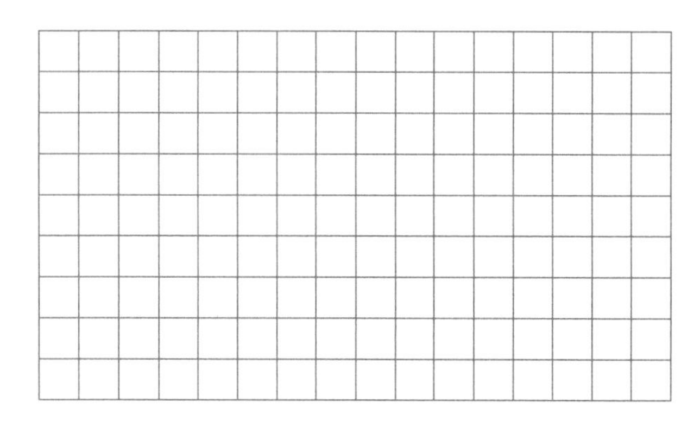

(4) Zeige, dass der Flächeninhalt der gesamten Figur nach dem 3. Schritt 36 cm^2 beträgt. Notiere deine Rechnung.

(5) Um wie viel Prozent wächst der Flächeninhalt der gesamten Figur vom 3. zum 4. Schritt? Notiere deine Rechnung.

Antwort: 

b) Franziska berechnet den Flächeninhalt der Figur ab dem 5. Schritt mit Hilfe einer Tabellenkalkulation.

	A	B	C	D
1	**Schritt**	**Seitenlänge der Quadrate**	**Flächeninhalt von 4 Quadraten**	**Flächeninhalt der Gesamtfigur**
2				
3	5	0,25	0,25	37,25
4	6	0,125	0,0625	37,3125
5	7	0,0625	0,015625	
6	8	0,03125	0,0039063	37,3320313
7	9	0,015625	0,0009766	37,3330078
8	10	0,0078125	0,0002441	37,3332520
9	11	0,0039063	0,0000610	37,3333130
10	12	0,0019531	0,0000153	37,3333282
11	13	0,0009766	0,0000038	37,3333321

(1) Lies aus der Tabelle ab, welchen Flächeninhalt die angefügten vier Quadrate des 6. Schrittes haben.

Flächeninhalt: ____________

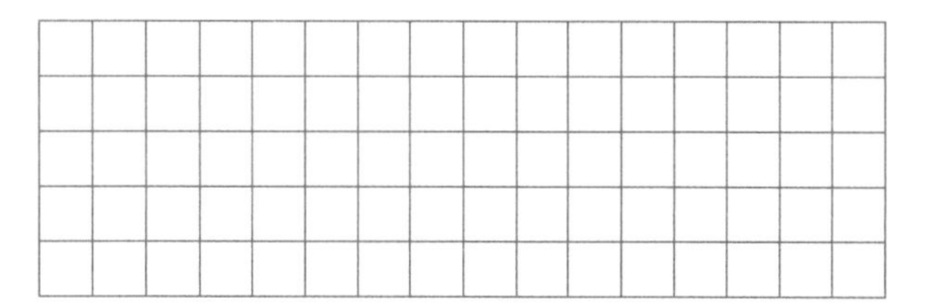

(2) Berechne den Wert in Zelle D5. Notiere deine Rechnung.

Wert in Zelle D5: ____________

(3) Gib eine mögliche Formel zur Berechnung des Wertes in Zelle D10 an.

Formel: ____________

(4) Formuliere mit Hilfe der Tabelle eine Vermutung über den Flächeninhalt der Gesamtfigur nach dem millionsten Schritt (Figur 1 000 000).

____

Bearbeitungszeit: 1. Prüfungsteil 30 Minuten; 2. Prüfungsteil 90 Minuten

Prüfungsteil 1: Aufgabe 1

a) Schätze, wie viele Kilometer hoch ein Turm aus 2,4 Milliarden 1-Cent-Münzen ungefähr wäre. Beschreibe, wie du vorgegangen bist.

____

b) Die Anzahl einer Bakterienart verdoppelt sich durchschnittlich alle 20 Minuten.
Zu Beginn eines Experiments sind ungefähr 3 Millionen Bakterien in einem Reagenzglas.
Wie viele Bakterien sind 2 Stunden später vorhanden? Notiere deine Rechnung.

Antwort: ______________________________

____

c) Ein kegelförmiger Partyhut hat am unteren Rand einen Durchmesser von 30 cm und ist 25 cm hoch. Wie viel Papier benötigt man für die Herstellung von einem Partyhut mindestens? Notiere deine Rechnung.

Antwort: ______________________________

____

d) Malak untersucht mithilfe einer Tabellenkalkulation Rechtecke mit dem Flächeninhalt 144 cm^2. Dabei berechnet er für unterschiedliche Längen der Seite a die zugehörige Länge der Seite b und den zugehörigen Umfang.

	A	B	C
1	Gegebener Flächeninhalt des Rechtecks: 144 cm²		
2			
3			
4	Seite *a* [in cm]	Seite *b* [in cm]	Umfang [in cm]
5	1,5	96,0	195,0
6	3,0	48,0	102,0
7	4,5		73,0
8	6,0	24,0	60,0
9	7,5	19,2	53,4
10	9,0	16,0	
11	10,5	13,7	48,4
12	12,0	12,0	48,0
13	13,5	10,7	48,3
14	15,0	9,6	49,2
15	16,5	8,7	50,5
16	18,0	8,0	52,0
17	19,5	7,4	53,8
18	21,0	6,9	55,7
19	22,5	6,4	57,8

(1) Berechne für die Zellen B7 und C10 die fehlenden Werte.

Zelle B7: ______________________________

Zelle C10: ______________________________

(2) Gib für B5 und C5 jeweils eine Formel an.

Formel für B5: ______________________________

Formel für C5: ______________________________

e) Die folgende Tabelle gibt Auskunft über die Internetnutzung im Jahr 2010.

(alle Angaben in %)	alle Altersgruppen	getrennt nach Altersgruppen (Angaben in Jahren)							
		10–15	16–24	25–34	35–44	45–54	55–64	65–74	75–
Insgesamt 2010	**75**	**96**	**98**	**96**	**93**	**84**	**65**	**41**	**16**
Veränderung zu 2009 in Prozentpunkten	+ 2	± 0	+ 1	+ 1	+ 2	+ 3	+ 4	+ 6	+ 2
Männlich 2010	80	95	97	97	94	86	71	51	25
Weiblich 2010	70	96	98	96	93	81	58	33	11

Kreuze an, ob die folgenden Aussagen wahr oder falsch sind:

	wahr	**falsch**
In keiner Altersgruppe gab es 2010 im Vergleich zu 2009 einen Rückgang.	○	○
Die größte Steigerung im Vergleich zu 2009 erfolgte in der Altersgruppe der 16- bis 24-Jährigen.	○	○
Bei Menschen bis zum Alter von 44 Jahren ist der Anteil bei den weiblichen und den männlichen Internetnutzern etwa gleich groß.	○	○
Insgesamt gibt es prozentual mehr Frauen als Männer, die das Internet 2010 nicht genutzt haben.	○	○
2009 haben 47 % der 65- bis 74-Jährigen das Internet genutzt.	○	○

Prüfungsteil 2: Aufgabe 2

Der Kraftstoffverbrauch wird für Fahrzeuge durch den durchschnittlichen Verbrauch in Litern (*l*) auf einer Strecke von 100 Kilometern angegeben. Der Kraftstoffverbrauch eines Autos hängt vor allem von der gefahrenen Geschwindigkeit ab.

a) Das Diagramm zeigt den Kraftstoffverbrauch für ein Auto, das im höchsten Gang gefahren wird. Daher beginnt der Graph bei 70 $\frac{\text{km}}{\text{h}}$.

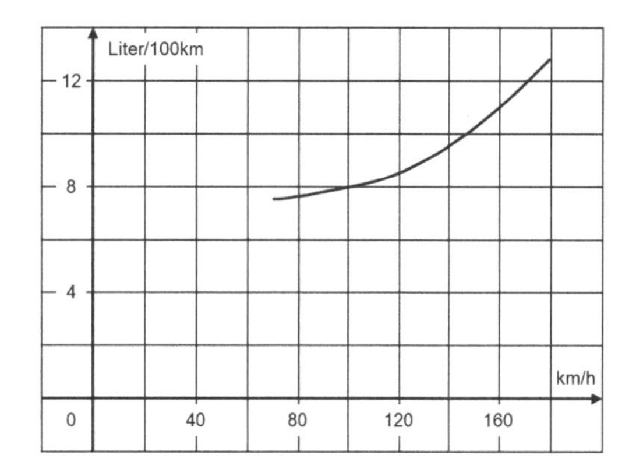

(1) Wie schnell fährt das Auto durchschnittlich, wenn es 11 *l* auf 100 km verbraucht?

Antwort: ______________________

____

(2) Um wie viel Prozent liegt der Verbrauch bei 180 $\frac{\text{km}}{\text{h}}$ über dem Verbrauch bei 100 $\frac{\text{km}}{\text{h}}$? Notiere deine Rechnung.

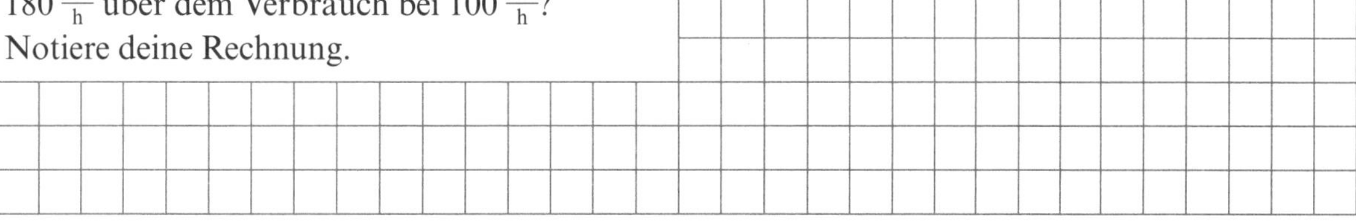

Antwort: ______________________

b) Familie Wacker fährt mit einem vollgetankten Auto in den Urlaub. Ihr Fahrzeug hat einen Bordcomputer, der während der Fahrt u. a. Informationen über gefahrene Kilometer und Kraftstoffverbrauch berechnet und anzeigt (siehe Tabelle).

gefahrene Kilometer	Anzeige		
	Verbrauch in Litern	durchschnittlicher Verbrauch (in *l*/100 km)	verbleibende Reichweite (in km)
180	14,6		485

(1) Nach 180 km und einem Verbrauch von 14,6 *l* Kraftstoff macht Familie Wacker eine erste Pause. Zeige, dass das Auto bis zur ersten Pause einen durchschnittlichen Verbrauch von 8,1 *l*/100 km hatte.

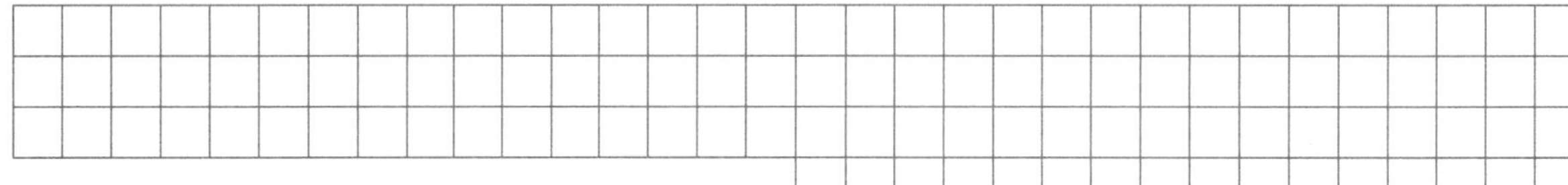

(2) Unter der Annahme, dass auch weiterhin ca. 8,1 *l* Kraftstoff auf 100 km verbraucht werden, gibt der Bordcomputer an, dass mit dem restlichen Kraftstoff noch 485 km gefahren werden können (vgl. Tabelle). Wie viel Liter beträgt das Tankvolumen dieses Autos? Notiere deine Rechnung.

Antwort: ______________________

____

c) Für das Auto von Familie Wacker lässt sich der durchschnittliche Kraftstoffverbrauch (in *l*/100 km) in Abhängigkeit von der Geschwindigkeit (in $\frac{\text{km}}{\text{h}}$) näherungsweise mit der folgenden Gleichung berechnen:
$f(x) = 0{,}0005 \cdot (x - 40)^2 + 4{,}5462$.

(1) Wie hoch ist der durchschnittliche Verbrauch bei einer Geschwindigkeit von 150 $\frac{\text{km}}{\text{h}}$? Notiere deine Rechnung.

Antwort: ______________________

____

(2) Wie hoch ist die Geschwindigkeit, wenn 9,0 *l* auf 100 km verbraucht werden? Notiere deine Rechnung.

Antwort: ______________________

____

Prüfungsteil 2: Aufgabe 3

Bei der Fußball-WM 2010 wurde der Krake Paul international berühmt. Vor jedem Fußballspiel wurden zwei Futterboxen in sein Aquarium gesenkt. Die Boxen waren mit der jeweiligen Flagge der beiden Länder beklebt, deren Mannschaften gegeneinander spielten. Paul suchte sich einen der beiden Futtertöpfe aus. Seine Wahl wurde dann von den Medien als „Vorhersage“ des Gewinners des Fußballspiels gedeutet. Da Paul alle Spiele der deutschen Nationalmannschaft richtig voraussagte, wurde er ein richtiger Medienstar.

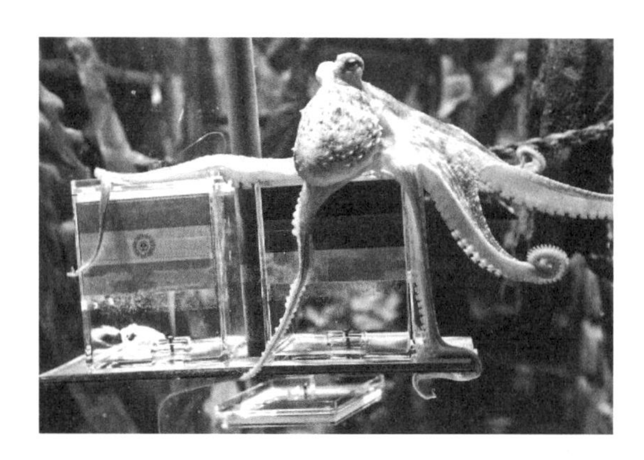

Gehe davon aus, dass Pauls „Vorhersagen“ zufällig geschehen sind. Mathematisch betrachtet handelt es sich bei den „Vorhersagen“ also um einen Zufallsversuch mit zwei gleich wahrscheinlichen Ergebnissen.

a) Erkläre, wie man diesen Zufallsversuch mithilfe eines Würfels simulieren kann.

____

____

____

____

b) Zeichne ein Baumdiagramm, das die Wahrscheinlichkeiten für zwei Vorhersagen angibt.

c) Zeige, dass die Wahrscheinlichkeit, dass Paul zwei Spiele hintereinander richtig tippt, $\frac{1}{4}$ beträgt.

d) Wie groß ist die Wahrscheinlichkeit, dass Paul bei zwei Vorhersagen mindestens einmal richtig tippt? Notiere deine Rechnung.

Antwort: ______________________

____

e) (1) Ergänze folgende Tabelle:

Anzahl der Spiele	1	2	3	4	5
Wahrscheinlichkeit für die richtige Vorhersage aller Spiele	$\frac{1}{2}$	$\frac{1}{4}$			

(2) Trage die Werte aus der Tabelle in ein Koordinatensystem ein. Dabei soll die Anzahl der Spiele auf der x-Achse und die zugehörige Wahrscheinlichkeit auf der y-Achse eingetragen werden.

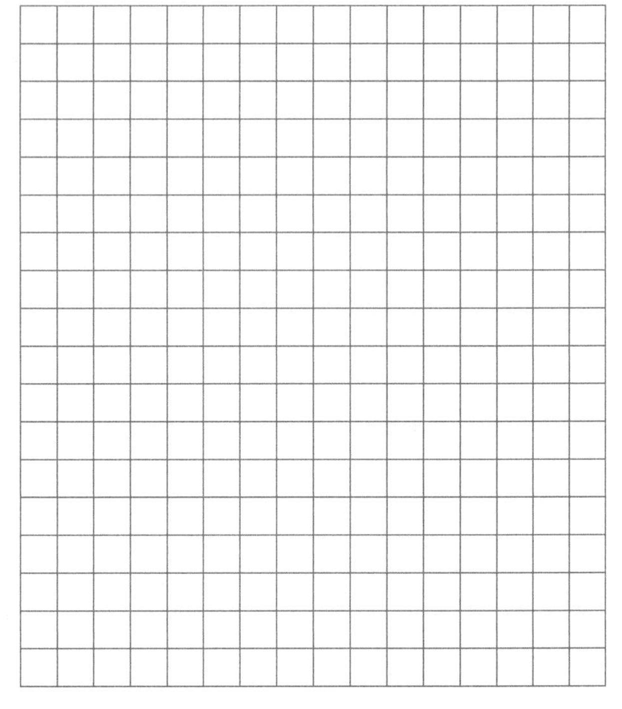

(3) Erläutere, warum es bei dem hier betrachteten Zusammenhang nicht sinnvoll ist, die einzelnen Punkte zu einem durchgehenden Graphen zu verbinden.

____

____

____

____

f) W(n) sei die Wahrscheinlichkeit, dass Paul *n* Spiele hintereinander richtig vorhersagt.
Gib eine Formel für W(n) an.

W(n): ______________________________

Prüfungsteil 2: Aufgabe 4

Mit Treppenstufen können Höhenunterschiede ohne Probleme überwunden werden. Dabei ist das Verhältnis zwischen Stufenhöhe *h* und Stufentiefe *t* entscheidend für ein bequemes Treppensteigen.

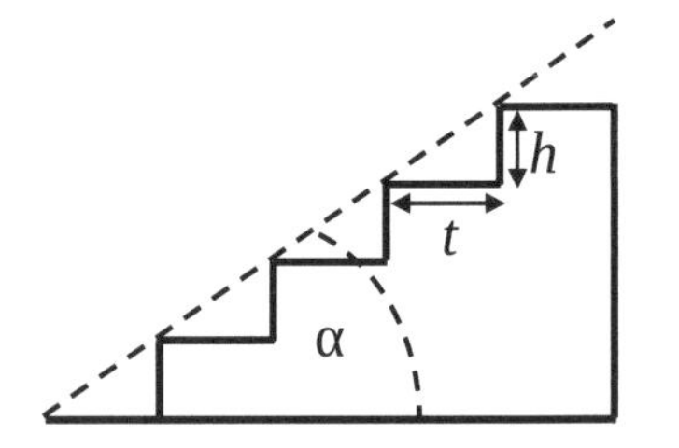

a) Es ist gesetzlich vorgeschrieben, dass bei Treppen in Wohngebäuden die Stufen mindestens 26 cm tief sein müssen und höchstens 20 cm hoch sein dürfen.

(1) Eine Treppe wird mit 14 gleichen Stufen und einer Gesamthöhe von 2,60 m geplant.
Erfüllt die Stufenhöhe dieser Treppe die gesetzlichen Vorschriften für Wohngebäude?
Begründe deine Antwort.

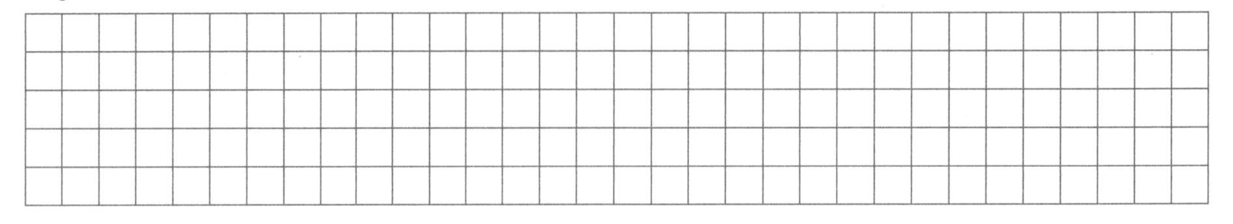

(2) Berechne die Steigung in Prozent für eine Treppe mit einer Stufentiefe von 27 cm und einer Stufenhöhe von 18 cm.

Steigung: ______________________

(3) Berechne den Steigungswinkel α für die Treppe in (2).

Steigungswinkel α*:* ______________________

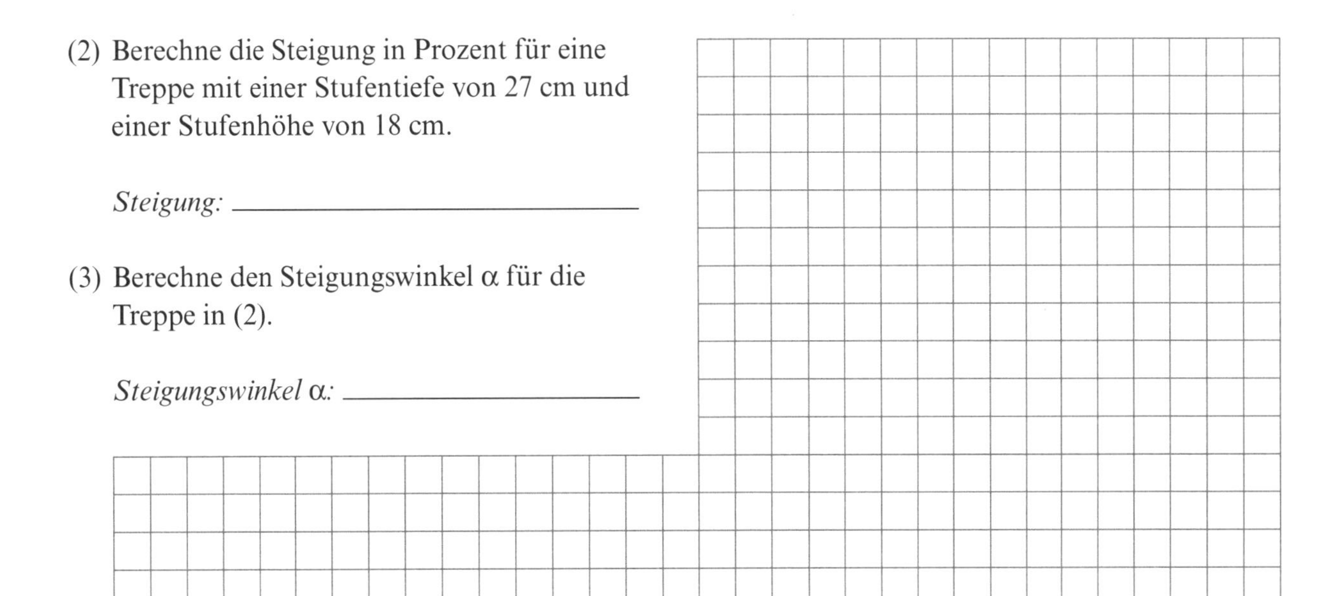

b) Beim Treppenbau wendet man außer der oben genannten gesetzlichen Vorschrift noch die folgende „Faustformel“ für bequemes Treppensteigen an:

„Stufentiefe + 2 · Stufenhöhe = 62 cm (± 3 cm)“

(1) Zeige, dass bei einer Treppe mit einer Stufentiefe von 29 cm und einer Stufenhöhe von 17 cm die Faustformel eingehalten wurde.

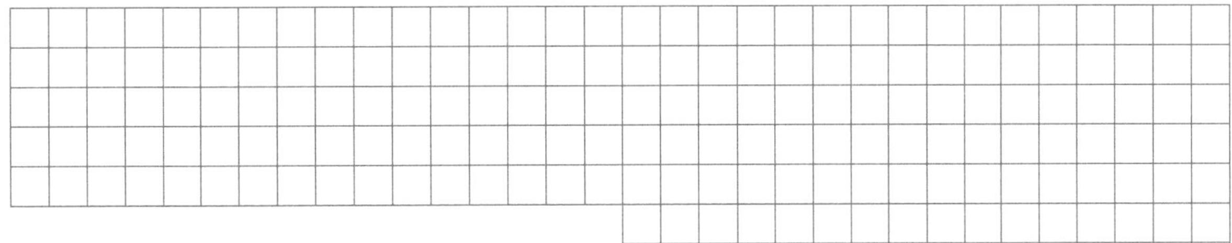

(2) Bestimme die minimale und maximale Stufenhöhe einer Treppe, die bei einer Stufentiefe von 29 cm der Faustformel entspricht.

minimale Stufenhöhe: ______________________

maximale Stufenhöhe: ______________________

(3) Gib ein Beispiel für die Maße einer Treppenstufe an, die einen Steigungswinkel von ungefähr 20° hat und für die gleichzeitig die Faustformel gilt.

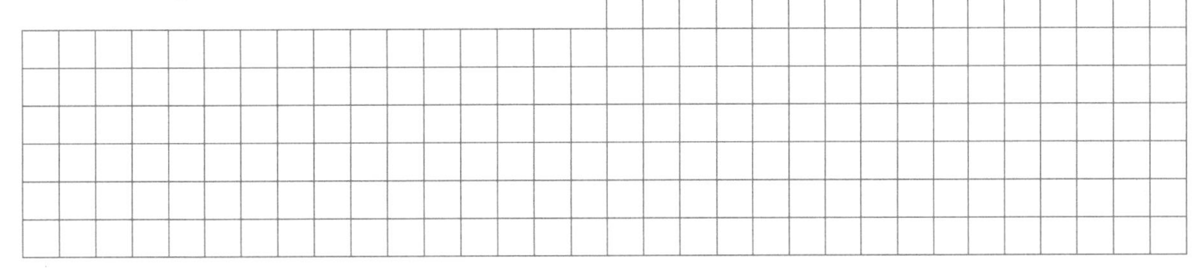

Bearbeitungszeit: 1. Prüfungsteil 30 Minuten; 2. Prüfungsteil 90 Minuten

Prüfungsteil 1: Aufgabe 1

a) Berechne den Flächeninhalt der grauen Fläche.

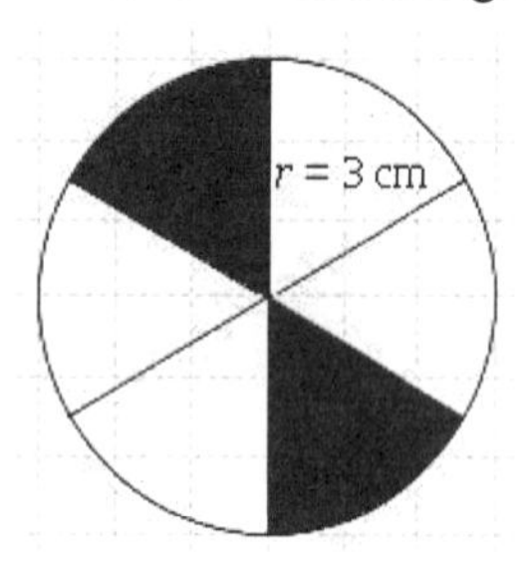

Ergebnis: A = ____________________

b) Wie lang der Bremsweg von Autos ist, hängt vor allem von der gefahrenen Geschwindigkeit ab. Für gute Straßenverhältnisse gibt es eine Faustformel:

Teile die gefahrene Geschwindigkeit (in km/h) durch 10 und quadriere das Ergebnis,so erhältst du den Bremsweg (in m).

Dennis berechnet mithilfe einer Tabellenkalkulation verschiedene Bremswege nach der Faustformel:

	A	B	C	D	E	F	G
1	**Geschwindigkeit [in km/h]**	**10**	**25**	**50**	**100**	**150**	**200**
2	**Bremsweg [in m]**	**1**	**6,25**				

(1) Ergänze die fehlenden Werte.

(2) Gib für C2 eine geeignete Formel an. *Formel:* ____________________

c) Beurteile jeweils, ob die folgenden Aussagen wahr sind, und gib eine Begründung bzw. ein Gegenbeispiel an.

(1) „Jede Gleichung hat mindestens eine Lösung.“

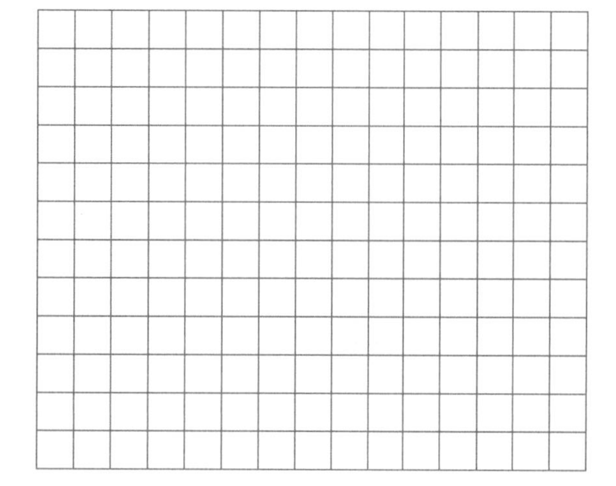

(2) „Wenn man in einem Produkt von zwei natürlichen Zahlen beide Faktoren verdoppelt, so ist das neue Produkt stets durch 4 teilbar.“

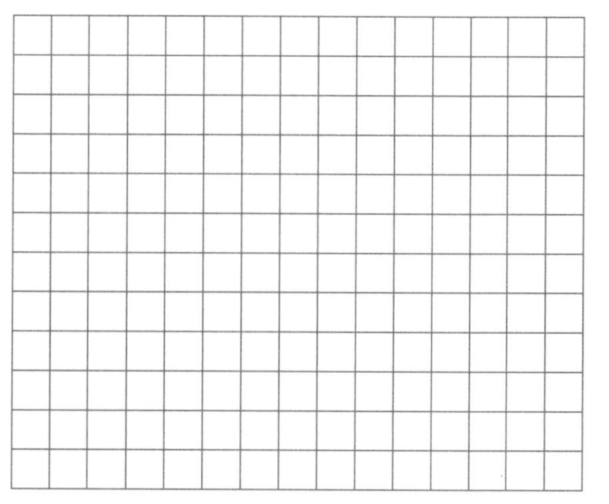

d) Die Abbildung zeigt ein Prisma (Säule) mit einem rechtwinkligen Dreieck als Grundfläche.

(1) Zeichne auf einem unlinierten Blatt ein Netz des Prismas in einem geeigneten Maßstab. Gib den verwendeten Maßstab an.

Maßstab: ______________________________

(2) Berechne das Volumen des Prismas.

Ergebnis: V = ______________________________

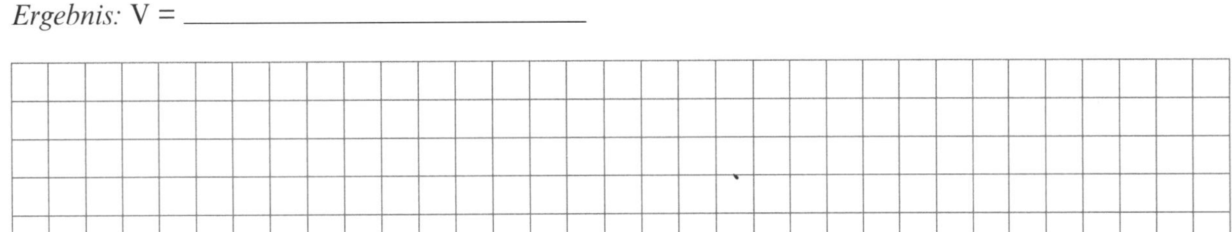

e) Der rechte Zeitungsausschnitt zeigt, wie viel Eis und welche Sorten im Jahr 2007 in Deutschland gegessen worden sind.

Eiskalter Genuss

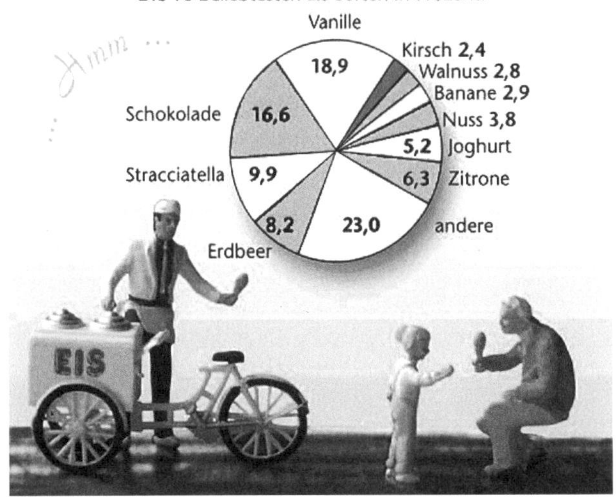

(1) Welche Eis-Sorte wurde 2007 am meisten gegessen?

Antwort: ______________________________

____

(2) Wie viele Liter Erdbeer-Eis wurden 2007 gegessen? Notiere deine Rechnung.

Antwort: ______________________________

____

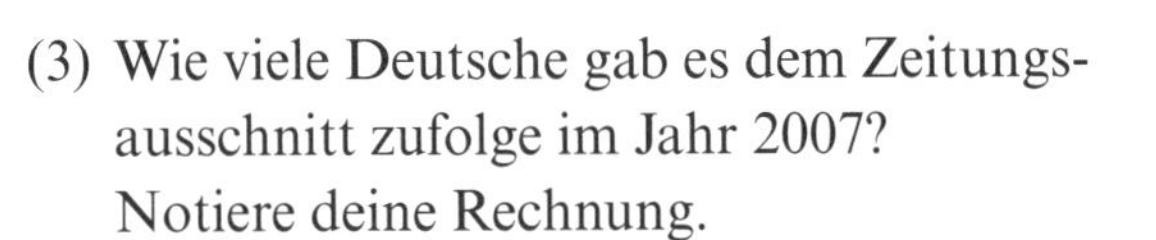

(3) Wie viele Deutsche gab es dem Zeitungsausschnitt zufolge im Jahr 2007? Notiere deine Rechnung.

Antwort: ______________________________

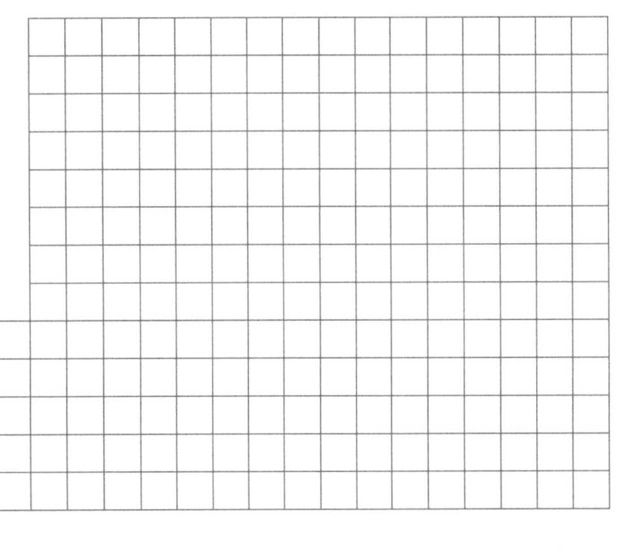

Prüfungsteil 2: Aufgabe 2

Der Betreiber eines Kinos mit durchschnittlich 450 Besuchern pro Tag möchte selbst Popcorn herstellen. Er kauft eine Popcorn-Maschine für 280 €. Pro Portion Popcorn benötigt man 50 g Mais, der in 10-kg-Packungen für jeweils 22 € gekauft werden kann. Zusätzlich entstehen für 100 Portionen noch 10 € Nebenkosten (für Öl, Zucker, Salz und Strom).

a) Im Preis für 10 kg Mais sind 7 % Mehrwertsteuer enthalten.
Wie viel kosten 10 kg Mais ohne Mehrwertsteuer? Notiere deine Rechnung.

Antwort: ______________________

____

b) Zeige, dass das Kino für jeweils 100 Portionen Popcorn mit Kosten von 21 € (für den Mais und die oben angegebenen Nebenkosten) rechnen muss.

Antwort: ______________________

____

Berücksichtigt man die Anschaffungskosten für die Popcorn-Maschine, dann können die gesamten Kosten für x Portionen Popcorn mit der Funktionsgleichung $k(x) = 280 + 0{,}21 \cdot x$ berechnet werden.
Bei einem Verkaufspreis von 2,50 € können die Einnahmen mit der Funktionsgleichung $e(x) = 2{,}5 \cdot x$ berechnet werden.

c) Zeichne beide Funktionen in ein Koordinatensystem ein.

d) Berechne, ab welcher Anzahl verkaufter Portionen Popcorn die Einnahmen höher sind als die Kosten.

Antwort: ______________________

____

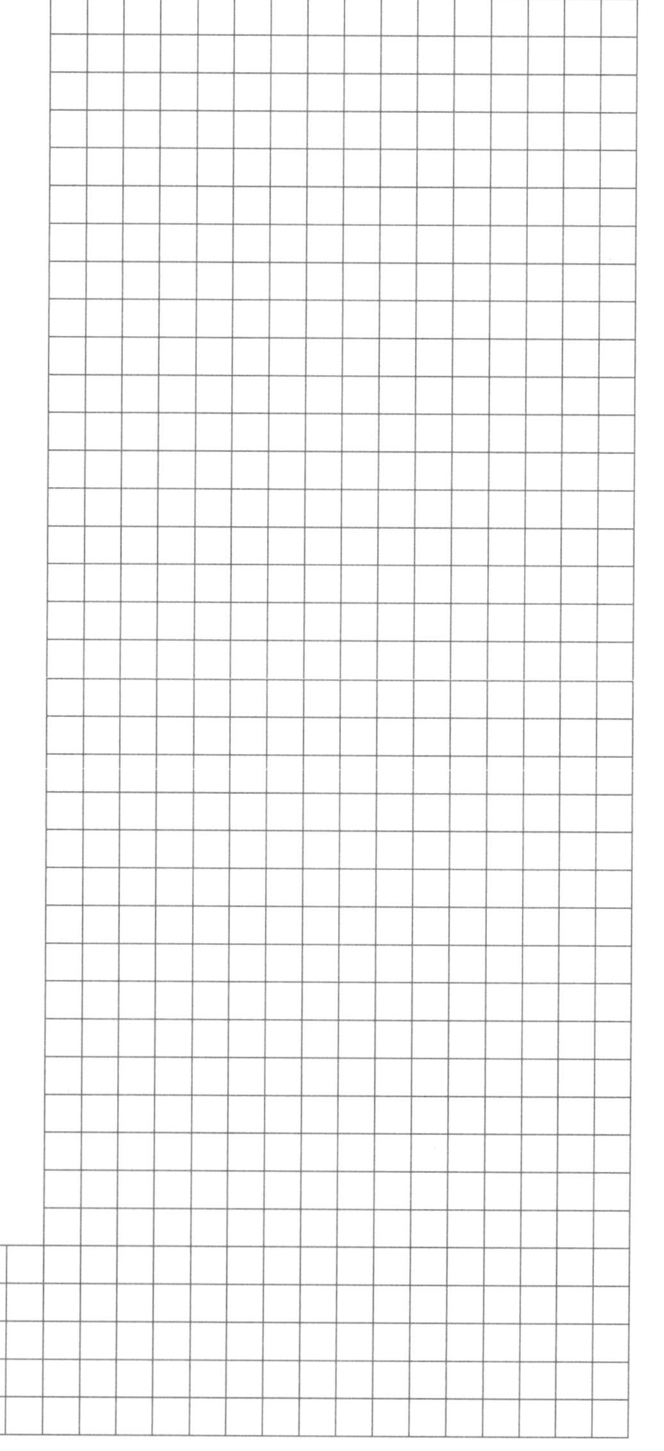

Prüfungsteil 2: Aufgabe 3

Gegeben ist eine Strecke von A nach B und eine dazu parallele Gerade g. Auf dieser Geraden g befinden sich die beiden Punkte C und D.

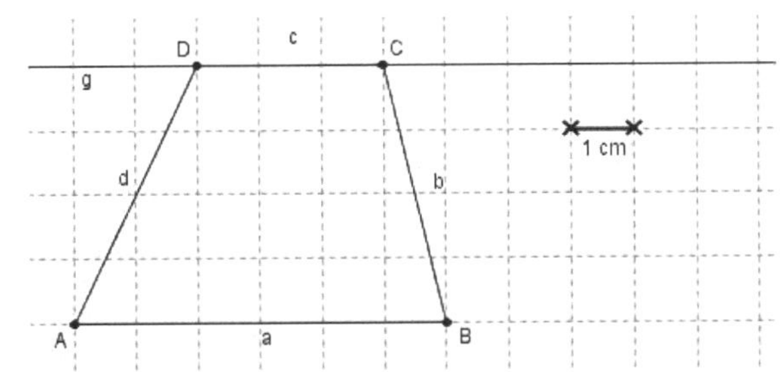

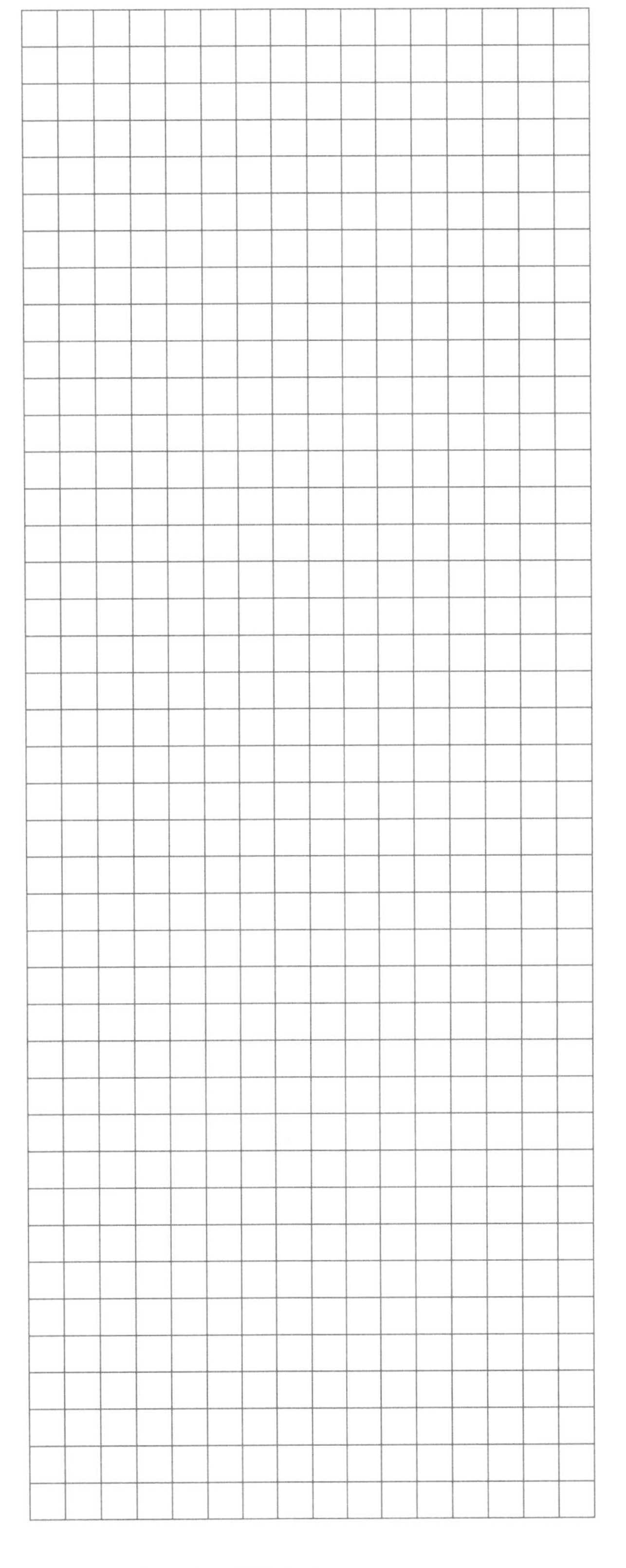

a) (1) Bestimme den Flächeninhalt des Trapezes.

Ergebnis: A = ______________________

(2) Erläutere mithilfe der Zeichnung, wie die Berechnung des Flächeninhalts eines Trapezes auf die Berechnung des Flächeninhalts eines Rechtecks zurückgeführt werden kann.

b) Der Punkt C wird auf den Punkt D gezogen, sodass ein Dreieck entsteht.
Bestimme den Flächeninhalt des Dreiecks.

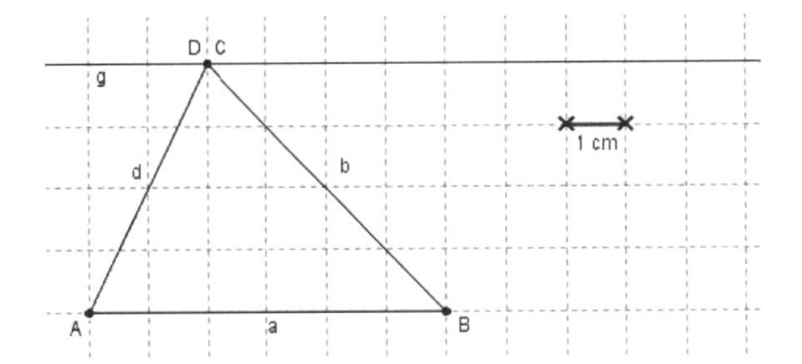

Ergebnis: A = ______________________

c) Der Punkt C wird auf der Geraden g so weit gezogen, dass ein Parallelogramm entsteht.

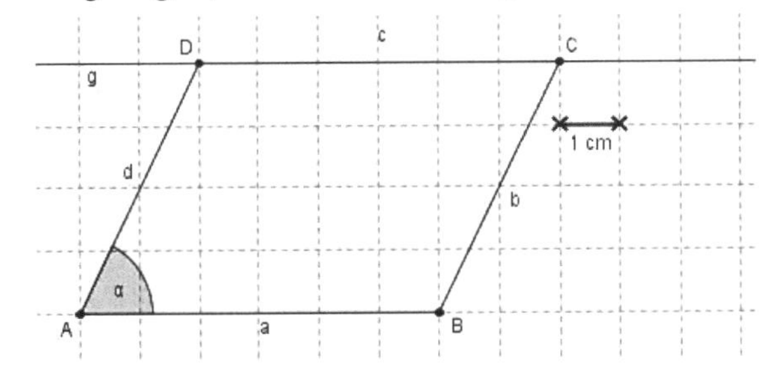

(1) Bestimme den Flächeninhalt des Parallelogramms.

Ergebnis: A = ______________________

(2) Zeige, dass die Seiten d und b jeweils ca. 4,47 cm lang sind.

Ergebnis: b = d = ______________________

(3) Berechne den Winkel α.

Ergebnis: α = ______________________

d) Emil überlegt: „Man könnte das Parallelogramm und das Dreieck als besondere Trapeze betrachten. Dann muss ich nicht drei Flächenformeln lernen, sondern nur die Trapezformel $A = \frac{a + c}{2} \cdot h$."
Zeige, wie sich die Flächenformeln für Parallelogramme und Dreiecke aus der Flächenformel für das Trapez herleiten lassen.

Herleitung für Parallelogramme:

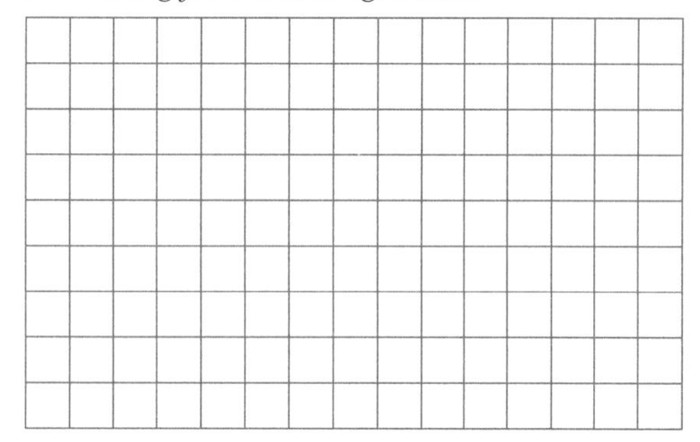

Herleitung für Dreiecke:

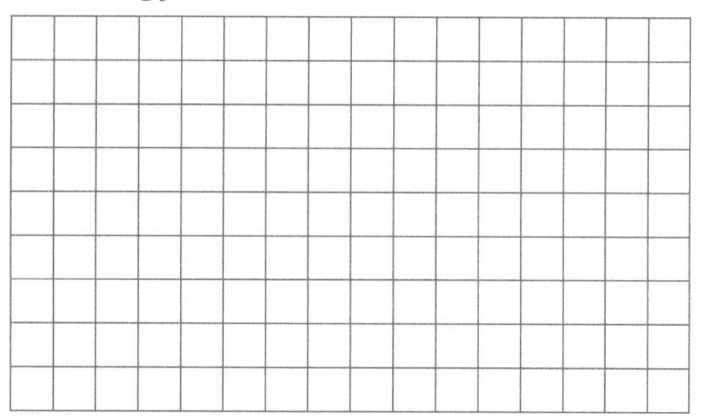

Prüfungsteil 2: Aufgabe 4

Vom 26. Juni bis zum 17. Juli 2011 findet die Fußball-Weltmeisterschaft der Frauen in Deutschland statt. Die 32 Spiele der WM finden in 9 verschiedenen Städten statt (vgl. Tabelle):

Stadt	Zuschauerplätze	Anzahl der WM-Spiele
Augsburg	25 597	4
Berlin	74 244	1
Bochum	23 000	4
Dresden	27 190	4
Frankfurt	49 240	4
Leverkusen	30 000	4
Mönchengladbach	46 297	3
Sinsheim	25 641	4
Wolfsburg	25 361	4

a) Bestimme für die neun WM-Stadien die Spannweite und den Median der Zuschauerplätze.

Ergebnis: Spannweite = ____________________

Median = ____________________

b) Zeige, dass zu den 32 WM-Spielen insgesamt maximal 1 037 251 Zuschauer in die Stadien kommen können.
Notiere deine Rechnung.

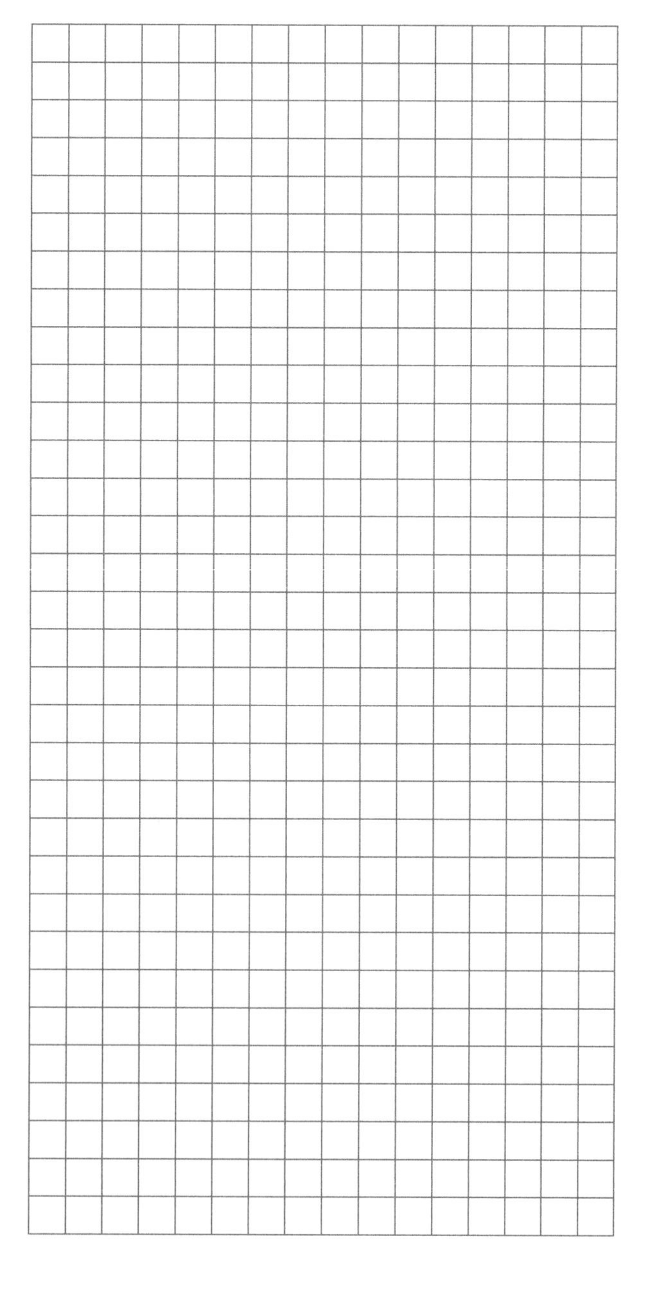

c) In einer Pressemitteilung steht:

> Der Deutsche Fußball-Bund (DFB) als Veranstalter kalkuliert bei den 32 Spielen mit einer durchschnittlichen Auslastung von 80 Prozent, was einem Zuschauerschnitt pro Spiel von 25 000 entspricht. Insgesamt rechnet der DFB mit Erlösen in Höhe von 27 Millionen Euro aus dem Verkauf der Eintrittskarten.

(1) Von welchem durchschnittlichen Preis pro Eintrittskarte geht die Pressemitteilung aus? Notiere deine Rechnung.

Antwort: ______________________________

____

(2) Überprüfe die Angabe zum Zuschauerschnitt anhand der Daten aus der Tabelle.

Ergebnis: ______________________________

____

An einem Schülerinnen-Turnier nehmen 16 Schulen teil, die die 16 WM-Mannschaften repräsentieren sollen. Aus Zeit gründen wird aber keine Vorrunde, sondern direkt nach dem „K.-o.-System" gespielt: Wer ein Spiel gewinnt, bleibt im Turnier. Wer verliert, scheidet aus. Die Begegnungen des Turniers werden ausgelost.

d) (1) Wie viele Spiele müssen insgesamt bei diesem Turnier gespielt werden? Begründe deine Antwort.

Antwort: ______________________________

____

(2) Wie groß ist die Wahrscheinlichkeit, dass der Mannschaft „Deutschland" in der ersten Runde die Mannschaft „Brasilien" als Gegner zugelost wird?

Antwort: ______________________________

____

Bearbeitungszeit: 1. Prüfungsteil 30 Minuten; 2. Prüfungsteil 90 Minuten

Prüfungsteil 1: Aufgabe 1

a) Berechne den Flächeninhalt.
Gib das Ergebnis in m^2 an.

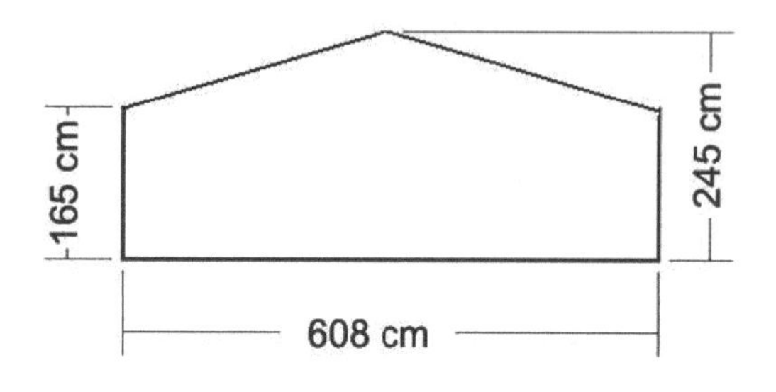

Ergebnis: A = ____________________

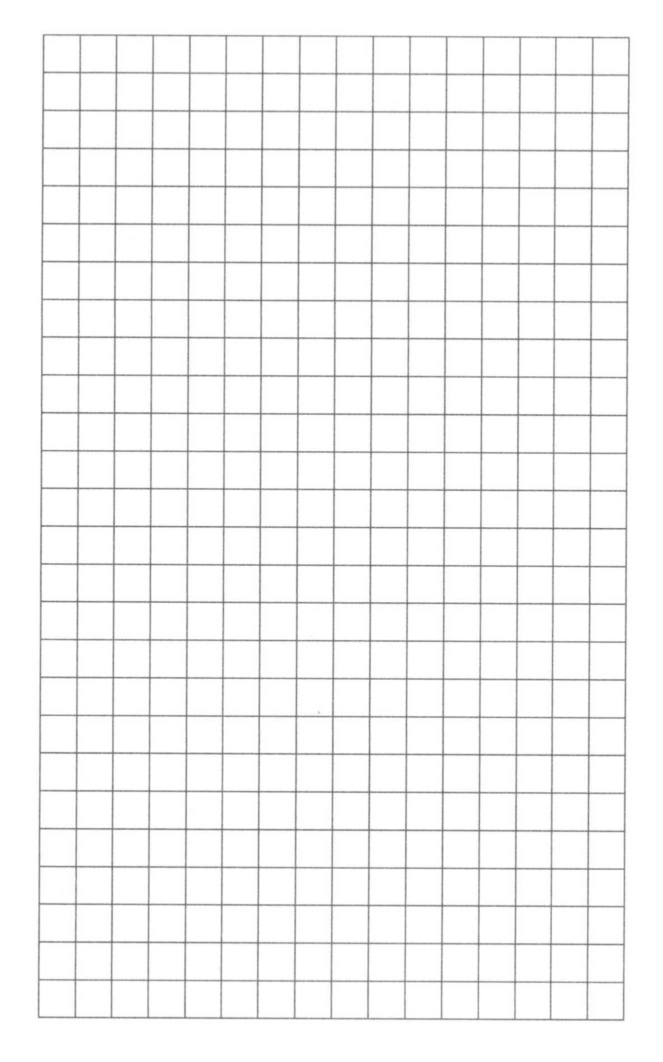

b) Tim fährt mit seinem Motorroller von Dortmund nach Bochum. Er benötigt für die 21 km lange Strecke normalerweise 35 Minuten. Heute hat er nach 15 Minuten eine Panne.
Wie viele Kilometer ist er bereits gefahren?
Notiere deine Rechnung.

Antwort: ____________________

____

c) Die ca. 700 bis 15 000 Barthaare eines Mannes wachsen pro Tag zwischen 0,3 und 0,5 Millimeter. Lebenslang sind das ungefähr 10 Meter. Entscheidet sich ein Mann gegen einen Bart, rasiert er in 50 Jahren ungefähr eine Fläche von der Größe eines Fußballfeldes (68 m × 105 m). Er verbringt etwa 3 350 Stunden seines Lebens mit der Rasur.

Beurteile die folgenden Aussagen anhand der Angaben im Text. Kreuze jeweils an.

	Aussage	wahr	falsch	keine Angabe im Text
A	Ein Mann, der sich gegen einen Bart entscheidet, rasiert sich in seinem Leben zusammen gerechnet ungefähr 140 Tage.	○	○	○
B	Die Anzahl der Barthaare nimmt im Laufe des Lebens zu.	○	○	○
C	In einem Monat wächst ein Barthaar zwischen 9 und 15 cm.	○	○	○

d) Lisa denkt an zwei Zahlen: „Das Doppelte der ersten Zahl ist um 3 größer als das Dreifache der zweiten Zahl und die Summe beider Zahlen ist um 2 kleiner als das Dreifache der zweiten Zahl."

d1) Überprüfe, ob 6 als erste Zahl und 3 als zweite Zahl eine Lösung des Problems ist.
Notiere deine Rechnung.

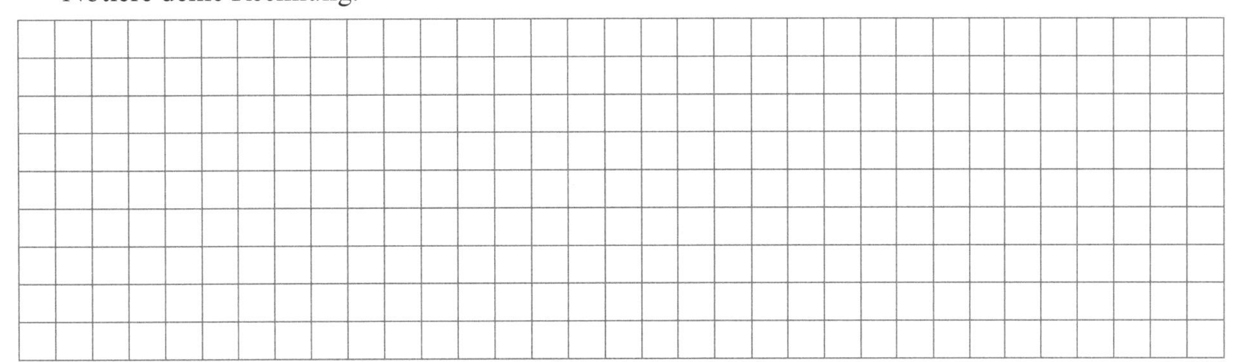

Antwort: ______________________________

d2) Kreuze bei jedem der drei folgenden Gleichungssysteme an, ob es zu dem Problem passt:

$2 \cdot x = 3 \cdot y + 3$ $x + y + 2 = 3 \cdot y$	$x \cdot x = 3 + 2 \cdot y$ $x + x = 3 \cdot y - 2$	$3 \cdot y = 2 \cdot x - 3$ $x + y = 3 \cdot y - 2$
ja ○ nein ○	ja ○ nein ○	ja ○ nein ○

e) Die Flächen eines Quaders sind so mit den Zahlen 1, 2, 3, 4, 5 und 6 beschriftet worden, dass die Summe von zwei gegenüberliegenden Zahlen 7 ergibt. Der Quader wurde 200-mal geworfen; die folgende Tabelle gibt die Ergebnisse an.

	1	**2**	**3**	**4**	**5**	**6**
Absolute Häufigkeit	28	19	57	52	18	26
Relative Häufigkeit	14,0%	9,5%	28,5%	26,0%	9,0%	13 %

e1) Ergänze die fehlenden Werte.

e2) Vervollständige die Beschriftung des Quadernetzes rechts so, dass es zum oben beschriebenen Quader passt.

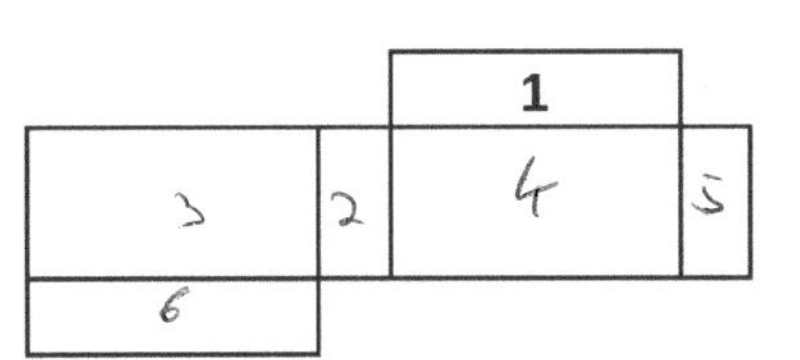

e3) Bei einem Würfelspiel ist es wichtig, möglichst oft kleine Zahlen (1 oder 2) zu werfen.
Du kannst bei diesem Spiel zwischen dem Quader und einem normalen Spielwürfel wählen.
Wofür entscheidest du dich? Begründe deine Entscheidung.

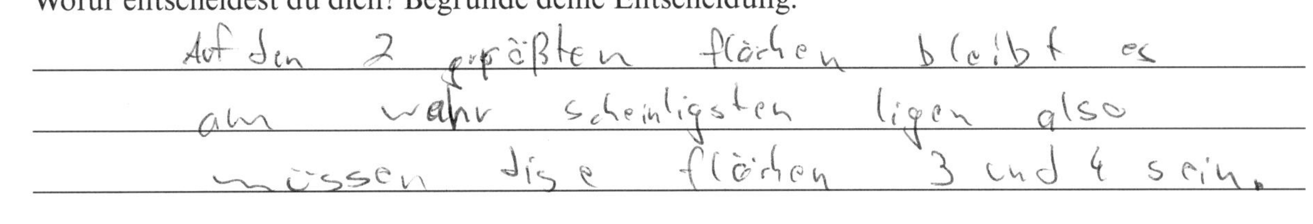

Formelsammlung (1)

Ebene Figuren (*A:* Flächeninhalt *u:* Umfang)

Quadrat

$A = a^2$

$u = 4 \cdot a$

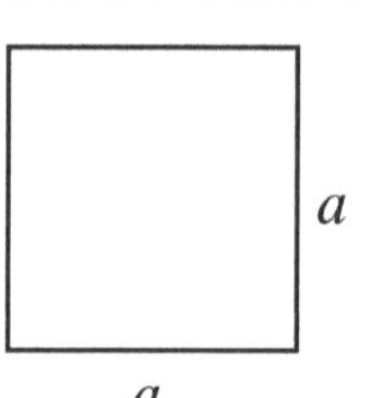

Rechteck

$A = a \cdot b$

$u = 2 \cdot a + 2 \cdot b$

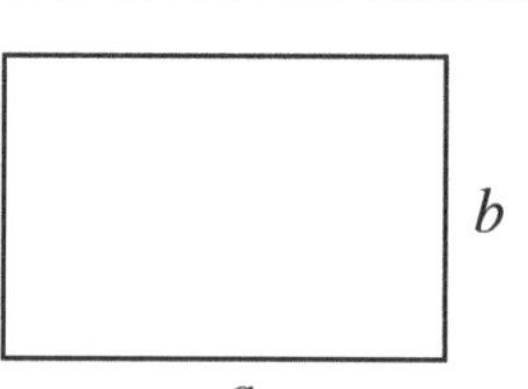

Dreieck

$A = \frac{g \cdot h}{2}$

$u = a + b + c$

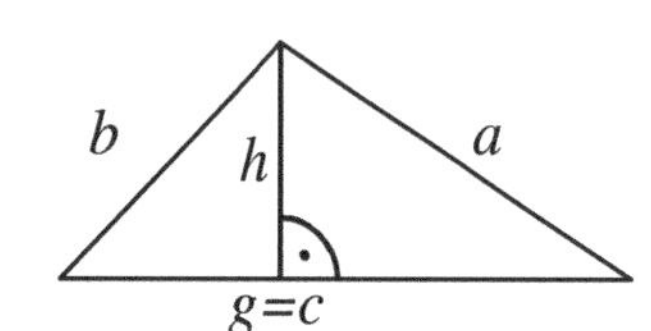

Satz des Pythagoras

Im rechtwinkligen Dreieck gilt:

$a^2 + b^2 = c^2$

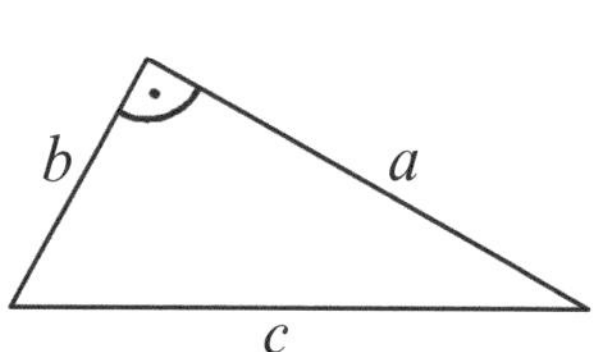

Höhen- und Kathetensatz

Im rechtwinkligen Dreieck gilt:

$h^2 = p \cdot q$

$a^2 = c \cdot p$

$b^2 = c \cdot q$

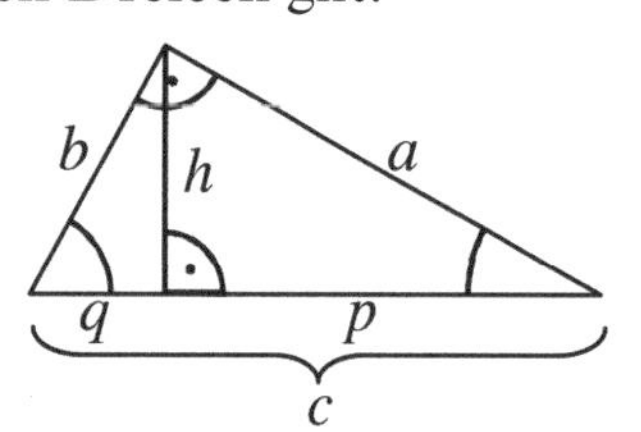

Parallelogramm

$A = g \cdot h$

$u = 2 \cdot a + 2 \cdot b$

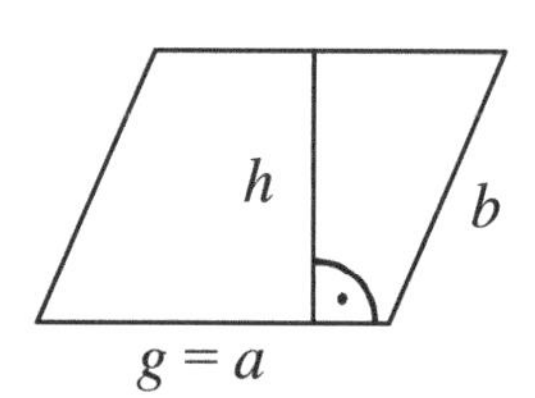

Trapez

$A = \frac{a + c}{2} \cdot h$

$u = a + b + c + d$

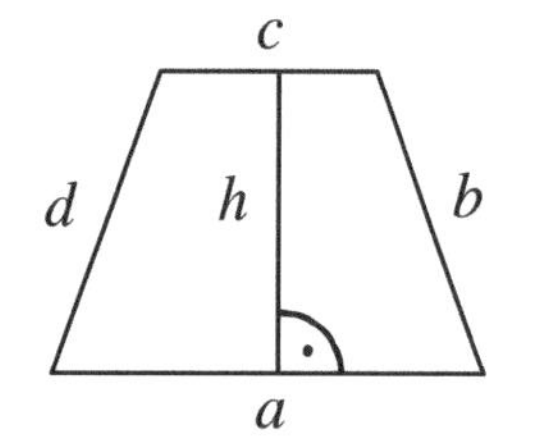

Kreis

$d = 2 \cdot r$

$A = \pi \cdot r^2 = \pi \cdot \frac{d^2}{4}$

$u = 2 \cdot \pi \cdot r = \pi \cdot d$

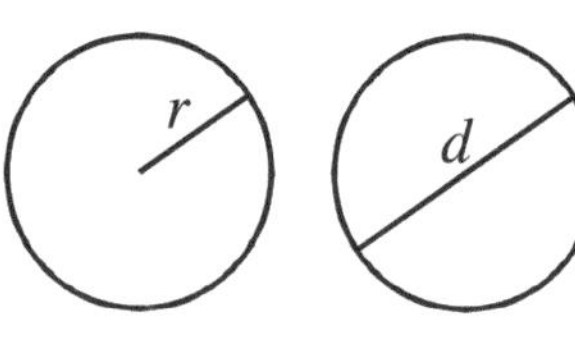

Kreissektor und Kreisbogen

$A = \frac{\pi \cdot r^2 \cdot \alpha}{360°}$

$b = \frac{\pi \cdot r \cdot \alpha}{180°}$

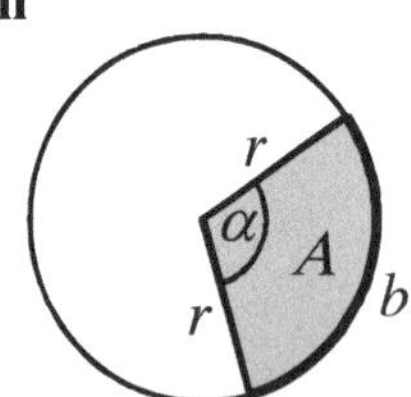

Kreisring

$A = \pi \cdot r_a^2 - \pi \cdot r_i^2$

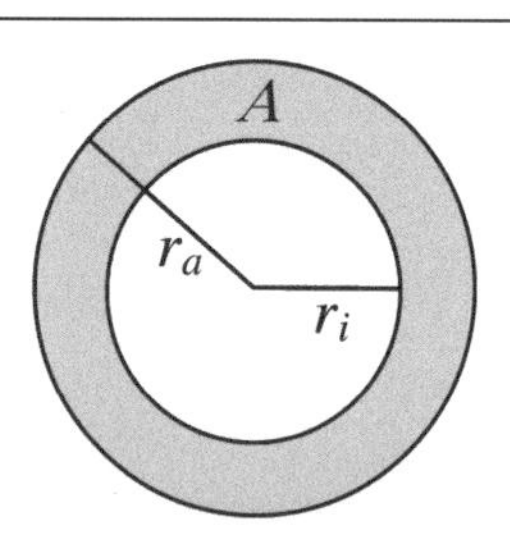

Zentrische Streckung und Ähnlichkeitsbeziehungen

Wird das Original Δ(ABC) bei einer zentrischen Streckung mit dem Streckungszentrum Z und dem Streckungsfaktor *k* ($k \neq 0$) auf das Bild Δ(A′B′C′) abgebildet, dann sind beide Dreiecke zueinander ähnlich. Das bedeutet:
Die Winkelgrößen bleiben erhalten.

Beispiel: $k \neq 0$

$\frac{\overline{AB}}{\overline{AC}} = \frac{\overline{A'B'}}{\overline{A'C'}}$ usw.

außerdem gilt:

$\frac{\overline{ZA}}{\overline{ZA'}} = \frac{\overline{AB}}{\overline{A'B'}} = \frac{1}{k}$ usw.

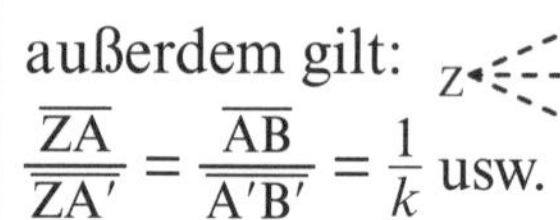

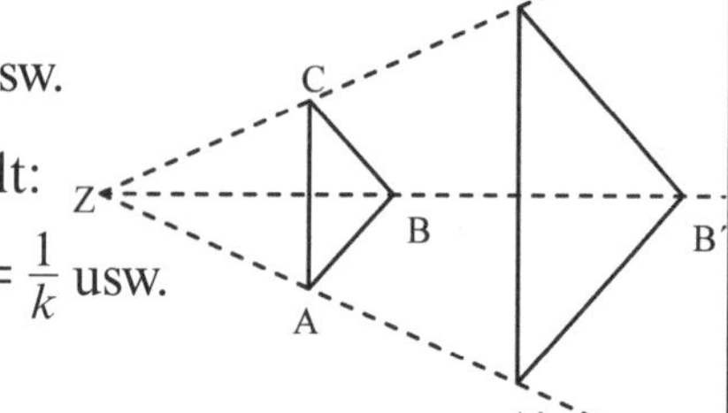

Formelsammlung (2)

Körper (V: Volumen O: Oberfläche G: Grundfläche M: Mantelfläche)

Würfel

$V = a^3$

$O = 6 \cdot a^2$

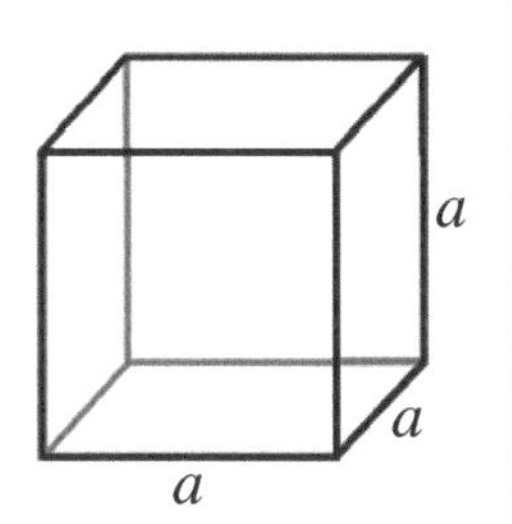

Quader

$V = a \cdot b \cdot c$

$O = 2 \cdot a \cdot b + 2 \cdot a \cdot c + 2 \cdot b \cdot c$

Prisma

$V = G \cdot h$

$O = 2 \cdot G + M$

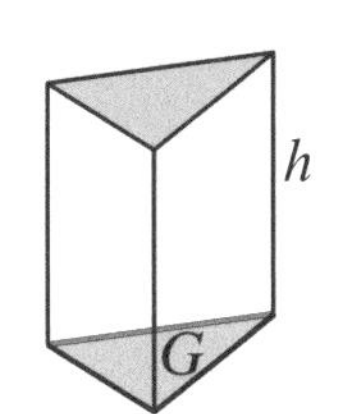

Zylinder

$V = \pi \cdot r^2 \cdot h$

$O = 2 \cdot \pi r^2 + 2 \pi \cdot r \cdot h$

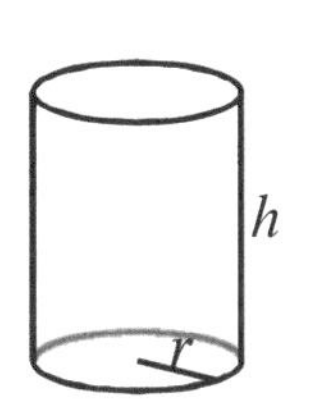

Quadratische Pyramide

$V = \frac{a^2 \cdot h}{3}$

$O = a^2 + 2 \cdot a \cdot h_s$

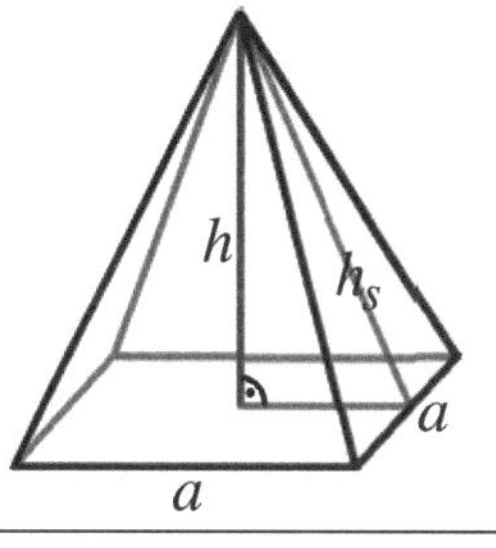

Kegel

$V = \frac{\pi \cdot r^2 \cdot h}{3}$

$O = \pi \cdot r^2 + \pi \cdot r \cdot s$

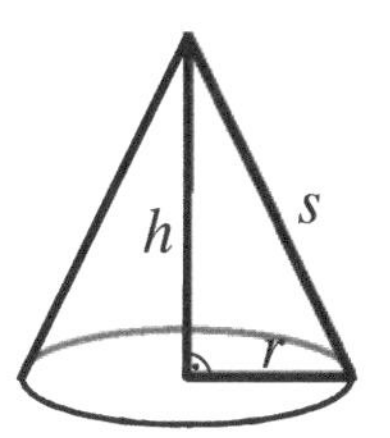

Kugel

$V = \frac{4 \cdot \pi \cdot r^3}{3}$

$O = 4 \cdot \pi \cdot r^2$

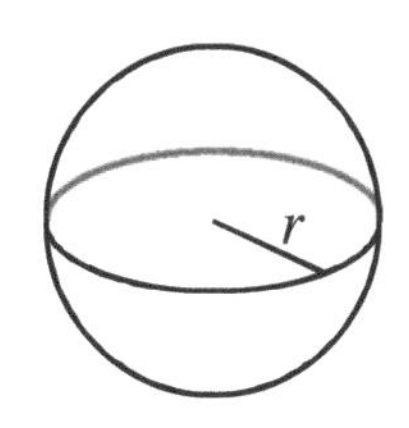

Maßeinheiten

Länge

1 km = 1000 m
1 m = 10 dm
1 dm = 10 cm
1 cm = 10 mm

Fläche

1 m^2 = 100 dm^2
1 dm^2 = 100 cm^2
1 cm^2 = 100 mm^2

1 a = 100 m^2 1 ha = 10 000 m^2

Volumen

1 m^3 = 1000 dm^3
1 dm^3 = 1000 cm^3
1 cm^3 = 1000 mm^3

Liter (l)
1 l = 1 dm^3
1 ml = 1 cm^3

Masse

1 t = 1000 kg
1 kg = 1000 g
1 g = 1000 mg

Formelsammlung (3)

Prozentberechnung

G: Grundwert
W: Prozentwert
$p\,\%$: Prozentsatz

$W = \frac{G \cdot p}{100}$

Zinseszinsen (exponentielles Wachstum)

K_0: Kapital am Anfang K_n: Kapital nach n Jahren n: Zeit in Jahren $p\,\%$: Zinssatz	Zinsfaktor: $q = \frac{100 + p}{100}$	$K_n = K_0 \cdot q^n$

Binomische Formeln

$(a + b)^2 = a^2 + 2 \cdot a \cdot b + b^2$	$(a - b)^2 = a^2 - 2 \cdot a \cdot b + b^2$	$(a + b) \cdot (a - b) = a^2 - b^2$

Potenzgesetze

Für $m, n \in \mathbb{R}$ bei Basen aus $\mathbb{R}^+$ bzw. für $m, n \in \mathbb{Z}$ bei Basen aus $\mathbb{R} \setminus \{0\}$

$a^m \cdot a^n = a^{m+n}$ $a^m : a^n = a^{m-n}$	$a^n \cdot b^n = (a \cdot b)^n$ $a^n : b^n = (a : b)^n$	$(a^m)^n = a^{m \cdot n}$	$a^0 = 1$ $a^{-n} = \frac{1}{a^n}$

Wurzelgesetze (… für $a, b \geq 0$)

$\sqrt[n]{a} \cdot \sqrt[n]{b} = \sqrt[n]{a \cdot b}$	$\frac{\sqrt[n]{a}}{\sqrt[n]{b}} = \sqrt[n]{\frac{a}{b}}\ (b > 0)$	$\sqrt[n]{\sqrt[m]{a}} = \sqrt[m]{\sqrt[n]{a}} = \sqrt[m \cdot n]{a}$	$(\sqrt[n]{a})^m = \sqrt[n]{a^m}$

Lineare Funktionen: $y = m \cdot x + n$

m: Steigung der Geraden g durch die Punkte $P_1(x_1|y_1)$ und $P_2(x_2|y_2)$

$m = \frac{y_2 - y_1}{x_2 - x_1} \qquad (x_2 \neq x_1)$

n: y-Achsenabschnitt

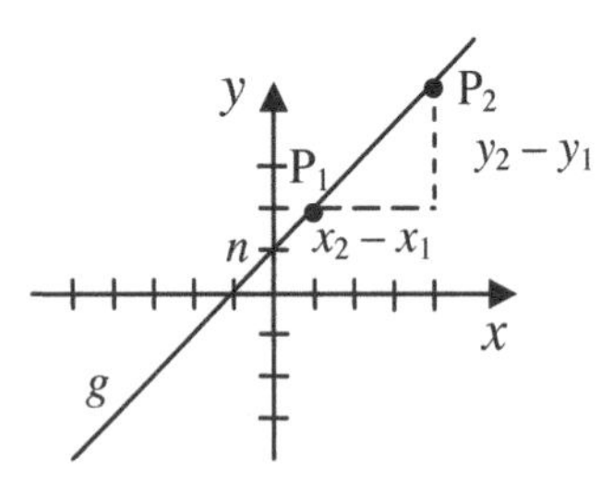

Quadratische Funktionen:

Allgemeine Form:
$y = a \cdot x^2 + b \cdot x + c\ (a \neq 0)$

Scheitelpunktform:
$y = d \cdot (x - e)^2 + f$
➔ $S\,(e|f)$

Quadratische Gleichungen:

Normalform:	Lösung:
$x^2 + p \cdot x + q = 0$	$x_{1/2} = -\frac{p}{2} \pm \sqrt{\left(\frac{p}{2}\right)^2 - q}$; wenn $\left(\frac{p}{2}\right)^2 - q \geq 0$, sonst keine Lösung

Formelsammlung (4)

Trigonometrie (im rechtwinkligen Dreieck)

Im rechtwinkligen Dreieck gilt:

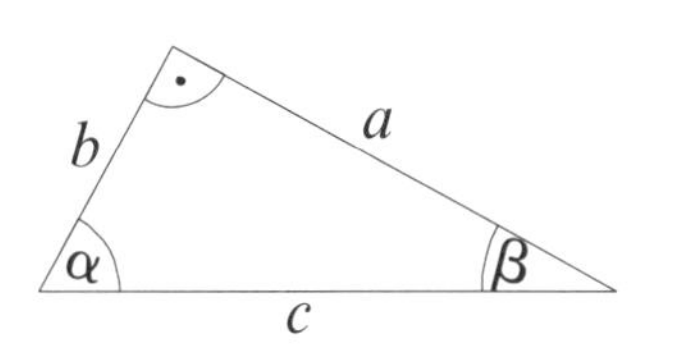

$$\sin\alpha = \frac{a}{c} = \frac{\text{Gegenkathete}}{\text{Hypotenuse}}$$

$$\cos\alpha = \frac{b}{c} = \frac{\text{Ankathete}}{\text{Hypotenuse}}$$

$$\tan\alpha = \frac{a}{b} = \frac{\text{Gegenkathete}}{\text{Ankathete}}$$

Beschreibende Statistik / Stochastik

Arithmetisches Mittel (Mittelwert $\overline{x}$) der Datenreihe $x_1, \ldots, x_n$

$$\overline{x} = \frac{x_1 + x_2 + \ldots + x_n}{n}$$

Median (Zentralwert)
In einer der Größe nach geordneten Datenreihe mit einer ungeraden Anzahl von Daten steht der Median in der Mitte. Bei einer geraden Anzahl von Daten ist der Median nicht eindeutig bestimmt (man nimmt dann z. B. das arithmetische Mittel der in der Mitte stehenden Werte oder einen dieser beiden Werte).

Laplace-Versuch
Zufallsversuch, bei dem alle Ergebnisse gleich wahrscheinlich sind (z. B. Münzwurf). Die Wahrscheinlichkeit P für das Eintreten eines Ereignisses E berechnet man wie folgt:

$$P(E) = \frac{\text{Anzahl der günstigen Ergebnisse}}{\text{Anzahl der möglichen Ergebnisse}}$$

Mehrstufige Zufallsversuche lassen sich in einem Baumdiagramm darstellen. Dabei kann ein Ergebnis als Pfad veranschaulicht werden. Die Wahrscheinlichkeiten lassen sich mithilfe von Produkt- und Summenregel berechnen.

1. Pfadregel (Produktregel)
Die Wahrscheinlichkeit eines Pfades ergibt sich aus dem Produkt der Wahrscheinlichkeiten entlang des Pfades.

$$P(E) = p_1 \cdot p_2$$

2. Pfadregel (Summenregel)
Die Wahrscheinlichkeit eines zusammengesetzten Ereignisses ist gleich der Summe der Einzelwahrscheinlichkeiten.

$$P(E) = P(E_1) + P(E_2)$$
$$= p_1 \cdot p_2 + q_1 \cdot q_2$$

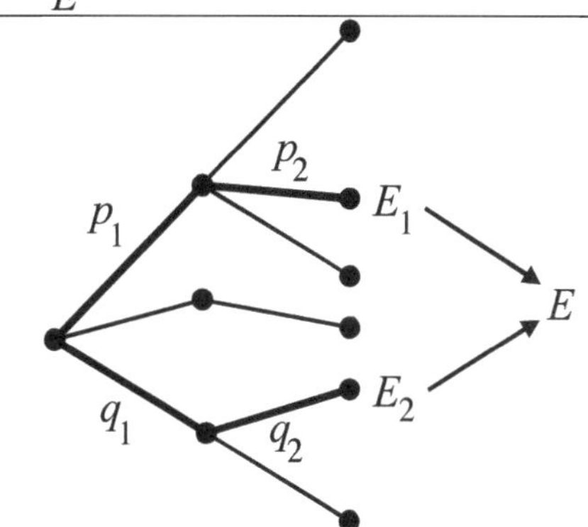

Stichwortverzeichnis